Geschäftsmodell Klimawandel

Wir machen der Greta ihr Lieblingsklima

Impressum

Bibliografische Information der Deutschen Nationalbibliothek: Die Deutsche Nationalbibliothek verzeichnet diese Publikation in der Deutschen Nationalbibliografie; detaillierte bibliografische Daten sind im Internet über dnb.dnb.de abrufbar.

© 2021 Viktor Huber
Herstellung und Verlag: BoD – Books on Demand, Norderstedt
ISBN: 978-3-7526-5987-0

1 Inhaltsverzeichnis

2 Vorwort 7

3 Zur Diskussion um den Klimawandel, zur FFF-Bewegung und zum Klimanotstand 17

4 Wissenschaftler sahen eine drohende Eiszeit in den 1970ern 38

5 Zum Konsens der Wissenschaft 41

   5.1   97%, 98%, 99,9% und warum nicht gleich 500%? 41

   5.2   Brief von 500 Wissenschaftlern und Fachleute 47

6 Treibhauseffekt verschiedener Gase 53

7 CO_2-Anteil-Enwicklung 55

8 CO_2-Verringerung in Deutschland 61

9 Zum Narrativ: PKW verursachen das ganze CO_2 64

10 Das IPCC kennt das Klima von übermorgen oder wie Wissenschaftler Panik verbreiten 68

11 Technik und Fortschritt 97

12 Das Klimagate 100

13 Die Hockeystick-Diskussion 114

14 Diverse Temperaturverläufe und Homogenisierung 133

15 Brände im Regenwald 135

16 Al Gore und die Entstehungsgeschichte des IPCCs 138

17 Zum Film eine unbequeme Wahrheit mit Al Gore 148

18 Mitbegründer von Greenpeace stellt sich gegen die Klimathesen 151

19   Temperaturverläufe über verschiedene Zeitspannen 155

20   Diverse periodische Temperaturschwankungen 160

21   Einflüsse von Sonnenaktivitäten auf das Klima 168

22   Zur Kreativität der Achsengestaltung bei Grafiken 171

23   Wenn ein Forscher andere Einflüsse beschreibt 176

24   Jetzt Klimabotschafter*in werden und Kinder beeinflussen 178

25   Zu den Unterstützern der Klimabewegung 188

   25.1   Hinter der Klimabewegung stehen ganze Netzwerke von NGOs 188

   25.2   Vom Professor zum Klimaaktivist 192

26   Zur Diffamierung von anderen Meinungen und Wissenschaftlern 202

27   Der Deutsche liebt Untergangsszenarien 208

28   Verlauf des Meeresspiegel in der Vergangenheit 212

29   Vorsicht bei Prognosen 214

30   Geschmacklose Inszenierung der Weltretter 221

31   Schlusswort 223

2 Vorwort

Ein in dem letzten Jahrzehnt sehr stark diskutiertes Thema ist die globale Erwärmung und die Debatte um das CO2 in der Atmosphäre. Diese Diskussion wurde in den Medien und selbst von einigen Wissenschaftlern für beendet erklärt. Es wurden Horrorszenarien aufgebaut mit Unwetterkatastrophen, massivem Artensterben, Hungersnöten und Hitzetoten. Von staatlichen Schulen indoktrinierte Kinder werden in Talkshows und von Nachrichtensendern als Klimaexperten präsentiert, die derart auftreten, als würden sie die absolute Wahrheit gepachtet haben. Wir hätten nur noch zwölf oder wie viel auch immer Jahre Zeit, so heißt es, sonst sei Matthäus am Letzten! Bei aller Empathie, die sonst bei Begriffsbildungen an den Tag gelegt wird, werden Kritiker dieser Entwicklung Klimaleugner geheißen und dies sogar von vielen Medien bis hin zu einer bekannten freien Enzyklopädie in Internet. Es wurde bereits vor Jahrzehnten von Wissenschaftlern, gestützt von Politkern, Grafiken mit Temperaturkurven präsentiert, die die Temperaturentwicklung vollkommen überschätzt hatten. Seit Jahrzehnten präsentieren internationale aber wohl noch mehr deutsche Medien Katastrophen-Szenarien. Hierfür habe ich diverse Beispiele gefunden und werde sie zum Besten geben.

Eine Diskussion wird für beendet erklärt. Es gibt nur noch eine legitime Einstellung wird von dem öffentlich gefeierten Youtuber Danny Hollek verkündet, der von heute auf morgen zum Klimaexperten mutiert und erkoren wurde. Protagonisten der Klimahysterie, die vor kurzem noch durch die Welt flogen, wo bei einem Transatlantikflug ein Äquivalent an CO2 pro Fluggast erzeugt wird, dass eine Person damit mehrere Zehntausend Kilometer mit dem Auto fahren könnte, möchten den Menschen vorschreiben, was sie zu tun und zu lassen und auch zu essen haben. Die Medien applaudieren. Die motorradfahrende Oma wird zur *„Umweltsau"*. Es gibt nur noch schwarz und weiß.

Ich habe jede Menge Grafiken gesehen, die von akademisch hochgradigen Repräsentanten und von Vertretern der Richtung der „Der *Mensch ist zu 100% an allem Schuld und es wird furchtbar werden!"* stammen, die Temperaturentwicklungen überzeichneten oder die schon „Kreativität" bei den Achsenbeschriftungen vermuten lassen. Wir können uns leider nur auf veröffentlichte Grafiken und Daten stützen und zum Teil auch nur auf bearbeitete Daten. Das Problem ist, dass es hier ständig von den verschiedenen Positionen vollkommen unterschiedliche Darstellungen gibt und Klimajünger behaupten, sie kennen die Fakten genau, nur die andere Seite würde alles falsch darstellen. Da es in der Öffentlichkeit nur noch eine Meinung zu geben scheint und sich alles überstürzt in eine Richtung entwickelt, sehe ich dies mit großer Besorgnis, gerade wenn hier auch Notstände proklamiert und Einschränkungen gefordert werden, müssen wir doch schon mal genauer hinschauen, erst recht in Deutschland. Wenn hier – überspitzt gesagt – alle in eine Richtung rennen, renne ich erst recht nicht mit und informiere mich erst einmal. Diese, und hier muss ich leider schon sagen, Hysterie, geht schon so weit, dass in Zeitschriften Frauen andere Frauen auffordern, keine Kinder mehr zu bekommen (*„Wir sollten alle aufhören, Kinder zu bekommen."*).

Ich sage es an dieser Stelle direkt: Es geht in diesem Buch nicht um das Klimaleugnen, was immer das auch sein möge. Einen Klimawandel hat es immer schon gegeben und der Mensch - in seiner heutigen Hybris - wird keinen Klimawandel stoppen können. Wer natürlich meint, ein Klimaleugner ist eine Person, die bestreitet, dass in zwölf Jahren – aufgrund des CO_2-Gehalts in der Atmosphäre – die Welt untergeht, der erkennt hier bestimmt Klimaleugung. Es geht auch um die Fragen, ob eine Klimaveränderung alleine durch CO_2 verursacht wird oder wie stark denn der Zusammenhang zwischen CO_2 und Temperaturveränderungen ist. Werden bei einer Verdopplung des CO_2-Gehalts tatsächlich Katastrophen eintreten? Diese Fragen müssen gestellt werden dürfen, erst recht, wenn hier Milliarden an zusätzlichen Steuern generiert werden und wenn es zu deutlichen Veränderungen kommen soll, die durch eine drastische Senkung der CO2-Emission innerhalb relativ kurzer Zeit nicht ausbleiben werden. Alle Maßnahmen werden von den „Klimaaktivisten" nie als ausreichend angesehen werden und so immer weitere Forderung nach sich ziehen, was wir an Meldungen wie „Klimaaktivisten verklagen Bundesregierung" Anfang 2020 erahnen können. Dadurch macht sich die Regierung zur Getriebenen, wenn sie der Klimabewegung jeden Gefallen tut, den sie fordert.

Es heißt bei Wikipedia, der bekannten Enzyklopädie im Netz, es gäbe eine *„organisierte Klimaleugnernszene"*. Dabei sind die, die jede Kritik am IPCC oder an Weltuntergangsszenarien als falsch darstellen, die Einfluss auf die Menschen bis hin zu Kindergartenkindern nehmen möchten und dazu auch diverse Webseiten betreiben, in Wahrheit gut organisiert. Diese werden durch diverse Stiftungen, NGOs, Unternehmen bis hin zu Aktiengesellschaften und sogar Hedgfonds unterstützt und stellen sich selbst aber als objektiv dar. Hier steckt Organisation dahinter.

Natürlich können nicht alle Auswirkungen mit absoluter Sicherheit bestimmt werden, es geht aber darum – dass gerade in einer so einseitig geführten Debatte – auch andere Gesichtspunkte zu berücksichtigen sind. Zudem gibt es deutliche Hinweise darauf, dass nicht selten – auch von Klimawissenschaftlern – mit den prognostizierten Szenarien übertrieben wurde, auch wenn dies Faktenspezialisten, zu denen wir später noch kommen, ganz anders deuten.

Verschiedene Fragen müssen gestellt werden, gerade wenn eine Seite, von der unbedingten und absoluten Moral gesegnet, teils mit ihren Forderungen so weit geht, dass es zu massiven Veränderungen im Leben der Menschen kommen wird bis hin zum Umbau des Wirtschaftssystems. Da dies auch mit der Begründung, die Wissenschaft sagt genau dies und das, untermauert wird, müssen auch alle Stimmen der Wissenschaft berücksichtigt werden. Hier scheinen einige, die mit dem Begriff „Wissenschaft" argumentieren, das grundsätzliche Verständnis dafür zu fehlen, was Wissenschaft tatsächlich ist und bedeutet. Wissenschaft in angewandten Bereichen, die mit Modellen operiert, die auch allgemein maximal eine Approximation der Realität darstellen können, zumal sie eine chaotische und stochastische (vom Zufall abhängige) Seite aufweisen, muss immer offen sein für Diskussionen. *„Man lasse sich nicht irreführen: große Geister sind Skeptiker."* Dies sagte einst Friedrich Nietzsche dazu.

„How dare you", da lassen sich ganze Generationen von einem Mädchen aus der ersten Welt anklagen, sie hätten ihr die Kindheit gestohlen und diese erhält dafür noch schallenden Beifall, wird gar von Kirchenvertretern zur Heiligen erhoben, während sie verkündet, was wir tun müssen, damit die Welt nicht bald untergeht. Bedenken wir noch, von wem Greta Thunberg auf der ganzen Welt eingeladen und empfangen wurde, dann ist eine noch nie dagewesene Anbiederung zu erkennen. Genauso werden die Forderungen der „Klimaaktivistinnen" von den Medien kommentarlos verbreitet. Einer „Aktivistin" im jugendlichen Alter und ohne erkennbare Qualifikation wird sogar ein Posten in einem Aufsichtsgremium von Siemens angeboten. Kritik an Luisa Neubauer wird als Chauvinismus verkauft, sogar bei Wikipedia.

„Soundsoviel Tausend Wissenschaftler sagen" genügt mir nicht. Wissenschaft ist Diskussion und wo es keine Diskussion mehr geben darf, ist die Wissenschaft gestorben. Dass hier, um einen angeblichen Konsens zu untermauern, eine Liste präsentiert wurde, auf der sogar ein Professor „Mickey Mouse" mit unterschrieben hat, zeigt, wie sicher sich hier eine Seite fühlt. *„Der Verstand ist keine extensive, sondern einen intensive Größe: daher kann hierin einer es getrost gegen zehntausend aufnehmen und gibt eine Versammlung von tausend Dummköpfen noch keinen gescheuten Mann."* hat Schopenhauer einmal gesagt. Wenn hier plötzlich ein Gleichschritt propagiert wird, dann sehe ich eine große Gefahr.

In etwa der Mitte des neunzehnten Jahrhunderts ging eine „kleine Eiszeit" zu Ende. Ausgerecht die Temperaturverhältnisse, die hier herrschten, werden als die optimalen definiert, als die Temperatur sogar noch rund 1,5°C unter der allgemein benannten Durchschnittstemperatur von 15°C lag. Wir befinden uns aktuell in einem Eiszeitalter mit sich abwechselnden Warm- und Kaltzeiten. Es heißt nun aber, das Klima dürfe sich nicht verändern, der Mensch müsse dies verhindern. Wer sagt denn, dass das Klima um 1850, also genau da, wo gerade eine „kleine Eiszeit" endete, perfekt gewesen ist und unbedingt wiederhergestellt werden müsste? Die ganze Erdgeschichte ist ein einziger Klimawandel, der CO_2-Gehalt war oft um ein Vielfaches höher und es herrschten höhere Temperaturen, ohne dass es dabei zu einer Katastrophe kam. Es traten sogar Eiszeiten bei extrem hohen CO_2-Werten auf. Warmzeiten waren ausschließlich die besten Zeiten in der Menschheitsgeschichte, problematisch waren eher die Kaltzeiten.

In Wikipedia steht: *„Als letzte Markierung der Kleinen Eiszeit wird etwa die Große Hungersnot in Irland 1845–1852 gesehen. Der Anstieg der Mitteltemperaturen ist verzerrt durch das Jahr ohne Sommer (1816) und einige abnorm kühle Jahre danach; Ursache war der Ausbruch des Vulkans Tambora auf der östlich von Java gelegenen Insel Sumbawa im Jahr 1815."*

Eiszeiten und Kaltzeiten kommen und gehen. Bis vor ca. 11.500 Jahren waren große Teile Norddeutschlands unter einer hunderte Meter dicken Eisschicht begraben. Das sind wahrlich widrige Umstände für das Leben. Es wird suggeriert, dass ein Anstieg des CO_2 von 0,04% auf 0,08% zu einer Katastrophe führen wird. Der CO_2-Gehalt lag in den letzten 60 Mio. Jahren teils um das rund 4-fache höher als heute und in den letzten 600 Mio. Jahren noch höher, hier lag er teils über 0,7%. Die Erde hätte wohl bei den heutigen Prognosen gekocht. Nichts desto trotz blühte das Leben und die Natur. Es könnte sogar gesagt werden, wir befinden uns in einem CO_2-Minimum. Somit hat die Erde selbst den CO_2-Gehalt über die Jahrmillionen gesenkt. Zu wenig CO_2 wäre noch ein viel größeres Problem, denn ohne CO_2 gibt es kein Pflanzenwachstum und das wäre tatsächlich das Ende, dafür brauchen wir keine Modellrechnung. Was wäre denn, wenn die Entwicklung der letzten Millionen Jahren so weiter gegangen wäre und der CO_2-Anteil der Luft noch weiter gefallen wäre?! Das soll aber nicht heißen, dass wir allgemein Emissionen nicht verhindern oder reduzieren sollten, wo immer dies möglich ist.

Es wird bei den Betrachtungen oft nur ein paar Jahre zurückgeschaut, so bei den Temperaturen bis 1850, beim CO_2 bis vor rund 100.000 Jahren. Was sind 100.000

Jahre für die Erde? Der zeitliche Ausschnitt wird gerade so gewählt, damit wir immer einen Anstieg sehen, wo es zuvor einen teils deutlichen Abfall gab.

Halbwegs exakte Temperaturmessungen für die globalen Klimawissenschaften liegen zudem gerade mal für ca. 150 Jahre vor. Die früheren Temperaturdaten konnten nicht direkt gemessen werden. Für diese Temperaturen können nur Bereiche angegeben werden, in denen sie mit einer gewissen Wahrscheinlichkeit gelegen haben könnten. Dadurch ergeben sich Spielräume für Temperaturdarstellungen in Grafiken. Hinzu kommt noch, dass es verschiedene Methoden gibt, um Temperaturdaten zu rekonstruieren, was ebenfalls zu verschiedenen Verläufen führt. Dies gibt natürlich die Möglichkeit, die Verläufe so darzustellen, dass der Klimawandel als einzigartig bzw. als besonders drastisch dargestellt werden kann. Zusätzlich können auch Daten selektiert werden. So kommt es dazu, dass frühere Warmzeiten verschwinden, Daten verändert werden oder vergangene Temperaturen nach unten „korrigiert" werden.

Unabhängig davon werden drastische Prognosen ausgewählt, denn es gibt eine Vielzahl von möglichen Szenarien, die Klimamodelle berechnen. Das kommt zum einen dadurch, dass die Eingangsparameter variiert werden können und zum anderen auch nicht eine Kurve ausgegeben wird, sondern ein möglicher Bereich, in denen die Kurven liegen. So kann auch die extremste Kurve ausgewählt und präsentiert werden. Hieraus wird dann gedeutet, dass Gletscher verschwinden würden. Jedes Wetterereignis wird als klares Untergangszeichen gewertet, die Liste ließe sich beliebig ergänzen.

Die Erdbahn verändert sich periodisch, mal sieht sie eher nach einer Ellipse und mal eher nach einem Kreis aus. Auch die Neigung der Erde verändert sich ebenso wie sich die Sonnenaktivitäten periodisch ändern und es gibt diverse Einflüsse auf das Klima mit Wechselwirkungen, weshalb es schon Eiszeiten gab, die Erde war nach einer Theorie schon einmal ein Schneeball. Genauso gab es Warmzeiten, bei denen die Polkappen vollkommen eisfrei waren, was sogar über die längste Zeit der Erdgeschichte der Fall war. Den Rhein bevölkerten einst vor ca. 115.000 Jahren sogar Flusspferde.

Es wird eine hysterische Debatte geführt, Kinder werden zu Klimaexperten und zitieren den IPCC-Bericht, Erwachsene schauen nur zu, die ältere Generation wird für schuldig erklärt. Dabei hat sie doch alles dafür getan, dass wir in einer Zeit mit unglaublichen Möglichkeiten und in Wohlstandsverhältnissen leben können, die es noch nie zuvor in diesen Ausmaßen gab. Denken wir nur an die schlechten Lebensverhältnisse, vor gar nicht langer Zeit und die eminent hohe Kindersterblichkeit. Im Gegensatz hierzu die heutzutage hohe Lebenserwartung. Gesundheitsverhältnisse der Menschen von heute hatten noch nie einen derartig hohen Standard. Wir bedienen uns einer Vielfalt an Ernährungsvariationen, die selbst Könige erblassen lassen würde. Woran liegt dies? An der Wissenschaft und nicht zuletzt an der Technik, die nun zum Teufelszeug stigmatisiert wird. Aber vielleicht werden gerade deshalb Katastrophen herbeigesehnt und herbeigeredet, da die jüngere Generation gottseidank noch keine echten Katastrophen erlebt hat.

Schon bemerkenswert ist die Fokussierung: Erstens auf das CO2, als die alleinige Ursache der Erderwärmung und zweitens wird fast ausschließlich ein Pkw mit qualmendem Auspuff gezeigt, wenn es um CO2 geht. Als Problem werden meistens – wenn nicht ausschließlich – PKW als direkte Verursacher des Klimawandels präsentiert und verdammt. Der PKW-Verkehr ist aber nur für rund 13% der CO2-Emissionen verantwortlich.

Was auch niemand zu bemerken scheint: Kinder werden instrumentalisiert, für politische Ziele eingesetzt oder besser gesagt missbraucht. Kinder sind am leichtesten beeinflussbar. Wer denkt, dass ohne Organisation von Lehrern und Interessensverbänden, so einfach bundesweite Demonstrationen alleine organisiert durch Schülerinnen und Schüler stattfinden würden, glaubt auch, dass ein Zitronenfalter Zitronen faltet.

Die Richtung passt zudem sehr gut zum Narrativ der Medien, welche die Klimabewegung geradewegs zelebrieren. Plötzlich demonstrieren Kinder der Ersten Welt, nicht wenige wohl eher aus relativ wohlhabenden Kreisen, dafür, dass ihre Eltern schlussendlich höhere Steuern bezahlen sollen und nun auch müssen. Hier möchte ich gerne überspitzt sagen: Es wird im Endeffekt auch für eine Zweiklassengesellschaft demonstriert, in der die Putzfrau nicht mehr nach Mallorca fliegen kann, der Papa aber trotzdem mit dem 500 PS SUV protzen kann, denn er hat ja genug Geld – die CO2-Steuer juckt ihn nicht.

Es geht hier nicht um die Frage, ob sich das Klima wandelt. Es wird sich immer verändern solange sich die Welt dreht. Es geht um die Frage, wie stark wandelt es sich, wandelt es sich alleine durch eine Steigerung des CO2-Anteils und trägt daran der Mensch, wie es immer wieder behauptet wird, ausschließlich die alleinige Schuld?

3 Zur Diskussion um den Klimawandel, zur FFF-Bewegung und zum Klimanotstand

Die Erde war ca. 90% ihrer Geschichte eisfrei! D.h. es war praktisch der Normalzustand, dass die Pole eisfrei waren. Es wird aber suggeriert, als wenn vereiste Pole der Normalzustand seien. Die Pole sind lange davon entfernt eisfrei zu werden. In diversen Meldungen wurde aber immer wieder behauptet, es stünde kurz bevor. Nachrichten dieser Art waren aber nicht nur die letzten Jahrzehnte zu lesen, es gibt auch mehrere Beispiele dafür, dass dies schon seit über 100 Jahren angekündigt wurde.

In der Luft beträgt der Anteil an CO_2 ca. 0,04% und nur rund 3% von diesen 0,04% sind anthropogen, also vom Mensch gemacht. Wieso ist er dann von ca. 0,028% auf 0,04% angestiegen? Woher kommen die restlichen 97%? Dazu kommen wir gleich noch. Wir hören immer wieder, der Klimawandel sei alleine auf den Mensch zurückzuführen und die 3%, die vom Mensch hinzukommen, seien besonders schlimm, denn diese würden nicht vom Kreislauf abgebaut werden. Die Erde hat es in der Vergangenheit immer wieder geschafft auch größere Mengen an CO2 zu absorbieren, sei es durch Pflanzen, Algen oder durch die Meere im Allgemeinen. Die 0,04% CO2-Anteil werden oft mit 400 ppm (parts per million) angegeben, denn bei einem CO2-Ateil von 0,04% würden auf eine Million Luftmoleküle 400 CO2-Molkühle kommen. In den letzten 600 Mio. Jahren ist der CO2-Anteil der Luft von rund 7000 ppm (!) auf zunächst rund 280 ppm gefallen, teils lag er sogar nur noch bei 180 ppm, um dann in den letzten Jahren von 280 ppm auf rund 400 ppm anzusteigen.

In der Erdgeschichte der letzten rund 500.000 Jahre, in der es diverse Warmphasen gegeben hatte, fand jeweils zuerst eine Erwärmung statt und danach erfolgte erst ein CO2-Anstieg, da die Meere gespeichertes CO2 bei steigenden Temperaturen wieder an die Atmosphäre abgeben. Die großen

Temperaturschwankungen der letzten ca. 500.000 Jahre haben andere Ursachen (Milanković-Zyklen), auf die wir noch im Kapitel 20 kommen. Diesen Zusammenhang zeigen auch diverse Grafiken, auf denen die Temperaturentwicklung und zusätzlich die CO2-Entwicklung der letzten 500.000 Jahre zu sehen ist. Bei der Betrachtung von Temperatur- und CO2-Kurven über längerer Zeitbereich von mehreren 100 Mio. Jahren, sehen wir Bereiche, in denen der CO2-Anteil ansteigt und die Temperaturen sinken, oder umgekehrt, da es eben noch weitere Einflüsse auf die Temperaturen gibt. **Bei Temperatur ist oft die globale mittlere Temperatur gemeint**, wie auch in diesem Buch. Wir können aber auch die mittlere Temperatur beispielsweise der nördlichen Hemisphäre betrachten. Es ist auch nicht so, was oft angedeutet wird, dass bei steigendem CO2-Anteil die Temperaturen gleichmäßig über beliebig große CO2-Bereiche ansteigen, dazu kommen wir noch.

Die Temperaturdaten der letzten Jahrtausende oder gar Jahrmillionen konnten nicht direkt gemessen werden und müssen indirekt beispielsweise über Baumringe rekonstruiert werden. Hier gibt es verschiedene Methoden, die Daten zu bearbeiten und die Temperaturen können nur bis auf eine Genauigkeit von zum Beispiel $\pm 0{,}5°$ C bestimmt werden. Das lässt Spielraum für die Darstellung und so kommt es, dass die Anhänger der Richtung, dass der Mensch 100% Schuld am aktuellen Klimawandel hat, Grafiken vorlegen, die besonders dramatisch erscheinen. D.h., wir sehen hier Temperaturkurven, die so aussehen, als ob die Temperaturen beispielsweise die letzten 1000 oder 2000 Jahre immer annähernd gleich niedrig gewesen und erst ab dem 20. Jahrhundert sprungartig angestiegen wären, was schon wie exponentielles Wachstum aussieht, Stichwort Hockeystick- bzw. Hockeyschläger Kurve. Dies wird in Kapitel 13 noch ausführlicher beschrieben.

Temperaturen sind aber schon immer mal angestiegen und wieder gefallen, es gab damit schon nach heutiger Begriffsbildung diverse Klimanotstände. Hier kommt dann das Argument der Klimawissenschaftler, die als Warner auftreten und von einem fast zu 100% anthropogenen (also vom Mensch verursachten) Klimawandel ausgehen. Diese sagen, heute ist der Anstieg ganz besonders schlimm, das gab es noch nie. Ebenso wird auf einigen Seiten im Netz eine bekannte Grafik, die auch Warmzeiten der letzten 2000 Jahre verdeutlicht, als Grafik der „Klimaleuger" dargestellt. Klimaleugner ist ein Begriff, der auch bei der bekannten Enzyklopädie im Netz (Wikipedia) exzessiv Verwendung findet.

Wir befinden uns momentan innerhalb einer Warmzeit in einem Eiszeitalter, wo sich allgemein in kürzeren Abschnitten Warm- und Kaltzeiten abwechseln! Durch den natürlichen Treibhauseffekt soll die „optimale" globale Temperatur bei 15°C liegen, 1860 lag diese bei ca. 13,5°C! Was sagt uns das?

Kaum werden irgendwo in Deutschland Argumente vorgestellt, die die These des „100%-anthropogen" Klimawandels hinterfragt oder auch andere Ursachen als CO2 für einen Temperaturanstieg benennen, treten im deutschen Fernsehen Professoren auf, die dem Zuschauer einzubläuen versuchen, solche Argumente seien alle Quatsch. Diese wissenschaftlichen Fakten werden übrigens in den Medien so dargestellt, als würden nur AfD-Anhänger sich diesen Erkenntnissen bedienen. Also Vorsicht, wenn Sie Zweifel anmelden, könnte bestimmt schnell der Schluss folgen, „du wählst doch bestimmt …". So wird zweifelsohne ein Meinungskorridor festgelegt.

Ich möchte auch nochmal betonen, dass ganz klar zwischen „Klimaschutz" und Umweltschutz zu unterscheiden ist. Der Mensch muss die Umwelt schützen. Dass Menschen nun plötzlich denken, sie könnten das Klima schützen oder gar beeinflussen, das scheint sehr nach Hybris auszusehen. Erkennbar klar wieder ein rein deutsches Problem. Das Klima wird sich in den nächsten Jahrtausenden verändern, auch wenn wir alle CO2-Emmisionen auf null senken, das Klima hat sich schon immer gewandelt und wird sich auch in Zukunft ändern. Dabei hätte ich eher vor einer neuen Eiszeit oder auch schon Kaltzeit, die immer wieder kommen wird (siehe Abbildung 32 oder 37), am meisten Angst.

Die Idee des zu 100%-anthropogenen Klimawandels stempelt den Menschen zum allein Schuldigen. Das wird natürlich von der Politik dankend angenommen, denn nun muss der Mensch mit Steuern gesteuert werden, damit er sich nicht so

„klimaschädlich" verhält und wieder „Klimagerechtigkeit" einkehren kann. Gerade, wo wir in Deutschland weltweit eine der höchsten Abgabenlasten zu tragen haben und sukzessive auf die höchsten Strompreise der Welt zusteuern (mit momentanem Platz 2), lassen sich hier sehr einfach noch zusätzlich Abgaben generieren, die sich bis auf weitere zweistellige Milliardenbeträge pro Jahr erhöhen sollen und durch Untergangszenarien Akzeptanz erfahren, ohne das es größere Kritik oder Diskussionen darüber gibt. Die Steuern müssen natürlich sein, so hören wir es überwiegend von Linksgrün und neuerdings auch von einer ehemals konservativen Partei, denn es muss doch jetzt endlich mal was zu Klimarettung unternommen werden. Wir scheinen wirklich ein reiches Land zu sein. Wir haben in unserem Land den größten Teil des Jahres Temperaturen, bei denen geheizt werden muss (das ist jetzt kein Argument für einen Klimawandel) und das produziert CO2 (außer wir rüsten alle Häuser komplett um, mit Wärmepumpen, Photovoltaik, …, wobei wir aber trotzdem nicht zu 100% ohne zusätzliche Energie auskommen), genauso wie die Menschen, die auf dem Land leben und zur Arbeit fahren müssen, einen Pkw benötigen. CO2 wird übrigens fast überall produziert, so auch beim Surfen im Internet, verehrteste Schulschwänzer- innen. Doch dazu später mehr.

Das heißt, dass es damit nur zwei Alternativen gibt, entweder höhere Steuern zahlen, und viel Geld ausgeben – was so aber auch nicht das Allheilmittel sein kann. Denken wir an die „Energiewende", wobei versucht wurde, eine schnelle Wende herbeizuführen, die allerdings Unsummen an Geld kostet und am Ende wird immer noch viel zu viel CO2 produziert. Es müssen erst nach und nach die technischen Voraussetzungen geschaffen werden und hier hätte der Staat schon Jahrzehnte vorher investieren müssen und können. Beispielsweise in die Forschung – seien es Wasserstoffautos, Erzeugung von Brennstoffen durch CO2 aus der Luft, Stromspeicher, etc.. Wobei, wir nicht wissen, ob dies alles auch zielführend wäre. D.h. selbst hier stellt sich die Frage nach der Umsetzbarkeit.

Die Politik lässt nach meinem Empfinden jede Richtung vermissen: Zunächst wurden die Laufzeiten für Kernkraftwerke verlängert. Nach einem Tsunami in Japan wird dann deren Abschaltung beschlossen. Kraftwerke, die zu den modernsten der Welt zählen und die praktisch CO2-frei Strom erzeugen, werden also abgestellt werden. Diese wurden gebaut, haben viel Geld gekostet und verursachen durch den Ausstieg neue enorme Kosten. Als Alternative bleiben zunächst Kohlekraftwerke, Gaskraftwerke und ein noch kleiner Anteil an regenerativen Energien, welche die Strompreise weiter explodieren lassen. Gleichzeit wird Atomstrom aus den Nachbarländern importiert (72% des französischen Stroms wurden 2016 durch Kernkraftwerke erzeugt).

Nachdem Kinder – meist sahen wir hier auch weitere bekannte Gruppierungen – für das Klima hüpften, was zunächst als negativ und dann doch ganz schnell positiv aufgefasst wurde, denn die Medien fanden dies ganz toll. Nun sollen auch Kohlekraftwerke vom Netz gehen, was wieder Unmengen an Steuergeld verschlingt und die Energiesicherheit in Deutschland gefährdet. Aber: Weltweit sind über 1400 neue Kohlekraftwerke geplant, bzw. im Bau - die Welt scheint nicht am deutschen Wesen genesen zu wollen. Eine weitere Folge des Klimahypes sind massive Steuererhöhungen, gegen die niemand etwas sagen darf, es sei denn, er ist ein „Klimaleugner" (ich verwende für negativ besetzte Begriffe ausschließlich die männliche Form, wie es so üblich ist). Die Protagonisten dieser FFF-Bewegungen werden teils zu Heiligen stilisiert und finden uneingeschränkte Unterstützung bei ihren Gläubigen.

Ahnungslose Kinder und Youtuber und selbst fast alle Medien werfen mit Prozentzahlen nur so um sich um den angeblichen Konsens in der Wissenschaft zu untermauern, 97 Prozent, 98 Prozent, 99,9 Prozent, das hätte der einstigen DDR-Regierung die Freudentränen ins Gesicht getrieben. Hier lässt sich ein grundlegendes Verständnis von Wissenschaftlichkeit vermissen! Warum lassen wir denn nicht demnächst einfach bei wissenschaftlichen Fragestellungen per Umfragen abstimmen? Auf die 98% kommen wir im Kapitel 5 zurück.

Wenn wir nicht gerade die Mathematik betrachten, wo Aussagen durch formale Beweise gesichert werden, so ist vieles daran unsicher. Soll ein natürliches Phänomenen durch eine wissenschaftliche Theorie beschrieben werden bzw.

durch ein Modell, dann muss dieses nach und nach entwickelt bzw. das Model an der Realität überprüft werden. Es gibt keine allumfassende Weltformel.

Die so entwickelten Modelle können nicht den Anspruch haben, gleich die Realität zu beschreiben. Nehmen wir mal ein Thema, was schon komplex ist, aber mit der Vielfalt an Wirkungen und Ursachen der Klimawissenschaft nicht vergleichbar ist, da schon früh ein Modell in bestimmten Größenordnungen sehr gute Übereinstimmungen lieferte: Isaac Newton stellte Gleichungen auf, die die Bewegung der Planten beschrieben. Die Lösungen der Gleichungen stimmten mit den Bewegungen der Planeten unseres Sonnensystems ziemlich gut überein, nur beim innersten Planten des Sonnensystems, dem Merkur, gab es Abweichungen. Diese konnten erst durch die Gleichungen von Albert Einstein beschrieben werden, da Merkur so nahe an der Sonne ist, dass schon relativistische Effekte berücksichtigt werden mussten. Betrachtet wir aber eine Singularität, also ein schwarzes Loch, so liefern die Gleichungen von Einstein keine Ergebnisse. Aus diesem Grund läuft immer noch eine Suche nach einer einheitlichen Theorie, die sowohl das Große wie auch das Kleine beschreibt. Immer wieder weist hier die Realität auf ein Problem hin. Hätte jemand beispielsweise 1890 gesagt, die Diskussion ist beendet, wir wissen alles, dann würde heute kein Navigationssystem funktionieren bzw. es wäre nie erfunden worden.

Außerdem kann bei komplexen Phänomenen oft nicht jede Einflussgröße gleichzeitig berücksichtigt werden oder es sind nicht alle Einflüsse bekannt. Hinzu kommt, dass eventuell auch nicht alle Eingangsparameter genau bekannt sind. Kommen zufällige oder chaotische Komponenten hinzu, wie beim Klima oder auch schon beim Wetter, so können überhaupt keine genauen Prognosen mit den Modellen erfolgen. Kleine Unterschiede können zu ganz anderen Prognosen führen.

Das Klima der Erde ist also nochmal eine ganz andere Nummer. Hier gibt es unzählige Einflussfaktoren (vor allem Sonneneinstrahlung, Luftbewegungen, Stürme, Zyklone, Hurrikane, Wolkenbildung, Meeresströme, u.v.m.) und trotzdem wird uns vorgegaukelt, als würde die Temperatur fast nur durch die Einflussgröße CO_2-Konzentration bestimmt sein.

Die Klimamodelle lagen schon oft falsch in ihren Prognosen. Hierzu kommen wir noch später. Ich denke, das Klimamodelle, die sich auf ein Detail fokussieren (CO_2), die sehr empfindlich von den Eingangsgrößen abhängen, die in der Vergangenheit schon oft daneben lagen, die letztendlich nur einen Teilaspekt der Realität erfassen können und von bestimmten Voraussetzungen ausgehen und die selbst nur Simulationen liefern - unter bestimmten Annahmen - uns nicht mit Sicherheit sagen werden, wie hoch die Durchschnittstemperaturen in 30 Jahren sind. Selbst wenn diese per Zufall mit einer kleinen Zeitspanne eine sehr gute Approximation liefern, werden sie versagen. Zudem können sowieso keine Temperaturen bestimmt werden, sondern nur Wahrscheinlichkeitsbereiche für Temperaturen unter ganz bestimmten Annahmen.

Das Klima wird sich unabhängig davon und ganz unbeeindruckt ändern, auch wenn wir gar kein CO_2 mehr produzieren, weil es das schon immer und oft sogar sehr drastisch getan hat.

Warum sollen dann 97% oder 99% aller Wissenschaftler behaupten, was immer behauptet wird, der Klimawandel wäre mit Sicherheit durch Menschen verursacht worden, wenn nur 3% des in der Atmosphäre vorhandenen CO_2s menschgemacht sind? Wie ist das zu bewerten?

Diese geringen 3% müssen natürlich von Aufklärer-Seiten im Netz erklärt werden und so wird dann in den „der Mensch ist an allem Schuld"-Kreisen behauptet, dass diese 3% besonders schlimm seien, da sie nicht im natürlichen Kreislauf verarbeitet werden würden. Lächerlich! Über die letzten Jahrmillionen, in denen der CO_2-Gehalt mehr als 20-mal so hoch war und teils noch viel höher hatte die Natur diesen auch reduziert, wobei nicht einmal behauptet werden kann, was denn der richtige CO_2-Gehalt sei, gerade vor dem Hintergrund, dass ein zu wenig an CO_2 sogar lebensgefährlich werden kann, wenn wir weiter Pflanzenwachstum auf der Erde haben möchten. Die Pflanzen brauchen CO2 zum Leben, wie wir Menschen auf Sauerstoff angewiesen sind.

Von der vorindustriellen Zeit bis zum Jahr 2000 stieg der CO2-Gehalt von 288 ppm auf 368,4 ppm. Nun können wir an der folgenden Tabelle sehen, wie groß der Einfluss des Menschen daran war.

	Vorindustriell	Natürlicher Zuwachs	Zuwachs durch den Mensch	Gesamt CO2 [*]
Carbon Dioxide (CO2) in ppm	288	68,52	11,88	368,4

Aus dem Buch Borehole Climatology: A New Method How to Reconstruct Climate von Louise Bodri und Vladimir Cermak. [*] Daten aus dem Jahr 2000.

Die Tabelle zeigt eine sehr interessante Tatsache, denn 68,52 ppm kamen durch die Natur, aber nur 11,88 ppm durch den Mensch hinzu. Es wird immer so dargestellt, als stamme die gesamte CO2-Differenz von 1850 bis 2000 alleine vom Menschen. Der anthropogene Anteil am gesamten CO2 beträgt vernachlässigbare ca. 3,2%. Der CO2-Gehalt stieg in den letzten 50 Jahren mit Durchschnitt um rund 1,7 ppm pro Jahr.

Nun wird der Mensch zum Störfaktor, was in einigen Kreisen schon seit Jahrzehnten en Vogue ist. Als ich einen TV-Beitrag per Zufall in 2019 sah, in dem es um den Youtuber mit dem Kunstnamen Rezo ging, war ich gleich verwundert – wegen des positiven Untertons im Bericht. Als der Beitrag startete, fragte ich mich zunächst, was wird dieser Youtuber hier wohl kritisiert haben, von dem gesagt wurde, er wolle eine Partei zerstören. Das konnte nur etwas sein, was sehr gut ins Narrativ der Medien passen musste und so war es dann auch.

Ein CO2-Anteil von 0,04% heißt 400ppm, also 400 CO2-Molekühle auf 1.000.000 Luftmoleküle. Damit sind es 4000 CO2-Molekühle auf 10 Millionen Teilchen in der Luft, im Durchschnitt natürlich. 3% sind menschgemacht, also insgesamt 120 CO2-Moleküle. 2% stammen aus Deutschland, womit rund **zwei** von 10 Millionen Teilchen die CO2-Molekühle sind, die aus Deutschland stammen.

Die Indoktrination von Schülerinnen und Schülern hat und das sage ich, ohne dass ich eine Studie erstellt habe, vor allem in Deutschland ein bedrohliches Ausmaß angenommen. Dies konnte ich im Gespräch mit Schülerinnen und Schülern in den letzten Jahren in Erfahrung bringen. Wer glaubt denn, dass, wenn in einer Schule ein Aufsatz zum Thema Klimawandel geschrieben werden soll und eine Schülerin oder ein Schüler hier unterschiedliche Ansichten vertritt, dass sie oder er dann noch mit einer guten Note zu rechnen hat?

Bei den Journalisten wissen wir, das Grün sehr angesehen ist. In der NZZ war in 2018 zu lesen *„Die Freie Universität Berlin verfasste im Jahr 2010 eine Studie im Auftrag des Deutschen Fachjournalisten-Verbandes (DFJV). Dabei zeigte sich, dass es eine klare linke Mehrheit unter den Medienvertretern in Deutschland gibt. 26,9 Prozent fühlten sich den Grünen, 15,5 Prozent der SPD und 4,2 Prozent den Linken verbunden, während sich der CDU/CSU und der FDP nur 9 Prozent und 7,4 Prozent nahe sahen. Immerhin mehr als jeder Dritte fühlte sich keiner Partei zugehörig. Unterstellt man, die letzte Gruppe würde als Nichtwähler auftreten, hätte Grün-Rot-Rot unter deutschen Journalisten eine satte Mehrheit.“*

Auch von der schwedischen Aktivistin Greta Tintin Eleonora Ernman Thunberg, kurz Greta, heißt es *„Vom Klimawandel erfuhr sie zum ersten Mal **mit acht Jahren in der Schule“**.* Danach befasste sie sich mehr damit und bekam Depressionen. Das alleine ist auch schon sehr aufschlussreich. Dies zeigt, welche Auswirkungen es allgemein haben kann, wenn in der Schule erzählt wird, dass es bald zur Apokalypse durch den Klimawandel kommt.

Es findet nach meinem Empfinden eine Indoktrination von Kindern statt. Es werden Klimabotschafter in Kindergärten und Schulen geschickt, die wohl Kinder in ihrem Verhalten beeinflussen sollen. Es wurde und wird der Film von Al Gore, dem ehemaligen Vizepräsidenten der USA vorgeführt, der Worst-Case-Szenarien und Übertreibungen zeigte und den Eindruck erweckt, als wenn gerade die Gletscher in der Westantarktis verschwinden würden, bzw. schon vor rund 8 Jahren verschwunden wären.

Im Internet tobt praktisch ein Meinungskrieg um Aussagen zum Klimawandel, wie auch beispielsweise die Bewertung des Climategate-Vorfalls vor rund 10 Jahren zeigt. Es wird so hingestellt, als ob diese ganzen veröffentlichten E-Mails der Klimawissenschaftler rund um das IPCC alle falsch verstanden worden seien und als ob bewiesen worden sei, dass dies hier alles zu 100% in Ordnung war. Climategate bzw. Klimagate wurde geschickt heruntergespielt und fand deshalb kaum Beachtung.

Beim Lesen der E-Mails und auch bei deren Einordnung seinerzeit in angelsächsischen Zeitungen kommt mir aber ein ganz anderer Eindruck und die Leserin oder der Leser mögen dies selbst beurteilen. Seiten im Netz, die bei Google-Anfragen ziemlich an den Anfang gestellt werden, stellen jede Kritik am IPCC bzw. deren Stars als falsch dar. Hier wird mit Akribie und Macht versucht, massiv die Meinungen zu beeinflussen. Es wird aber sehr oft so beschrieben, als seien die Zweifler am zu 100%-anthropogenen Klimawandel die gut organisierten, die von der Ölindustrie bezahlt oder beeinflusst würden. Dabei stehen den Protagonisten des zu 100%-anthropogenen Klimawandels diverse private und staatliche Mittel zur Verfügung und gleichzeitig findet auch eine Unterstützung von ganzen Netzwerken an NGOs statt. Diese NGOs oder auch Stiftungen finanzieren Webseiten oder Organisationen, die vorgeben, die Fakten zu kennen und die sich auch als sogenannte Faktenprüfer darstellen.

Es gibt eine Reihe Klimawissenschaftler – sie sind beileibe keine *Dullis*, wie es der Youtuber Rezo allerorten daher posaunte – welche zu Recht anzweifeln, dass der Mensch alleine oder zum größten Teil am aktuellen Klimawandel schuld sei oder die zumindest Positionen des IPCC infrage stellen. Da haben wir den Wissenschaftler Tim Ball, der dem Star-Klimatologen Michael Mann vorwarf, nicht korrekt gearbeitet zu haben, um es vorsichtig auszudrücken. Mann führte danach eine jahrelange Klage gegen Ball wegen Verleumdung. Mann legte keine Beweise für seine Behauptung vor, dass die Erdtemperaturkurve der letzten 1000 Jahre wie ein Hockeyschläger aussah (näheres hierzu in Kapitel 13). Das Verfahren wurde in 2019 eingestellt und Mann musste die Kosten alleine tragen.

Wer hier anführt, Tim Ball hätte nicht gewonnen, muss sich folgende Frage stellen: Wieso hatte denn Michael Mann Jahre lang keine Beweise für seine Hockeystickkurve vorgelegt und trägt stattdessen lieber alleine die Kosten des Verfahrens? In der Wissenschaft muss man jederzeit seine Daten und seine Methoden offen legen können, erst recht wenn Wissenschaftler ein Resultat – wie hier die Hockeystickkurve – vor der Weltöffentlichkeit präsentieren und dieses Einfluss auf politische Entscheidungen haben kann. Damit darf Tim Ball weiterhin sagen, dass Michael Mann lügt und sein Wortspiel *„Mann should not be at Penn State but in a State Pen[itentiary]"* betreiben, was so viel heißt wie: *Mann gehöre nicht an die Pen State Universität sondern ins State Pen Gefängnis.* Der Richter befand die Verzögerung von Mann unentschuldbar. Mann hatte beliebig viel Zeit gehabt und der Richter war sogar der Meinung, dass ein Schaden für Ball entstanden sei. Wenn wir nun im bekanntesten „Lexikon" im Netz nachlesen, dann steht hier, dass der Prozess im August 2019 wegen einer zu langen Verfahrensdauer und dem Alter von Ball eingestellt wurde. Alleine wegen des Alters wird doch keine Klage eingestellt, hier standen doch die ganzen Verzögerungen im Raum. Mann muss – wie beschrieben – die Kosten des Verfahrens bezahlen und die Klage wurde somit praktisch abgewiesen.

Michael Mann machte mittlerweile wieder Schlagzeilen und hat wohl auch seine Ikone gefunden, denn er sagte: *„Greta Thunberg, nicht Donald J. Trump, ist der wahre Anführer der freien Welt."* Ist Mann nun Wissenschaftler oder Aktivist, den beides kann er wohl nicht sein?

Währenddessen stellt die bekannte Enzyklopädie im Netz Kritiker der heutigen Klimahysterie als Klimaleugner dar und führt durchaus berechtigte Kritik an der Klimaaktivistin Luisa Neubauer auf männlichen Chauvinismus zurück. Als diese Klimaaktivisten und Grünenmitglied auf eine Frage in ihrem Buch (*"Ist das Kinderkriegen unseren Mitmenschen gegenüber verantwortungsvoll, da statistisch gesehen nichts einen größeren CO2-Fußabdruck hinterlässt als ein Kind?"*) angesprochen wurde, wich sie aus. Zeitungen stellten dies dann so dar, als hätte der Moderator (Lanz) der Talkshow die Aktivistin angegriffen, eine Schlagzeile lautete *„Lanz greift „deutsche Greta" an – Luisa Neubauer hat für ihn vergiftetes*

Lob". Eine weitere Zeitung setzt in einem Artikel zu diesem Thema die Überschrift wie folgt *„Sorry, so einfach ist es nicht"*. Diese Frage hat außerdem nichts damit zu tun, dass sich jemand Gedanken darüber macht, ob die Welt so schlimm geworden sei, dass Frauen keine Kinder mehr bekommen möchten. Die Frage zielt vielmehr darauf ab, ob nicht wegen der Verantwortung vor dem dadurch verursachten CO2 auf ein Kind verzichtet werden soll. Das scheint wohl im 21. Jahrhundert eine ganz legitime Forderung geworden zu sein, so wie die Medien darauf reagierten.

Es werden künstliche Begriffe geschaffen wie klimaschädlich, klimaneutral, Klimagerechtigkeit, Klimaleugner, u.v.m.. Erst seit erst ca. 150 Jahren liegen direkte Temperaturmessungen vor. Eine sachliche Diskussion ist nicht mehr möglich, Kritik hat allgemein die Sachebene verlassen und wird direkt ad hominem, also gegen die Person gerichtet, geführt. Angeführt wird dabei das Argument ad populum: Die Mehrheit sagt es, also ist es so!

Plötzlich präsentieren sich Youtuber und Filmstars als „Klimaschützer", die um die halbe Welt jetten, Bilder von sich und AMGs posten oder ganze Fuhrparks an SUVs und Sportwagen besitzen. Die gerade mal 23 Jahre alte Aktivistin Luisa Neubauer bekam vom Vorstandsvorsitzenden Joe Kaeser des Traditionsunternehmen Siemens eine Position im Aufsichtsrat angeboten, die, soweit ich dies - auf der Grundlage der mir vorliegenden Daten - einschätzen kann, zu diesem Zeitpunkt außer Aktivismus keinen Abschluss oder Erfahrungen vorzuweisen hatte, die eine solche Position rechtfertigen würden.

Es gibt keinen direkten Beweis, der zum Schluss kommt, der Mensch sei zu 100% schuld am Klimawandel, was aber allgemein behauptet wird. Es kann nur indirekt geschlossen werden, dass ein Modell in einem gewissen Zeitraum unter gewissen Prämissen zu ähnlichen Ergebnissen kommt, wie sie real vorliegen. Aber das ist kein Beweis und die Modelle lagen zudem oft weit daneben. Eine Simulation der Temperaturverläufe ist nur eine Realisierung eines unter den Modellannahmen theoretisch möglichen Verlaufes. Bei leicht veränderten Eingangswerten kann es zu einer ganz anderen Realisierung kommen.

Eines darf an dieser Stelle nicht vergessen werden, was bereits erwähnt wurde: Hinter dem Klimahype stecken massive Finanzinteressen. Hinter den Apokalyptikern stecken NGOs, die von Milliardären unterstützt werden. Außerdem haben unsere Politiker schöne Argumente für Steuererhöhungen, gegen die nur Klimaleugner etwas haben können.

Das Handelsblatt schrieb beispielsweise hierzu: *„Die zwei bekennenden Weltverbesserer [Hedgefondslegende George Soros und Ex-Vizepräsident Al Gore] investieren beide in CO2-Zertifikate und zocken an den Klimabörsen. Gore ist Mitgründer des Vermögensverwalters Generation Investment Management, der allein mit einem Fonds fünf Milliarden Dollar einsammelte. Er investiert nicht nur in Windräder, Solarzellen und CO2-Zertifikate, sondern auch in Allerweltsunternehmen wie* Nestlé *oder den Autozulieferer* Johnson Controls, *die besonders nachhaltig wirtschaften sollen. Ein bei Fonds mit grünem Label durchaus gängiges Verfahren."*

*„**Anfällig für Manipulationen**": Großinvestor Soros hat sich nicht zufällig den Emissionshandel als Spekulationsziel ausgesucht. Er bezeichnet ihn als wenig transparent und anfällig für Manipulationen: "Deshalb ist er so beliebt bei Finanztypen wie mir."*

Das Klimathema ist eine großartige Sache. Ganz zufällig haben die Eltern der schwedischen Klima-Aktivistin Greta kurz nach ihrem Berühmtwerden ein Buch veröffentlicht. Wie zufällig kommt ein Bekannter PR-Manager, *„einer der erfolgreichsten PR-Manager und Börsenspezialisten Schwedens"*, vorbei und macht ein Bild von Greta, wodurch sie bekannt wurde. Ganz zufällig wird dies Bild von diesem PR-Manager veröffentlicht, der daraufhin eine Aktiengesellschaft gründete. Das Startup sammelte mal eben schnell eine Million Euro ein. Danach arbeitete die junge Schwedin mit dem Unternehmer zusammen. Das soll nicht heißen, dass die junge Schwedin dies vorher einkalkuliert hatte, sie glaubte mit Sicherheit fest an Ihre Mission.

Die FFF-Spenden werden von der Plant-for-the-Planet Foundation verwaltet. FFF schreibt zu Spenden auf der Webseite: *„Das Konto wird von einer befreundeten Organisation, der Plant-for-the-Planet Foundation, betreut. So können wir* *sicherstellen, dass alle finanziellen Dinge vollkommen professionell erledigt werden.“*

FFF meint Freidays for Future, also die Bewegung, die alles weiß, praktisch Klimawissenschaftler ohne Studium und 4/5-Schule (1/5 Abzug für den Freitag), deren Demos wohl von der Antifa – mal schauen, ob mein Auto schon brennt – auch gerne besucht werden, die vorgeben, für die Zukunft zu demonstrieren, aber wohl eher – bedenken wir deren Forderungen – die Zukunft der anderen kaputt machen. Wir demonstrieren, damit unsere Eltern mehr Steuern zahlen, weil das super für's Klima ist. Vielen Dank an Euch, für die höheren Steuern, wir haben ja „nur“ die zweithöchsten Steuern der Welt (laut statista.com). Mit der CO2-Steuer haben wir dann bestimmt gute Chancen Weltmeister zu werden. Bei den Strompreisen sind wir es sowieso schon (laut statista.com) in 2018 gewesen.

2007 gründeten Frithjof und Felix Finkbeiner die Plant-for-the-Planet Foundation. Frithjof Finkbeiner ist der Vater von Felix Finkbeiner. Frithjof Finkbeiner ist wiederum Vizepräsident der deutschen Gesellschaft des Club of Rome, Aufsichtsratvorsitzender der Desertec Foundation, Vorstandsvorsitzender der Global Contract Foundation / Stiftung Weltvertrag und Mitgründer der Global Marshall Plan Foundation.

Zu Felix Finkbeiner schreibt die Zeit voller Begeisterung: *„Mit 13 Jahren hielt er eine Rede vor den Vereinten Nationen* [Wow, schon damals und 3 Jahre jünger als die Greta]. *Auf Plakaten warben der Fürst von Monaco, Til Schweiger, Gesine Schwan, Klaus Töpfer, Harrison Ford und Gisele Bündchen für das Projekt Plant-for-the-Planet, das heute das von Finkbeiner ist. Sein Kalkül: Mit Aufforstungen in Afrika und Südamerika CO2 zu binden, um die Klimaerwärmung zu bremsen. Felix war Greta, bevor es Greta gab, der Donnerstag vor "Fridays for Future".“*

Zum Club of Rome war in der Zeit folgendes zu lesen: ***„In Rotterdam hat die Denkfabrik Club of Rome einen Bericht vorgestellt, der eine düstere Prognose für den Planeten Erde entwirft. Der Klimawandel werde der Menschheit kräftig einheizen und mehr Dürren und Fluten über die Kontinente jagen.*** *Die Treibhausgasemissionen steigen weiter. Gleichzeitig müssen sich die Industrienationen auf ein geringeres Wirtschaftswachstum einstellen. Weltweit sei* mit drei Milliarden Menschen in Armut zu rechnen und ungeheuren Umweltzerstörungen."

Der Club of Rome kannte auch schon 1972 einen Weltuntergangstermin, der in dem Bericht des Club of Rome zur Lage der Menschheit veröffentlicht wurde. In dem Werk „Die Grenzen des Wachstums" ging eine Warnung an die Menschheit heraus. In der FAZ fand sich 2012 ein Artikel mit dem Titel zum Club of Rome *„Die Propheten des Untergangs"*.

In oben erwähnten FAZ-Artikel aus 2012 stand übrigens auch: *„Vor 40 Jahren hat der „Club of Rome" ein düsteres Bild der Zukunft gemalt. Auch der neue Report, eine Vorausschau bis ins Jahr 2052, gönnt sich kein bisschen Optimismus. Die Denkfabrik misstraut dem Markt und wünscht sich planwirtschaftliche Vorgaben. ... Wenn aber ein zentraler Baustein der Club-Prognose so schief liegt, wie treffend ist dann das Gesamtbild? Das Weltklima ist ein extrem komplexes System mit vielfältigen Wechselwirkungen. **Seriöse Forscher geben zu, dass sie es erst in Ansätzen verstehen. Alle Prognosen unterliegen gewaltiger Unsicherheit.** Der Club of Rome glänzt mit einer besonders schlimmen, pseudo-genauen Prognose zu Temperatur (2 Grad Erhöhung bis 2052) und Meeresspiegel (Anstieg um 50 Zentimeter). Ist das nicht eine groteske Anmaßung von Wissen? Immerhin bringen Horrorszenarien öffentliche Aufmerksamkeit und politischen Einfluss sowie mehr Spenden und Subventionen für die Klimarettungsindustrie - nur nutzt sich dieser Effekt auf die Dauer auch ab."*

Um was es hier eigentlich geht, das sprach Ottmar Edenhofer, Chefökonom am Potsdamer Institut für Klimaforschung (PIK), mit bemerkenswerter Offenheit in der Neuen Züricher Zeitung vom* 14.11.2010 aus:

*„**Die Klimapolitik hat nichts mehr mit Umweltschutz zu tun. Da geht es um harte Wirtschaftspolitik. Klar gesagt: Wir verteilen durch die Klimapolitik de facto das Weltvermögen um.**"*

*Komisch, komisch, so eine Aussage vom PIK, dem Institut für Klimah… .Beinahe hätte ich das Unwort benutzt, zum Glück habe ich noch rechtzeitig die Kurve bekommen.

Das immer häufiger Klimanotstände in Deutschland ausgerufen und immer weitere Maßnahmen gefordert werden, scheint kaum jemand zu beunruhigen. Mit einem Notstand lassen sich ganz einfach neue Gesetze und eine immer größere Einflussnahme auf die Art zu leben begründen.

Jetzt kommen wir zum Klimanotstand vor rund 7000 Jahren:

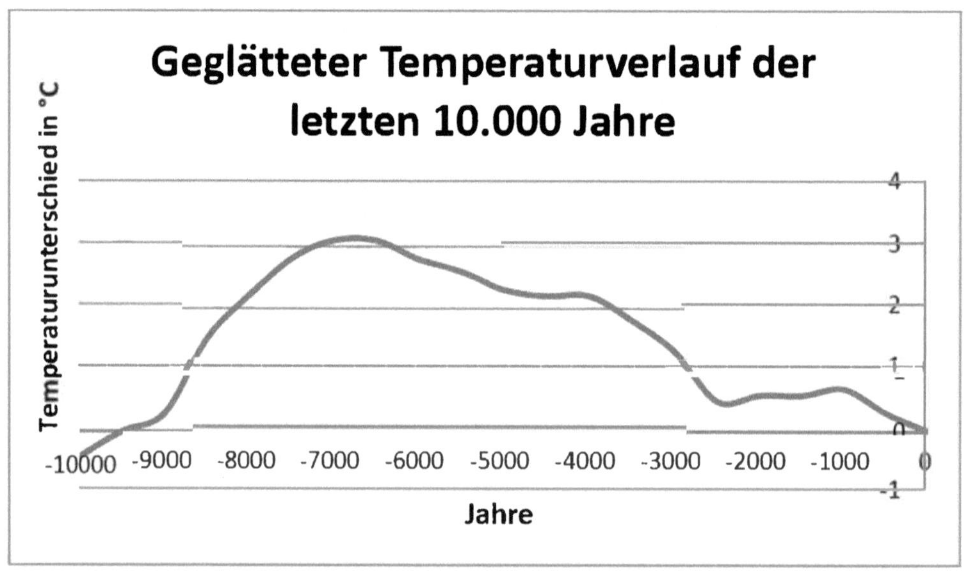

Abbildung 1: Daten-Quelle für Skizze stammt aus: Climate Change During the Holocene (Past 12,000 Years)" (Irena Borzenkova et al., Springer Open 2015)

Oben sehen wir die rekonstruierte Sommertemperatur im nördlichen und südlichen Teil des Ostseebeckens aus „Climate Change During the Holocene (Past 12,000 Years)" (Irena Borzenkova et al., Springer Open 2015). Vor rund 7000 Jahren lagen dort die Sommertemperaturen über 3°C höher als heute. *Satire: Warum gab es diesen „Klimanotstand" vor 7000 Jahren? Ganz klar, da es noch keine Bundesregierung gab, die eine Steuer zur Bekämpfung des Notstandes einführen konnte.* Es gab auch ganz ohne CO2-Anstieg erheblich höhere Temperaturen. Wir können nicht zur Beurteilung der Höhe von Temperaturen nur die letzten 150 Jahre heranziehen. Es gab sogar noch wesentlich höhere Temperaturen, im Durchschnitt rund 22°C, in den letzten 60 Mio. Jahren, so wie es auch eine deutlich höhere CO2-Konzentration gab. Analog gab es aber auch Kaltzeiten und Eiszeiten, in welchen die CO2-Konzentration deutlich höher als heute lag. Dies zeigen später auch noch die Abbildungen 32 und 33, wo wir sehen, wie die Temperaturen hoch blieben, während rund 100 Millionen Jahre lang der CO2-Gehalt von 2500 ppm auf 500 ppm abfiel. Genauso gab es aber bei extrem hohem CO2-Gehalt Eiszeiten. Also gibt es in diesen zeitlichen Bereichen keinen direkten Zusammenhang zwischen CO2-Konzentration und Temperatur.

In der Zeit zwischen 6000 und 4000 Jahren vor Christus – vor 8000 bis vor 6000 Jahren – war es auf der Nordhalbkugel deutlich wärmer als heute, während der CO2-Gehalt der Atmosphäre ein Tiefstwert von 0,026% = 260 ppm durchlief. Es gibt keine über längere Perioden vorhandene Korrelation zwischen Temperatur und CO2-Gehalt, da hier weitere Einflussfaktoren eine Rolle spielen. Da nur 3% des CO2 in der Atmosphäre von den Menschen stammt, wie soll dann der aktuelle Klimawandel alleine dem Mensch zugerechnet werden, wo zudem das Klima sich schon immer geändert hat. Es kann höchstens in einem gewissen CO2-Bereich ein Zusammenhang bestehen, wenn nicht weitere Einflüsse vorhanden sind. Versuche zeigen hier, dass der Einfluss des CO2 auf die Temperatur mit steigendem CO2-Anteil immer geringer wird.

Das Holozän umfasst die letzten rund 11.700 Jahre. Diese warme Periode zwischen 6000 und 4000 Jahren vor Christus ist als Holozän-Klima-Optimum bekannt und hier gab es lokale Temperaturzunahmen von bis zu 4°C in der Nähe des Nordpols (oder Erwärmungen im Winter von 3 bis 9°C und im Sommer von 2 bis 6°C in Nord-Mittelsibirien, laut einer Studie von Koshkarova et al., "Regional signatures of changing landscape and climate of northern central Siberia in the Holocene"). Global lagen die Temperaturen um 1°C wärmer. Auf einer Seite der Universität Arizona steht zum globalen Holozän-Optimum: *„Warme Bedingungen;*

Die Temperaturen waren vielleicht ein bis zwei Grad wärmer als heute. Große alte Zivilisationen begannen und blühten."

Somit gab es auch global höhere Temperaturen in den letzten Jahrtausenden und sowieso auch schon davor.

In der Welt stand in 2003: *„**Trotz Treibhauseffekt war es auf der Erde vor 1000 Jahren wärmer als heute, belegt eine neue Studie**" und „Lange ist bekannt, dass es im so genannten Mittelalterlichen Klimaoptimum in Grönland grünte - daher der Name. Und in England florierte der Weinanbau. Bisher jedoch galt die Warmphase bei Klimaforschern als beschränkt auf den Nordatlantik und Europa. Zudem wurde sie nicht als wärmer eingestuft als das derzeitige Klima.", sowie „Wissenschaftler der Harvard-Universität werteten nun 240 Klimastudien aus und berichten im "Climate Research Journal" von einem anderen Resultat. … Im Klimaoptimum erblühte die Landwirtschaft, und Hungersnöte in Europa wurden selten. **Die Temperaturen lagen im Jahresmittel um etwa 1,5 Grad höher als heute.**"*

1850 lagen die Durchschnittstemperaturen bei 13,5°C. Dass diese 1,5°C zu niedrig waren, zeigt ein Bericht der ENQUETE-KOMMISSION der Regierung in 1988 (Drucksache 11/3246), in welchem es heißt:

*„Im Verlauf der Klimageschichte hat sich die globale Durchschnittstemperatur seit der Würm-Eiszeit, die vor etwa 15 000 Jahren endete, **von etwa 10° C auf 16° C vor 6000 Jahren** erhöht. Seitdem war sie mehr oder weniger großen Schwankungen unterworfen. **Etwa 1000 n. Chr. herrschte eine warme Periode; anschließend erfolgte zwischen den Jahren 1400 und 1850 die kleine Eiszeit.** Seitdem ist die Temperatur ständig gestiegen. Mittlerweile ist es schon fast so warm wie zur Zeit des Klimaoptimums vor 6000 Jahren."*

Wir kommen nochmal zurück zur Klimabewegung:

Die Klimabewegung erhält von allen möglichen Seiten Unterstützung, was wir später noch sehen. Wir betrachten hier nur kurz einen Aspekt. Unter Wikipedia ist zu lesen: *„Klimawandel und Gerechtigkeit: Misereor und die Münchener Rück*

Stiftung als Auftraggeber untersuchen zusammen mit dem Potsdam-Institut für Klimafolgenforschung (PIK) und dem Institut für Gesellschaftspolitik an der Hochschule für Philosophie in München (IGP), wie im Kontext der internationalen Klimaverhandlungen (UNFCC, COPs), ein akzeptabler globaler Energiepfad aussehen kann, der den gefährlichen Klimawandel eindämmt und zugleich die Entwicklung in armen Ländern nicht behindert."

Die Stiftung der Münchener Rückversicherungs-Gesellschaft unterstützt somit das PIK: Klimawandel, Versicherungsbeiträge, alles nur Verschwörungstheorie?

Ein Professor dieses Institut ist stark medial als Apologet des 100%-menschgemachten Klimawandels und als Klimawarner vertreten. Jetzt wollen wir hier keine Verschwörungstheorie in die Welt setzen, aber trotzdem können wir über folgendes nachdenken: eine Rückversicherung hat ein sehr gutes Argument für Beitragserhöhungen, wenn doch der Klimawandel immer mehr Schäden verursacht.

Betrachtet wir die ganze Dynamik dieser Entwicklung, die utopischen Forderungen der Klimabewegung und die Verkündung von nahestehenden Katastrophen, die schnell beschlossenen Steuererhöhungen der Regierung und dann die jungen Frauen in Deutschland, die öffentlich bekunden, dass es wegen des Klimawandels verantwortungslos sei, Kinder zu bekommen, die Demonstrationen an diversen Freitagen und die ganzen Aufschriften auf den Plakaten, was ist das anderes als eine Form von Hysterie?! Warum soll es denn keine Klimahysterie sein, wenn behauptet wird, dass in naher Zukunft durch den Klimawandel Katastrophen eintreffen und wir nur noch 10 oder 11 oder 12 Jahre oder wie lange auch immer Zeit hätten, das zu verhindern?! Kritik ist aber nicht erwünscht, alleine schon das Nachfragen macht verdächtig. Kein Wunder, dass dann das Wort Klimahysterie zum Unwort erkoren wurde. Jede Form der Kritik wird von Zeitungen und selbsternannten Faktenfindern im Netz niedergeschrieben. Die Fakten kennen alleine nur die sogenannten Faktenfinder, die nur Aussagen ihrer Lieblingswissenschaftler und nur deren Argumente als die einzig wahren präsentieren. Dass hier vorgegeben wird, Fakten zu prüfen, erinnert an ein Wahrheitsministerium und wie weit sind wir noch davon entfernt?

Dass hier auch allgemein kein Spaß mehr verstanden wird, sahen wir an den Reaktionen auf Dieter Nuhrs Scherze über die Klimabewegung. Dieser sagte übrigens: *„Das Klimapaket der Bundesregierung wird es nicht bringen. Es bringt exakt, glaube ich, nix. Das Klimapaket ist so eine Art Globuli, wo man hofft, dass die Erde glaubt, dass es wirkt.* ***Ich glaube, wenn wir die 54 Milliarden, die das Paket kostet, in die Forschung gesteckt hätten, das wäre was gewesen.*** *Aber egal. Manchmal habe ich so Anfälle, da denke ich so ganz naiv, in der Politik ginge es darum, etwas zu erreichen. Dumm von mir. Entschuldigung.“*

Auf einer Webseite des ORFs war in 2019 zu lesen: *„Für kommenden Freitag, den 15. März, plant die von ihr mitgegründete Schulstreik-Bewegung fridaysforfuture einen globalen Streik in rund 100 Ländern. Am 28. Mai wird sie dann zu Arnold Schwarzeneggers Klimakonferenz in Wien erwartet. Der Kalender von Greta Thunberg ist dicht gefüllt.* ***Denn die Zeit drängt. Nach Berechnungen des UN-Weltklimarats bleiben uns nur mehr rund 11 Jahre, bis der Ausstoß von Treibhausgasen unumkehrbare Kettenreaktionen auslösen wird, die jede menschliche Kontrolle übersteigen. Umstellungen der Wirtschaft in „nie dagewesenem“ Ausmaß sind notwendig, um die Kurve noch zu kratzen.“*** Das soll keine Hysterie sein?! Beispiele mit ähnlichen Texten finden sich beliebig auch auf deutschen Webseiten von Online-Zeitschriften.

Wo doch die FFF-Bewegung so populär ist. Sind dann nicht deren Anhänger Populisten?

Und: Wer stiehlt hier wem die Zukunft? Dies müssen sich die FFF-Kinder und erst recht die Initiatoren und Protagonisten dieser Bewegung schon fragen lassen. Außer Zukunft ist, wenn alle Lichter ausgehen und die Industrie mit samt unserer Zivilisation verschwindet.

Wir beenden diese Kapitel mit zwei Zitaten, auf die wir später nochmal zurückkommen:

„Es ist auch niemand, kein ernstzunehmender Klimawissenschaftler in der Position zu sagen, ich prognostiziere irgendetwas. Da prognostiziert niemand was, es wird nichts vorhergesagt."
Prof. Andreas Bott Klimaexperte Uni Bonn, 09.12.2010

„Klimaprognosen, Vergleichbar mit Wetterprognosen, sind prinzipiell nicht möglich, da … .Man behilft sich daher mit Projektionen unter der Annahme, dass der menschliche Einfluss (Treibhausgase) dominiert."
Klimaforscher: Prof. C. Schönwiese

4 Wissenschaftler sahen eine drohende Eiszeit in den 1970ern

In den 1970ern vertraten nicht wenige Wissenschaftler die Ansicht, dass wir auf eine neue Eiszeit zusteuern. Hier hätten wohl die FFF-Protagonisten als Klimaleugner gegolten. In der Welt stand 2009: *„Die Weltöffentlichkeit diskutiert über die Folgen der globalen Erwärmung. In den 70-Jahren hatten wir schon mal eine intensive Debatte um die Zukunft des Weltklimas.* **Damals warnten uns die Wissenschaftler allerdings vor genau dem Gegenteil: einer neuen Eiszeit.** *… Was aus der Rückschau von heute besonders auffällt:* **Die erwarteten Folgen glichen denen, die heute im Zusammenhang mit der Erderwärmung diskutiert werden, wie ein Ei dem anderen**: *Unbewohnbarkeit der Erde, Extremereignisse, Hurrikane, Dürren, Fluten, Hungerkrisen und andere Katastrophen, die CIA erwartete Klimakriege.* **Auch machte man den Menschen verantwortlich für den sich abzeichnenden Klimawandel.“**

Analog stand 1975 in der Süddeutschen Zeitung: *„Das Ende der Welt beginnt mit einem Sommer, der keiner mehr ist. Es bleibt kalt. Der Schnee vom letzten Winter bleibt liegen. Für Nigel Calder, ehemals Herausgeber des angesehenen britischen New Scientist, ist diese „Götterdämmerung“ im Mythos nordischer Völker realistisches Szenarium für unsere Zukunft, den* **Beginn der nächsten Eiszeit. Droht eine neue Eiszeit? Calder hält dies für wahrscheinlich und veröffentlichte jüngst zum Beleg ein Buch mit aktuellen Forschungsergebnissen.“**

Die Medien stürzen sich immer auf Meldungen bestimmter Wissenschaftler, gerade wenn es um Katastrophenmeldungen geht. Es gibt unzählige Beispiele im Zusammenhang mit dem Klimawandel. Wenn etwas dann nicht so eintrifft, gibt es kaum Zeitungen, die davon berichten. Hieran sehen wir, wie stark die Sehnsucht nach Katastrophenmeldungen in den Medien ist. Dies betrifft wohl neuerdings auch selbst Gutachter von Fachzeitschriften, was wir an dem folgenden Ereignis sehen können, wo selbst ein wohl offensichtlicher Fehler, der laut Aussage eines Wissenschaftlers mit einem Blick gesehen werden konnte, nicht erkannt wurde:

In 2018 wurde aufgrund eines Artikels von zwei Wissenschaftlern in der Zeitschrift Nature behauptet, die Temperaturen der Ozeane würden sich noch schneller erwärmen, da diese 60% mehr Wärme aufgenommen hätten, als bis dahin angenommen. Der Mathematiker Nic Lewis, ein Kritiker des wissenschaftlichen Konsenses, hatte den Fehler bemerkt. Die Herausgeber der Zeitschrift Nature haben daraufhin den Artikel wieder herausgenommen. Nic Lewis sagte: *Die Ergebnisse der Arbeit von Resplandy et al. wurden von Experten begutachtet und in der weltweit führenden Fachzeitschrift veröffentlicht. Die englischsprachigen Medien berichteten ausführlich darüber. Trotzdem reichte ein kurzer Rückblick auf die erste Seite des Papiers aus, um Zweifel an der Richtigkeit der Ergebnisse aufkommen zu lassen. Nur wenige Stunden Analyse und Berechnung, basierend auf veröffentlichten Informationen, reichten aus, um offensichtlich schwerwiegende (aber sicherlich unbeabsichtigte) Fehler in den zugrunde liegenden Berechnungen aufzudecken.*

Das Klima ist keine Konstante, es wechseln sich seit langer Zeit warme und kalte Perioden ab. Was im Zusammenhang mit der globalen Erwärmung deshalb kaum Berücksichtigung findet, ist folgender sehr wichtiger Aspekt:

„*Eine Warmzeit ist in der Klimageschichte und auch in der Geologie neutral ein Zeitraum mit im Durchschnitt höheren Temperaturen zwischen zwei Zeitabschnitten mit durchschnittlich tieferen Temperaturen, sogenannten Kaltzeiten. Wenn eine Warmzeit innerhalb eines Eiszeitalters gemeint ist, so spricht man auch von Interglazial oder Zwischeneiszeit, seltener von Zwischenkaltzeit. Gegenwärtig ist die Erde in einem Eiszeitalter, dem känozoischen Eiszeitalter. Dieses gliedert sich wiederum in kürzere Abschnitte von Kaltzeiten und Warmzeiten. **Das gegenwärtige Holozän, das seit etwa 12.000 Jahren herrscht, ist eine solche Warmzeit innerhalb eines Eiszeitalters.**“* Dies steht unter Wikipedia.

Das heißt, wir befinden uns innerhalb einer Warmzeit in einem Eiszeitalter!!!

Zum Ende des Kapitels folgt ein interessantes Zitat von Dieter Nuhr:

„Wissen bedeutet nicht, dass man sich zu 100 Prozent sicher ist, sondern dass man über genügend Fakten verfügt, um eine begründete Meinung zu haben. Weil viele Menschen beleidigt sind, wenn Wissenschaftler ihre Meinung ändern: Nein, nein! Das ist normal! Wissenschaft ist gerade, DASS sich die Meinung ändert, wenn sich die Faktenlage ändert. **Wissenschaft ist nämlich keine Heilslehre, keine Religion, die absolute Wahrheiten verkündet.** *Und wer ständig ruft „Folgt der Wissenschaft!" hat das offensichtlich nicht begriffen.* **Wissenschaft weiß nicht alles, ist aber die einzige vernünftige Wissensbasis, die wir haben.** *Deshalb ist sie so wichtig."*

5 Zum Konsens der Wissenschaft

5.1 97%, 98%, 99,9% und warum nicht gleich 500%?

Bei der Aussage, der Mensch hätte Schuld am Klimawandel, ist noch nicht geklärt, wie groß diese denn sei. Hier sollte erst einmal definiert werden, was damit gemeint ist, denn es gibt große Unterschiede in den Bewertungen. Heißt es, der Mensch hat zu 100% Schuld an der aktuellen Erwärmung, was zwei sehr bekannte deutsche Professoren sagen? Eventuell ist damit aber gemeint, er hätte zu 50% Schuld oder gar nur zu 5% Schuld? Hier lohnt es sich, diese Aussage genau zu betrachten. Dies sehen wir gleich bei der sogenannten Cook-Studie.

Um den Konsens der Wissenschaftler im Zusammenhang mit dem menschgemachten Klimawandel zu propagieren wird oft eine Studie von John Cook präsentiert, nach der angeblich 97% der Wissenschaftler sich einig wären, dass der Mensch der Hauptverursacher des Klimawandels sei. Wie kommen diese 97% zu Stande?

Cook werte rund 12.000 (!) Veröffentlichungen aus und klassifizierte diese nach verschiedenen Kategorien. Alleine stellt sich hier schon die Frage, wie genau dies überhaupt bei dieser Anzahl geprüft werden kann. Bei der Auswertung ergab sich nach Cook folgende Aufteilung (zunächst noch in Englisch):

1) Explicitly endorses and quantifies AGW as 50+%: 64
2) Explicitly endorses but does not quantify or minimize: 922
3) Implicitly endorses AGW without minimizing it: 2910
4) No Position: 7970
5) Implicitly minimizes/rejects AGW: 54
6) Explicitly minimizes/rejects AGW but does not quantify: 15
7) Explicitly minimizes/rejects AGW as less than 50%: 9

AGW = Anthropogenic global warming

Nur die unter Kategorie 1 genannten 64 Publikationen würden sich der These zuordnen lassen, der Mensch hat zu mindestens 50% Einfluss auf den Klimawandel bzw. der Mensch ist der Hauptverursacher für die aktuelle Erwärmung. Zu dieser Kategorie gehören aber nur 64 von rund 12.000 Veröffentlichungen, also nur rund 0,5%

Unter der Kategorie 2 finden sich die Publikationen, die explizit den Mensch für den Klimawandel mitverantwortlich machen, aber dies nicht quantifizieren oder ihm nur einen minimalen Einfluss zubilligen. Unter der Kategorie 3 finden wir die Publikationen, die implizit den Mensch als Ursache sehen und die meisten Veröffentlichungen finden sich unter der Kategorie 4. Diese vertreten keine Position. Analog finden wir dann unter den Kategorien 5 und 6 diejenigen Veröffentlichungen, die den menschgemachten Klimawandel negieren.

Hier sehen wir eine Grafik mit den Kategorien und den Anteilen:

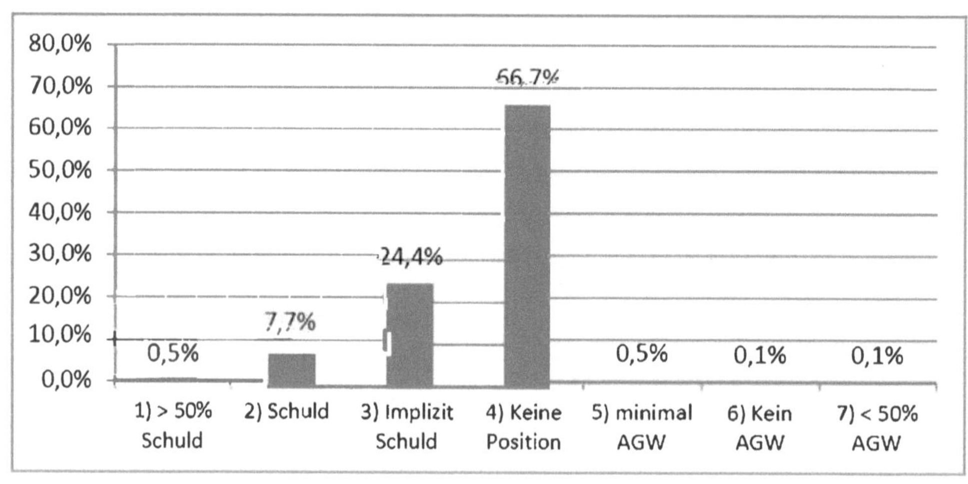

Abbildung 2: Cook-Studie, Ergebnisse vor Zusammenfassung

Wie wir sehen, hat der größte Teil der Wissenschaftler nichts dazu gesagt, in wie weit der Mensch verantwortlich ist, sie erwähnten den Mensch überhaupt nicht. Wie kommt es nun zu den 98% (hier gibt es leicht abweichende Prozentwerte, wenn eine weitere Kategorie eingeführt wird, ergeben sich rund 97%)?

Wir nehmen erst einmal die größte Gruppe heraus, also die 66,7% und berechnen dann die Prozentsätze neu:

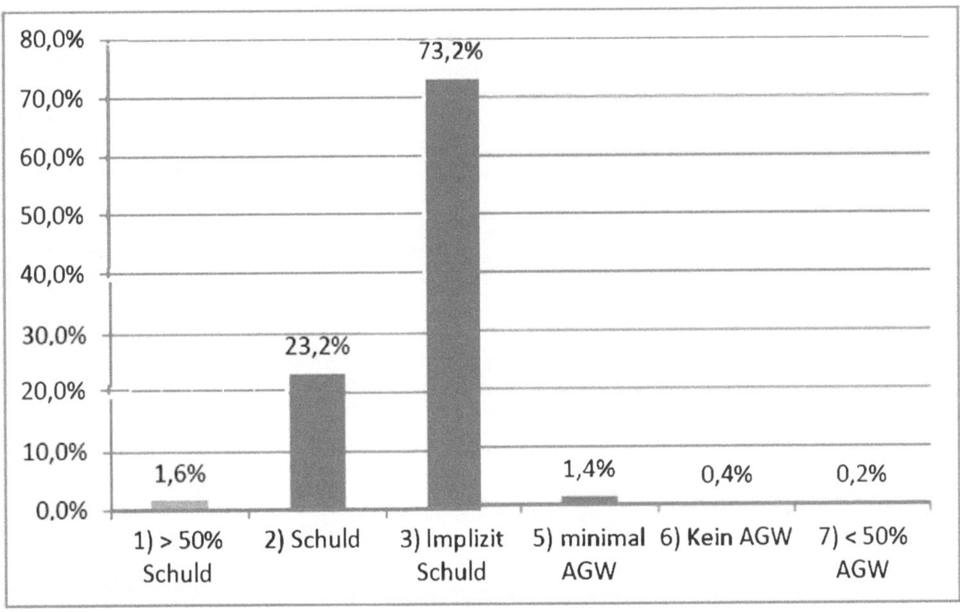

Abbildung 3: : Cook-Studie Ergebnisse erste Zusammenfassung

Somit wurde der Anteil der Wissenschaftler, der zuvor bei 0,5% lag und welcher behauptete, der Mensch sei maßgeblich für den Klimawandel verantwortlich, einfach auf 1,6% erhöht.

Das schien aber wohl nicht genug. Wie kommen wir aber jetzt auf 98%? Wir fassen alle Wissenschaftler und selbst die, die nur davon ausgehen, dass der Mensch nur einen geringen Einfluss hat mit denen zusammen, die sagen, der Mensch hat einen maßgeblichen Einfluss (also die 1,6%, 23,2% und 73,2%) und ordnen diese, was absolut nicht passt, der Gruppe mit der Meinung zu, dass der Mensch maßgeblich den Klimawandel herbeiführt:

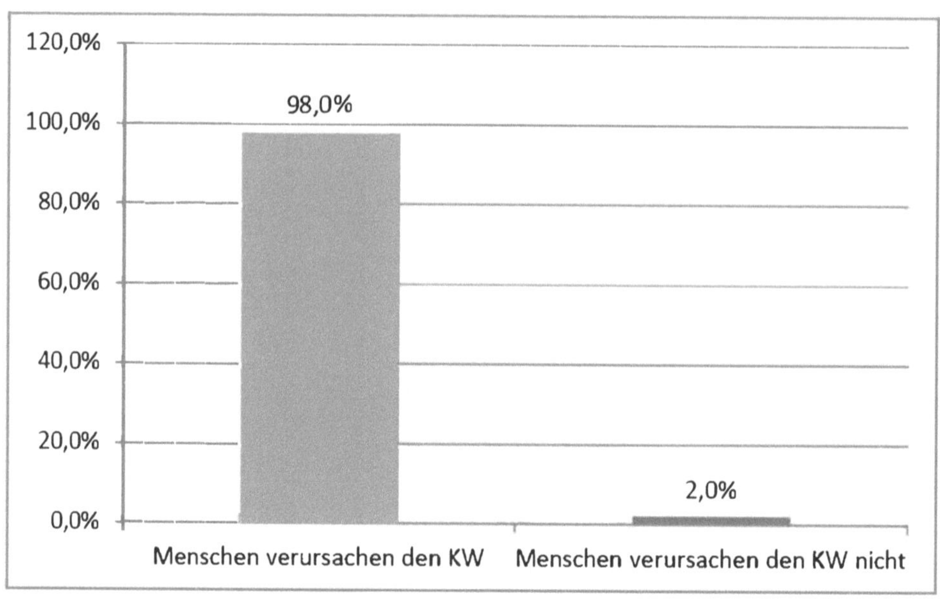

Abbildung 4: : Cook-Studie Ergebnisse endgültige Zusammenfassung

So kommen wir auf 98% Konsens, oder sollen wir nicht besser 100% Nonsens sagen. Unabhängig davon muss auch darauf verwiesen werden, dass hier anscheinend das Prinzip der Wissenschaft nicht verstanden wurde, wenn behauptet wird, die Mehrheit sagt aber ..., also muss es doch so sein. Wissenschaft hat überhaupt nichts mit Mehrheiten zu tun. Zudem lassen Aussagen von diversen Wissenschaftlern vermuten, dass es auch Kollegen gibt, die sich nicht trauen, etwas gegen die AGW-Hypothese zu sagen, was verständlich ist, bedenken wir die Verächtlichmachung von Gegenpositionen. Die Abkürzung AGW heißt Anthropogenic Global Warming, also anthropogene globale Erwärmung im Gegensatz NGW, was Natural Global Warming heißt. Wir haben also die auf 98% hochgerechnete AGW-Fraktion und auf der anderen Seite die NGW-Fraktion, die kaum Gehör findet und auch nicht einen solchen Geltungsdrang und Ehrgeiz hat, um mit manipulativen Grafiken Politik machen zu wollen. Von einer NGW lassen sich keine Steuererhöhungen ableiten.

Der Verstand ist leider keine extensive Größe, er ist eine intensive Größe, wie Schopenhauer mal bemerkte. Die Mehrheitsmeinung ist keine Wahrheitsmeinung, sonst können wir gleich auf alle möglichen wissenschaftlichen Untersuchungen verzichten und einfach vorher abstimmen lassen. Übrigens war auch er der Auffassung, wir verrechnen uns immer zu unseren Gunsten.

Es kommt sogar ein weiterer Aspekt hinzu, denn einige der Autoren, die in die Kategorie 2 einsortiert wurden, gehören dort gar nicht hin. Hier wurden Autoren angeschrieben und so manche antworteten und schrieben ausdrücklich, dass sie sich selbst nicht in dieser Kategorie sehen. Ebenfalls ist dem Abstract einer in Kategorie 2 einsortierten Arbeit zu entnehmen, dass diese sogar von nur von einer geringen Erwärmung ausgeht: *Die mittleren maximalen Temperaturen zeigen nur eine geringe oder keine Erwärmung.* Zudem sagen sogar mache Autoren, die unter Kategorie 1 zugeordnet wurden: *Es wäre falsch zu behaupten, dass unser Papier eine Billigung der CO2-induzierten globalen Erwärmung ist.* Oder: *Meine Veröffentlichungen ergeben, dass die IPCC-Ansicht falsch ist, weil etwa 40-70% der von 1900 bis 2000 beobachteten globalen Erwärmung durch die Sonne verursacht wurde.*

Einer schrieb sogar: *Bitte beachten Sie, dass es sehr wichtig ist klarzustellen, **dass die vom IPCC befürwortete AGW immer behauptet hat, dass 90-100% der seit 1900 beobachteten Erwärmung auf anthropogene Emissionen zurückzuführen sind.**" und „**…anzuerkennen, dass die vom IPCC vertretene AGW-Theorie falsch ist, weil sie auf Klimamodellen basiert, die die Sonnensignatur schlecht rekonstruieren und die natürlichen Schwingungen des Klimas (AMO, PDO, NAO usw.) nicht reproduzieren …**.*

Hier erkennen wir, wie teils vollkommen falsch zugeordnet wurde und dass es auch andere Meinungen gibt, als die, die maßgeblich verbreitet werden.

Auch die Warnung von 11.000 Wissenschaftlern vor einem Klimanotstand, von dem sehr viele Medien berichteten, konnte eher belustigen. Hier ergab sich, dass unter diesen eine sehr geringe Zahl von Meteorologen waren, es wurde von lediglich 20 berichtet und selbst ein Prof. Mickey Mouse hatte unterschrieben.

Wir erkennen daran den Versuch, jede Diskussion für beendet zu erklären, denn es sei doch alles klar: Es gäbe *„nur eine legitime Einstellung"*, wird gar verkündet.

Ein Wissenschaftler schrieb in 2019: *„Mit Ihrem Klima-Aktivismus stützen Sie sich immer wieder auf die unsägliche, von den Medien kolportierte Behauptung, 97% der internationalen Wissenschaftler seien sich einig und würden CO2 für die Klimaerwärmung verantwortlich machen. **Diese Behauptung widerspricht den Tatsachen! Stattdessen versuchen 40.000 internationale Wissenschaftler durch Petitionen die Regierungen dieser Welt darauf aufmerksam zu machen, dass es zum anthropogenen Klimawandel überhaupt keinen Konsens unter Wissenschaftlern gibt.***" (Aus dem zweiten offenen Brief von Prof. Dr. K.-D. Döhler an das Klimakabinett in 2019.)

Es wird auch oft die Zahl 97,1% im Zusammenhang mit der Cook-Studie genannt. Hier wurde eine neue Kategorie eingeführt mit 40 Publikationen, die als „unsicher" eingestuft wurden.

Herr Cook, der die 97%/98%-Studie präsentierte, scheint ein Liebhaber des Konsenses zu sein, was er auch mehrfach äußerte. Wie z.B.: ***Eine genaue Einschätzung des Grades an wissenschaftlichem Konsens ist ein wesentliches Element für die öffentliche Unterstützung der Klimapolitik.*** **Wie objektiv wird wohl jemand sein, der dies sagt?**

Noch vor rund 10 Jahren war im öffentlich rechtlichen TV ein Klimaexperte in einer Reportage zu sehen, der berichtete, dass ein Drittel der Wissenschaftler sagen, der Klimawandel sei menschgemacht, ein Drittel sei gegenteiliger Meinung und ein Drittel sei neutral in dieser Hinsicht, aber das erste Drittel sei am lautesten! Hier gab es noch verschiedene Meinungen, die zur Sprache kamen, was nun aber nicht mehr so ist, seitdem es nur noch *„eine legitime Einstellung"* gibt. Das ist auch verständlich, es möchte doch niemand von Herrn Böhmermann die *Fresse* poliert bekommen.

Auch in einem Welt-Artikel aus 2007 hieß es: *„Angeblich sind sich alle einig: Der Klimawandel ist eine entscheidende Bedrohung, wir müssen alles tun, um ihn aufzuhalten. Die größte Befragung von deutschen Klimaforschern aber zeigt ein ganz anderes Bild. Sowohl die Grundlagen der Berechnungen als auch die nötigen Konsequenzen sind umstritten: Die Klimaforscher sind sich längst nicht sicher.".* Weiter: *„Der Klimaschutz ist zu einem der wichtigsten Rechtfertigungsgründe von politischen Entscheidungen geworden. Als parteiübergreifende Letztbegründung von Macht- und Gestaltungsansprüchen hat er hierzulande die Funktion übernommen, die Nation und Religion in der Vergangenheit besaßen und in anderen Weltregionen noch besitzen. Der Klimaschutz legitimiert. Er legitimiert staatliche Eingriffe in die Energieversorgung, die Technologieförderung, den Wohnungsbau. Mit dem Klima kann man alles begründen - von Subventionen für Wind- und Solarenergie über Vorschriften für den Bau von Eigenheimen bis hin zur steuerlichen Behandlung von Dienstwagen."*

Eine weitere Studie ist die von James Powell, der zu einem 99,98% Konsens kommt, da er unter 24210 Studien (!) nur 5 Arbeiten gefunden hätte, die sich gegen den Weltklimarat gestellt hätten, was immer das auch bedeuten soll. James Powell, 83 Jahre alt, hätte sogar danach bis über 40.000 Arbeiten durchgesehen und insgesamt nur 7 gegen den „Konsens" gefunden. Ist er eigentlich schon mit dem Lesen fertig?

Unabhängig von all diesen Aussagen, egal ob es 10%, 50% oder 99,9% sind, es genügt eine einzige wissenschaftliche Veröffentlichung, die alle mit Fakten widerlegt. Bei der heutigen Fülle an Veröffentlichungen gibt es nicht wenige von schlechter Qualität und mit einer Veröffentlichung gegen den AWG hätte man wohl nicht selten schlechte Karten bei den „Gutachtern", was wir beim Kapitel zum Klimagate noch sehen.

5.2   Brief von 500 Wissenschaftlern und Fachleute

Ende 2019 schrieben 500 Personen einen Brief an die UN mit dem Titel: *Es gibt keine Klimakrise*

„*Ein globales Netzwerk von mehr als 500 kompetenten und erfahrenen Wissenschaftlern und Fachleuten auf dem Gebiet des Klimas und verwandter Gebiete …*", so heißt es im Schreiben.

Mit unterzeichnet hat u.a. der renommierter Klimawissenschaftler Richard Lindzen. Er ist Atmosphärenphysiker, von 1983 bis zu seiner Emeritierung in 2013 war er Professor für Meteorologie in der Abteilung für Erd-, Atmosphären- und Planetenwissenschaft am Massachusetts Institute of Technology (MIT). Zuvor war er an der University of Chicago und an der Harvard University tätig.

Hierin heißt es:

Die verbreiteten Klimamodelle, auf denen die internationale Politik derzeit beruht, sind für ihren Zweck ungeeignet. Deshalb ist es sowohl falsch als auch unklug, sich für die Verschwendung von Billionen [„Trillions", kein Übersetzungsfehler!] auf Grundlage solcher unreifen Modelle einzusetzen. Die derzeitige Klimapolitik untergräbt sinnlos das Wirtschaftssystem und gefährdet Leben in Ländern, denen der Zugang zu erschwinglicher, kontinuierlicher elektrischer Energie verwehrt ist.

Wir fordern Sie dringend auf, eine Klimapolitik zu verfolgen, die auf fundierten wissenschaftlichen Erkenntnissen, realistischer Wirtschaftlichkeit und ernsthafter Sorge um die Betroffenen beruht.

*Wir laden Sie außerdem ein, mit uns ein konstruktives Treffen auf hoher Ebene von Weltklasse-Wissenschaftlern auf beiden Seiten der Klimadebatte früh in 2020 zu organisieren. Ein solches Zusammentreffen stünde im Einklang mit den historisch erwiesenen Grundsätzen solider Wissenschaft und natürlicher Gerechtigkeit, wonach beide Seiten vollständig und fair angehört werden sollten. **Audiatur et altera pars! [Man höre auch die andere Seite!]***

Prof. Guus Berkhout Niederlande
Prof. Reynald du Berger Französisch Kanada
Terry Dunleavy Neuseeland

Prof. Richard Lindzen USA
Prof. Ingemar Nordin Schweden
Jim O'Brien Irish Republic

Viv Forbes Australien
Prof. Jeffrey Foss Englisch Kanada
Morten Jødal Norwegen
Rob Lemeire Belgien
Botschafter der Europäischen Klimaerklärung

Prof. Alberto Prestininz Italien
Prof. Benoît Rittaud Frankreich
Prof. Fritz Vahrenholt Deutschland
Monckton von Brenchley UK

Weiter heißt es in der Erklärung:

Natürliche sowie anthropogene Faktoren verursachen eine Erwärmung
*Das geologische Archiv zeigt, dass sich das Klima der Erde seit jeher verändert hat, mit natürlichen kalten und warmen Phasen. **Die Kleine Eiszeit endete erst 1850. Daher ist es nicht verwunderlich, dass wir jetzt eine Phase der Erwärmung erleben.***

Die Erwärmung ist viel langsamer als vorhergesagt
*Die Welt hat sich mit weniger als der Hälfte der ursprünglich vorhergesagten Rate erwärmt und mit weniger als der Hälfte der Rate, die auf der Grundlage des anthropogenen Nettozwangs und des Strahlungsungleichgewichts zu erwarten ist. **Es zeigt uns, dass wir den Klimawandel nicht verstehen.***

Die Klimapolitik stützt sich auf unzureichende Modelle
*Klimamodelle weisen viele Mängel auf und sind als politische Instrumente nicht aus der Ferne plausibel. Darüber hinaus übertreiben sie höchstwahrscheinlich die Wirkung von Treibhausgasen wie CO2. **Außerdem ignorieren sie die Tatsache, dass die Anreicherung der Atmosphäre mit CO2 von Vorteil ist.***

CO2 ist pflanzliche Nahrung, die Grundlage allen Lebens auf der Erde
*CO2 ist kein Schadstoff. Es ist wesentlich für alles Leben auf der Erde. Die Photosynthese ist ein Segen. Mehr CO2 schont die Natur und die Erde: **Zusätzliches CO2 in der Luft hat das Wachstum der globalen Pflanzenbiomasse gefördert. Es ist auch gut für die Landwirtschaft und erhöht die Erträge der Ernte weltweit.***

Die globale Erwärmung hat Naturkatastrophen nicht verstärkt

Es gibt keine statistischen Belege dafür, dass durch die globale Erwärmung Hurrikane, Überschwemmungen, Dürren und ähnliche Naturkatastrophen verstärkt oder häufiger werden. CO2-Minderungsmaßnahmen sind jedoch ebenso schädlich wie kostspielig. Zum Beispiel töten Windkraftanlagen Vögel und Fledermäuse, und Palmölplantagen zerstören die Artenvielfalt der Regenwälder.

Die Klimapolitik muss die wissenschaftlichen und wirtschaftlichen Realitäten berücksichtigen
Es gibt keinen Klimanotfall. Daher gibt es keinen Grund für Panik und Alarm. Wir sind nachdrücklich gegen die schädliche und unrealistische Netto-Null-CO2-Politik, die für 2050 vorgeschlagen wurde. Wenn sich bessere Ansätze herausstellen, werden wir genügend Zeit haben, um zu überlegen und uns anzupassen. *Ziel der internationalen Politik sollte es sein, jederzeit und weltweit verlässliche und bezahlbare Energie zur Verfügung zu stellen.*

Sind das nun die Dullis, wie sie der deutscher Youtuber Rezo betitelte, als er folgendes sagte:

„Wir sind zu 100 Prozent am Klimawandel schuld. Dies ist in der Wissenschaft vollkommen unumstritten. Es gibt keinen einzigen seriösen Wissenschaftler, der das Gegenteil behauptet … Es gibt vielleicht so ein paar Dullis, die bezahlt wurden von der Ölindustrie, aber eigentlich macht da **kein seriöser Wissenschaftler** mit.". Ein faktencheckender Professor vom Potsdamer Institut für Klimaforschung schrieb daraufhin, dass dies die Lage gut beschreiben würde. Weiteres hierzu ist im Kapitel 25 zu finden.

Dass keine anderen Stimmen mehr gehört werden, außer diejenige, die laut vor den Klimaveränderung warnen, sahen wir gerade Ende 2019: Eine Billion, unglaublich, so viel soll der Green Deal von der Leyens kosten, alles für den Klimaschutz.

In einem Spiegel Artikel aus 2020 mit der Überschrift „*Von der Leyens "Green Deal" für die EU - Das Billionen-Versprechen*" steht folgendes: „*So sollen 485*

Milliarden Euro aus dem EU-Budget bis zum Jahr 2030 kommen, der Großteil davon vom künftigen Mehrjahresrahmenhaushalt, der von 2021 bis 2027 gelten wird.“

In der FAZ steht zum selben Thema in 2019: *„Die frisch gewählte EU-Kommissionspräsidentin Ursula von der Leyen veranschlagt für ihre Legislaturperiode **eine Billion Euro** zur Bekämpfung der Erderwärmung. Diese Summe sei zwar ambitioniert, sagte sie im ZDF, müsse aber auf den Weg gebracht werden. Das Geld solle aus dem EU-Haushalt, den Mitgliedsstaaten und dem Privatsektor kommen.“*

2020 war dann auf NTV zu lesen: *„Der "Green Deal" der EU kostet **pro Jahr mehr als eine Billion Euro.**“* Mehr als eine Billion Euro, also **mehr als 1.000.000.000.000 Euro** für den Klimaschutz, pro Jahr. Jetzt wird es aber ernst. Frau von der Leyen, die bereits als deutsche Verteidigungsministerin so unheimlich „erfolgreich“ war, macht sich auf, das Klima zu retten. Wo wurde sie hier nur wieder beraten und was hat wohl die Beratung gekostet? Das würde man hier am liebsten Fragen.

Betrachten wir zusätzlich noch die Aussagen der Bundeskanzlerin 2020 in Davos, da können wir bereits erahnen, was alles auf den EU-Raum zukommen wird und natürlich speziell auf Deutschland, denn hier sprach sie von "***Transformationen von gigantischem, historischem Ausmaß***" und erläuterte diese wie folgt:

"*Diese Transformation heißt im Grunde, **die gesamte Art des Wirtschaftens und des Lebens, wie wir es uns im Industriezeitalter angewöhnt haben, in den nächsten 30 Jahren zu verlassen.**"* Wir müssten zu neuen Wertschöpfungsformen kommen.

Zusätzlich sage sie folgendes: *„Die Frage der Erreichung der Ziele des Pariser Klimaabkommens könnte eine Frage des Überlebens für den ganzen Kontinent sein.“* Das Überleben des ganzen Kontinents??? Was heißt das, es geht doch um den Klimawandel. Ist dieser auf den Kontinent beschränkt oder wütet dieser nur bei uns besonders schlimm?

Sagte Frau Merkel nicht einst, dass Angst kein guter Ratgeber sei?!

Hier ein Auszug – zum Vergleich – von Donald Trumps Rede in Davos: *„Dies ist nicht die Zeit für Pessimismus. Dies ist eine Zeit des Optimismus. Angst und Zweifel sind kein guter Gedankengang - denn dies ist eine Zeit der großen Hoffnung und Freude und des Optimismus und des Handelns. Aber um die Möglichkeiten von morgen anzunehmen, müssen wir die immerwährenden Untergangspropheten und ihre Vorhersagen über die Apokalypse ablehnen. Sie sind die Erben der törichten Wahrsager von gestern, und ich habe sie, und Sie haben sie, und wir alle haben sie – und sie wollen, dass es uns schlecht geht. Aber das werden wir nicht zulassen. Sie sagten eine Überbevölkerungskrise in den 1960er Jahren, einen Massenhunger in den 70er Jahren und ein „Ende des Öls" in den 1990er Jahren voraus. Diese Panikmacher fordern immer das Gleiche: Absolute Macht, jeden Aspekt unseres Lebens zu beherrschen, zu verändern und zu kontrollieren. Wir werden niemals zulassen, dass radikale Sozialisten unsere Wirtschaft zerstören, unser Land vernichten oder unsere Freiheit ausmerzen."*

Das hört sich doch ganz anders an und ist wohl einer der Gründe, warum deutsche Medien fast täglich Hasskommentare zu Herrn Trump abliefern. Man muss kein Fan von Herrn Trump sein, um zu erkennen, dass hier keine objektive Berichterstattung mehr stattfand.

Es gibt nur noch gute und schlechte Meinungen, genauso wie es gute und schlechte Demonstrationen in Deutschland gibt, was wir beispielsweise seit 2020 an den Protesten gegen die Corona-Maßnahmen sehen, wo auch wieder von Leugnern gesprochen wird. Ich gehe mal davon aus, dass hier kaum einer eine Krankheit leugnet, was ich beim Betrachten bei diversen Aufzeichnungen der Demonstrationen sah. Um diese in ein schlechtes Licht zu rücken, wird wohl so lange gesucht, bis man eine Person findet, die irgendetwas Sinnloses von sich gibt. Ziel scheint es hier zu sein, Regierungskritiker zu diffamieren. Statt, dass die Medien die Regierung kritisch betrachten, was eigentlich deren Aufgabe wäre, haben sie eine Aversion gegen die Kritiker entwickelt. Dies wäre aber ein Thema eines weiteren Buches.

6   Treibhauseffekt verschiedener Gase

Laut einer Webseite der Uni Heidelberg wird der gesamte Treibhauseffekt hauptsächlich durch folgende Gase verursacht:

Wasserdampf (ohne Effekte der Wolken): ca. 36-70 %

Kohlendioxid: ca. 9-26 %,

Methan: ca. 4-9 % und

Ozon: ca. 3-7 %.

Ein exakter Anteil des Einflusses der jeweils oben genannten Gase auf den Treibhauseffekt könne nicht angegeben werden, da der Einfluss der einzelnen Gase - je nach Breitengrad und Vermischung - variiert. Laut Wikipedia werden rund 62 % des Treibhauseffekts durch Wasserdampf verursacht.

Auf der Seite des Umweltbundesamtes lesen wir: *„Beim natürlichen Treibhauseffekt ist der Wasserdampf ausschlaggebend: etwa zwei Drittel **des natürlichen Treibhauseffekts, der seit Jahrmillionen die Erde bewohnbar macht,** werden von Wasserdampf verursacht, ein geringerer Teil von CO_2."*

Nicht CO_2 ist das wichtigste Treibhausgas der Atmosphäre, sondern Wasserdampf. Die Konzentration von Wasserdampf in den höheren Luftschichten hat in den vergangenen 45 Jahren um 75 Prozent zugenommen, was natürlich Auswirkungen auf die klimatischen Verhältnisse hat.

Trotz des immer wieder medial präsentierten Klimawandel werden auch Kälterekorde gemessen, die mit fehlender Bewölkung zu tun haben: In der Antarktis wurde wieder ein **Kälterekord über die Auswertung von Satellitendaten von -98,6°C** gemessen. Eine Auswertung der Daten von 2004 bis 2016 ergab sinkende Temperaturen im Winter. Für diese extreme Kälte machen die Forscher die klaren Nächte verantwortlich. Diese extreme Kälte trete bei klaren Nächten und trockener Luft auf. Die Ursache dafür sei der Wasserdampf, der einen Treibhauseffekt verursacht aber hier weniger vorhanden war.

Dieses Phänomen kennen wir selbst, dass bei klarem wolkenfreien Himmel - gerade im Herbst oder Winter - die Nächte kälter sind. Aber auch im Sommer, wenn es tagsüber heiß ist und abends eine Bewölkung aufkommt, können die Nächte besonders heiß und schwül werden. Das ist auch der Grund für die kalten Nächte in der Wüste. Eine Wolkendecke würde hier auch die Wärmestrahlung reflektieren, so dass es dann weniger kalt werden würde. So kann es in klaren Wüstennächten unter 0°C kalt werden, während es tagsüber über 50°C heiß ist.

Es gibt es sehr viele Wechselwirkungen und Einflüsse auf die Temperatur und auf das Klima, von denen wir manche noch betrachten. So werden heute noch Kälterekorde gemessen, wobei dies nicht ausschlaggebend ist, denn es gab auch schon wärmere Tage in der Erdgeschichte und **vor allem Polkappen ohne Eis**, lange bevor ein Mensch dafür verantwortlich gemacht werden konnte. Außerdem hat nicht jedes Wetterphänomen, ob es gerade mal wieder zu warm oder zu kalt ist, ob es zu viel oder zu wenig regnet oder Stürme gibt, mit einem Klimawandel zu tun.

7   CO2-Anteil-Enwicklung

Auf der Erde gab es schon CO2-Anteile von ca. 18%, also 450-mal höher als heute. Aktuell wird behauptet, dass eine Erhöhung des CO2-Anteils von 0,04% auf 0,08%, die Temperatur bis über 4°C steigen lassen könnte (IPCC). Welche Art von Zusammenhang soll hier bestehen (siehe auch später Abbildung 32 und 33)? Ich sah eine Sendung mit einem WDR-Wetterexperten, der behauptete, dass eine Steigerung des CO2-Anteils von 0,04% auf 0,06% zu einem deutlichen Temperaturanstieg führen würde und dass wir gerade auf eine Erwärmung von 2,5 bis 4,5°C im Vergleich zu den vorindustriellen Temperaturen zusteuern würden. Zu dieser Zeit lag die Temperatur aber 1,5°C unter den durchschnittlichen 15°C eines – auch willkürlich festgelegten – natürlichen Treibhauseffektes und somit 1,5°C zu niedrig. Wenn zudem der CO2-Anteil einen derartig starken Einfluss hätte und einfach so die Temperaturkurve mit dem CO2-Anteil synchron laufen würde, dann wäre vor mehreren Millionen Jahren bei 7000 ppm CO2-Anteil die Temperatur um das 66-fache von 1,5 bis 3°C höher gewesen. Die durchschnittliche Temperatur stieg aber damals nie über rund 22°C!

Die nächste Grafik zeigt die CO2-Entwicklung der letzten rund 60 Mio. Jahre:

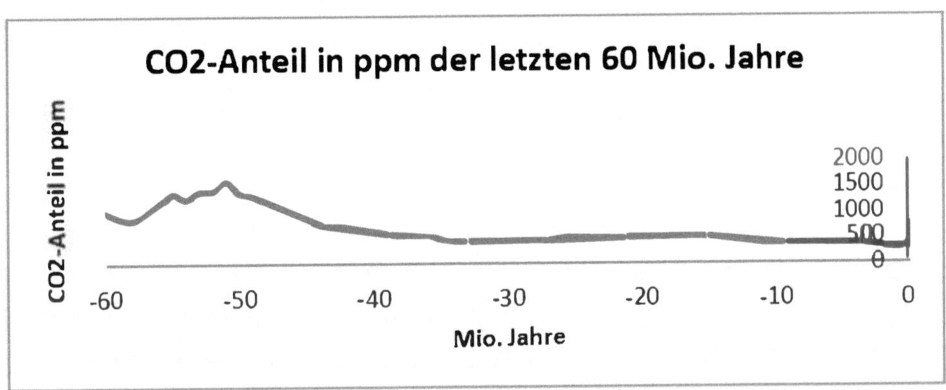

Abbildung 5: Daten-Quelle für Skizze: bildungsserver.hamburg.de/treibhausgase/6088114/ kohlendioxid-erdgeschichte/

Was fällt an der obigen Grafik auf? Zum einen lag der CO2-Anteil schon sehr viel höher als heute. Zum anderen fiel der CO2-Anteil die letzten 50 Mio. Jahre immer weiter ab. Wenn CO2 die Temperatur der Erde in gewissen Bereichen anhebt, damit wir keinen Eisplaneten haben – was nach allgemeiner Meinung ohne CO2 der Fall wäre –, dann ist es doch extrem gefährlich, wenn der CO2-Anteil immer kleiner werden würde. Wir würden doch den Kältetod sterben und vor uns noch die Pflanzen, die CO2 dringend für ihre Photosynthese benötigen. Die häufigste Pflanzenart würde sich bei einer CO2-Konzentration von unter 0,015% bzw. unter 150 ppm schon langsam verabschieden. In Abbildung 6 sehen wir dies noch deutlicher über einen längeren Zeitraum, denn vor ca. 540 Mio. Jahren lag der CO2-Gehalt bei rund 7000 ppm. Die Welt war nicht verbrannt – was wir auch in Abbildung 32 im Vergleich zur Abbildung 33 später sehen –, es gab zahlreiche Lebensformen, es traten keine Kippeffekte auf, die jetzt schon bei 400 ppm prophezeit werden und die Natur reduzierte das CO2 von 7000 ppm auf bis nur 180 ppm vor rund 20.000 Jahren, dies alles ohne CO2-Steuer!

Also wurde die Erde nicht bei 7000 ppm CO2-Anteil zur Gluthölle, das Leben war damals vielfältig und zahlreich vorhanden und die Natur verarbeitet auf verschiedene Arten das CO2. CO2 ist also kein Killergas, wie es immer falsch behauptet wird, ohne CO2 würden wir gar nicht existieren. Dies soll aber auch nicht heißen, dass unbegrenzt CO2 freigesetzt werden sollte, bis auf 7000 ppm und darüber hinaus. Zur Reduktion müssen aber erst nach und nach Alternativen geschaffen werden – durch Forschung und Entwicklung –, was eben Zeit benötigt.

Vor 100 Millionen Jahren, in der Kreidezeit, sah die Erde noch ganz anders aus. In New York herrschte ein Klima wie in Florida. Fossilienfunde belegen sogar, dass Krokodile und Schildkröten nördlich des Polarkreises lebten. Nirgendwo, nicht einmal an den Polen, lag die Durchschnittstemperatur niedriger als 0°C. Das wäre nach heutigen Maßstäben wohl ein Hyper-Klimanotstand, von dem aber die Natur gar nichts mitbekam.

Die nächste Grafik zeigt die Entwicklung des CO2-Anteils über rund 550 Millionen Jahre und wie dieser Anteil von rund 7000 ppm auf den heutigen Wert abfiel.

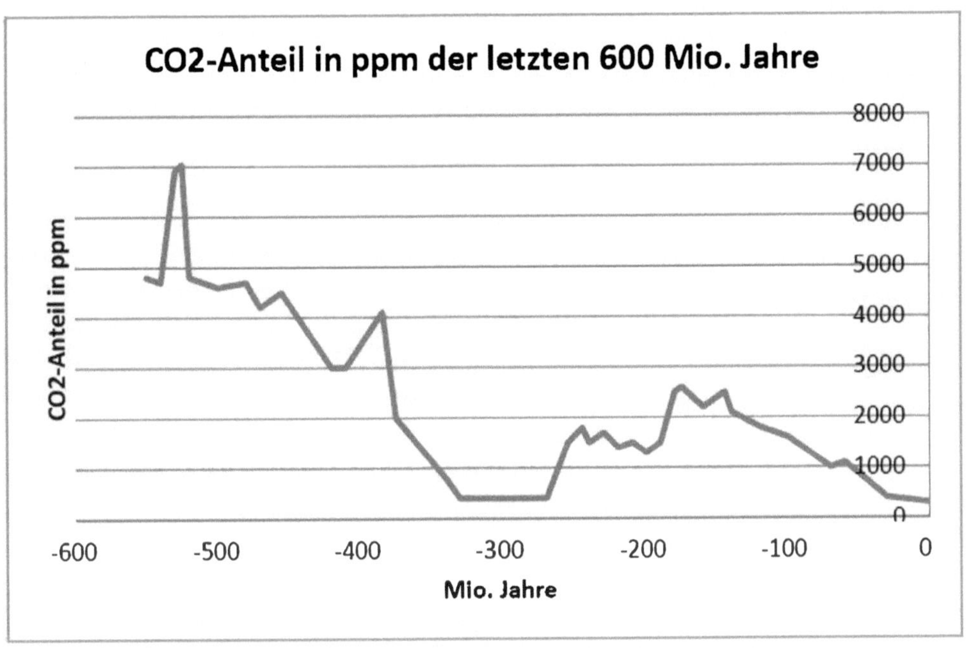

Abbildung 6: Daten-Quelle der Skizze: Global Warming and Climate change causes, impacts and mitigation, 2015 (MacRae, 2008)

CO2 ist lebensnotwendig und nicht das Killergas, als das es dargestellt wird, teils wie in einem TV-Auftritt zweier bekannter Professoren, welche CO2 schon mal mit Gift verglichen haben (siehe Kapitel 25.2). Ein Mangel an CO2 ist deutlich kritischer zu sehen als etwas zu viel. Gerade weil der CO2-Anteil in den letzten Jahrmillionen immer weiter abfiel, hätte es auch zu einem kritischen Tiefststand kommen können. Nach neueren weltweiten Versuchsauswertungen könnten durch eine CO2-Verdopplung bis zu **35 % höhere Ernten erzielt werden**. Also gibt es keine Hungersnot durch zusätzliches CO2, wie wir oft hören, das Gegenteil trifft zu.

Eine höhere CO2-Konzentration könnte demnach die Nahrungsmittelproduktion fördern und den Hunger in der Welt vermindern. CO2 ist also nichts Schlimmes, vielmehr zusammen mit H2O die Grundlage des irdischen Lebens. Die häufigste Pflanzenart (C3-Pflanzen) kann unter einer CO2-Konzentration von **150 ppm** kaum noch existieren. Diese stellt dann die Photosynthese ein und stirbt.

Dieser CO-Konzentration waren wir schon mal sehr nahe, mit teils unter 150 ppm, nämlich im Gletschermaximum – den Vereisungen in der letzten Eiszeit mit maximaler Ausdehnung – vor rund 20.000 Jahren. Da hatten wir zwar schön viele Gletscher, die Klima-Alarmmisten hätten sich gefreut, aber, wenn der CO2-Anteil noch weiter gefallen wäre, hätte es keine Pflanzen mehr gegeben.

Die nächste Grafik zeigt wechselhaft wärmere und kältere Perioden der letzten 11.000 Jahre, dem Holozän, womit wir sehen, dass es schon immer mal zu warm oder zu kalt war. Das Holozän ist eine seit rund 11.700 Jahren andauernde Warmzeit (in der es natürlich auch immer mal etwas wärmer oder kälter ist) in einem Eiszeitzeitalter, in dem wir immer noch leben, da die Pole noch vereist sind. Das Abschmelzen der Pole wäre damit keine Abnormität, auch wenn es den Klimaaktivisten nicht ins Konzept passt.

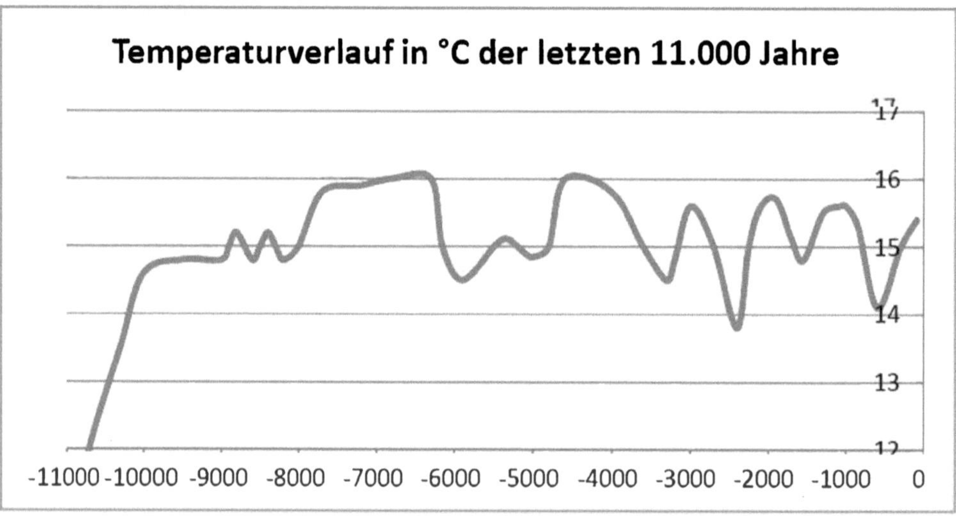

Abbildung 7: Daten-Quelle für diese Skizze war die Grafik: http://lv-twk.oekosys.tu-berlin.de//project/lv-twk/002-holozaene-optima-und-pessima.htm, Oberflächennahe Mitteltemperaturen der Nordhemisphäre in den letzten 11.000 Jahren (Holozän) nach Kehl 2008 und Schönwiese 1995

Zur oberen Grafik sei noch bemerkt, dass diese wohl nur den Temperaturverlauf zeigt, die absoluten Temperaturangaben dürften aber wohl zu hoch sein, da die Temperaturen der letzten der letzten 150 Jahre deutlich unter 15°C lagen.

Das heißt: Es gibt Eiszeitalter mit Warmzeiten und darin wiederum Schwankungen in gewissen Temperatur-Bereichen, in denen es einmal wärmer oder kälter wird.

Unten folgt eine Grafik, die wieder einen leicht anderen Verlauf darstellt, aber ebenfalls relativ hohe Temperaturen innerhalb der letzten 12.000 Jahre zeigt. Die Unterschiede können teils durch die Rekonstruktion der Daten mit anderen Verfahren oder auch durch die Anwendung andere statischer Methoden entstehen, aber auch dadurch, dass die Daten aus verschiedenen Regionen stammen, wie hier aus Grönland:

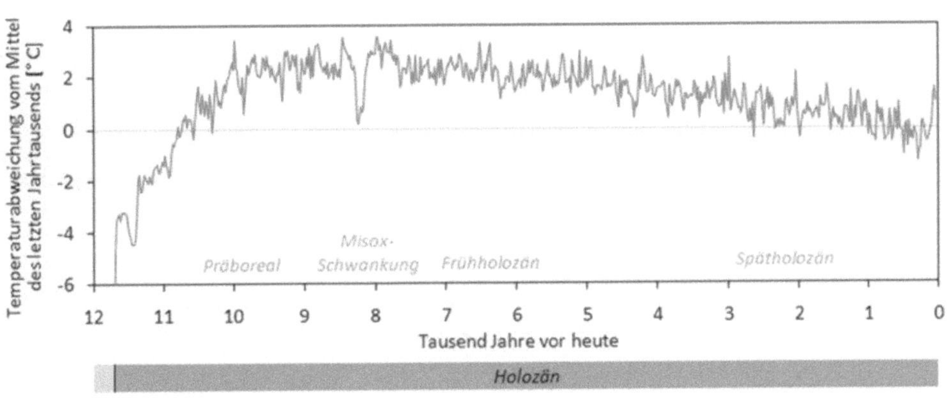

Abbildung 8: Quelle: https://www.zamg.ac.at/cms/de/images/klima/bild_ip-klimawandel/klimavergangenheit/palaeoklima/3-1-7_1_holozaen
Temperaturverlauf im Holozän rekonstruiert aus einem grönländischen Eisbohrkern (Vinther et al. 2009).

In der obigen Grafik sehen wir wieder hohe Temperaturen, oft höher als heute, wobei in dieser Zeitspanne immer niedrige CO_2-Konzentrationen von ca. 180 bis 280 ppm vorherrschten. Diese hohen Temperaturen werden oft bestritten, es wäre heute so warm wie in den letzten 120.000 Jahren nicht mehr. Erdgeschichtlich gesehen sind 120.000 Jahre eine sehr kurze Zeitspanne, daraus lassen sich keine Referenztemperaturen ableiten. Was wir aber sehen können: Es gab immer auch höhere Durchschnittstemperaturen. Wir hätten doch aber nach der „CO2-Theorie" bei 400 ppm deutlich höhere Temperaturen als in den letzten Jahrtausenden erwarten müssen, wenn das CO2 einen so starken Einfluss haben soll – was aber nicht der Fall ist. Einfluss von CO2: Fehlanzeige! Erst recht dürfen wir auch nicht alleine den Temperaturanstieg seit 1850 betrachten, zum Ende der „kleinen Eiszeit". Es gibt diverse bzw. mannigfaltige Einflüsse auf das Klima, die auch gerade unabhängig vom CO2-Gehalt die Temperaturen beeinflussen. Wenn die globalen Temperaturen richtig fallen würden und der CO2-Gehalt ebenfalls, dann hätten wir nicht nur einen echten Notstand sondern einen wahren Klimagau.

Wer möchte zudem sagen, was genau die optimalen Temperaturen sind? Der Weltklimarat oder unsere Bundesregierung? Die Temperaturen der Erdgeschichte lagen, wie bereits beschrieben, oft deutlich höher als heute! Ebenso war es auch teils deutlich kälter, die Erde war nach einer Hypothese eines US-Geologen vor rund 600 Mio. Jahren ein Schneeball. Auch deutsche Steuergelder hätten die Erwärmung der Erdgeschichte nicht stoppen können, wie sie diese auch heute nicht beeinflussen können. Zudem fliest dieses Geld wohl zum Großteil nicht in sinnvolle Zukunftsinvestitionen. Es findet eine ungeheuerliche Umverteilung statt und hier scheint es einen echten Kipppunkt zu geben, denn die Summen werden immer größer.

8 CO2-Verringerung in Deutschland

Deutschland hat seinen CO2-Ausstoß von 1990 bis 2017 von 1251 Mio. Tonnen auf 967 Mio. Tonnen reduziert, obwohl sich das BIP in diesem Zeitraum von 1306,68 € auf 3244,99 € enorm gesteigert hat! Nach der Berichterstattung in den Medien haben wir aber das Gefühl, als wäre nichts zur Verringerung von CO2-Emissionen unternommen worden. Im gleichen Zeitraum sind die Emissionen weltweit aber deutlich gestiegen, was die dritte Grafik zeigt. Bei der Reduktion von Schadstoffen hat es zudem enorme Fortschritte in den letzten Jahrzehnten gegeben, man denke nur an Autos ohne Katalysator, verbleites Benzin oder die Industrie im Allgemeinen beispielsweise in den 1970ern um nur ein paar Beispiele zu nennen.

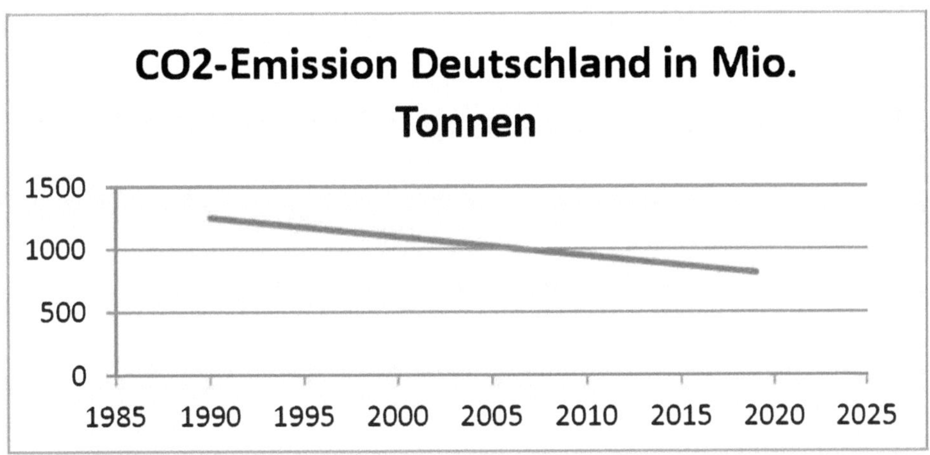

Abbildung 9: Entwicklung und CO2 Deutschland (die Gerade stellt eine Approximation dar)

Interessant sind auch die Prognosen für das Jahr 2040 in der nächsten Grafik. Bis dahin soll die CO2-Emission um über 50% reduziert werden. Wie soll das gelingen, was soll dies kosten und vor allen Dingen, wer soll das bezahlen? Die letzte Frage ist natürlich rein rhetorisch gedacht, denn die Antwort ist bekannt. Um diese Idee umzusetzen, müsste die Wirtschaft und der Verkehr vollkommen umgestellt werden. Noch interessanter sind die Pläne bis zum Jahr 2050.

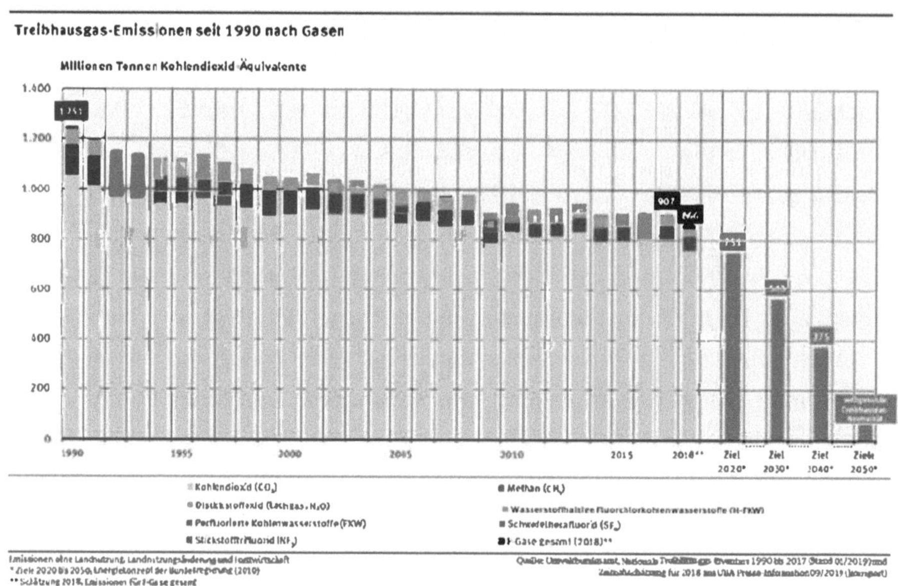

Abbildung 10: Quelle Umweltbundesamt, https://www.umweltbundesamt.de/daten/klima/treibhausgas-emissionen-in-deutschland#textpart-3

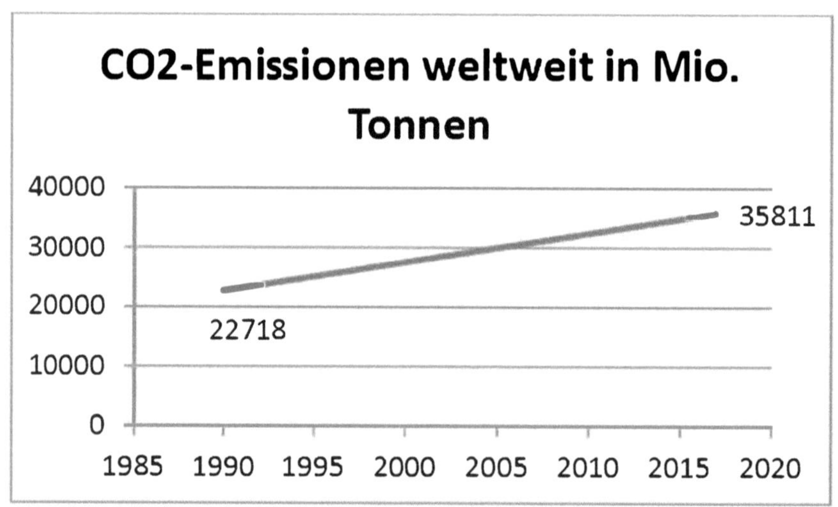

Abbildung 11: Emissionen CO2 weltweit (1990 bis 2017, Quelle Daten: statista.com)

Global betrachtet sieht es wie in der obigen Grafik aus (Abbildung 11). Hier wird deutlich, dass, wenn Deutschland seinen CO_2-Emissionen mit wahrscheinlich Billionen Euro an Kosten halbiert, diese Lücke bei gleichbleibender Entwicklung der weltweiten Emission innerhalb kurzer Zeit wieder gefüllt sein wird.

9 Zum Narrativ: PKW verursachen das ganze CO2

Wir betrachten zunächst eine Tabelle, die eine Aufschlüsselung des emittierten CO2 in Deutschland für die Jahre 1990 und 2016 zeigt:

	1990	2016
Energiewirtschaft	466	343
Industrie	284	188
Verkehr	163	166
Haushalte	132	91
Dienstleistungen (GHD)	78	39
Landwirtschaft	90	72
Abfall	38	10
Summe	1251	909
Veränderung in %	-	-27%

(Stand 01/2018, Quelle: Umweltbundesamt)

Für 2016 ergibt sich damit folgende Verteilung:

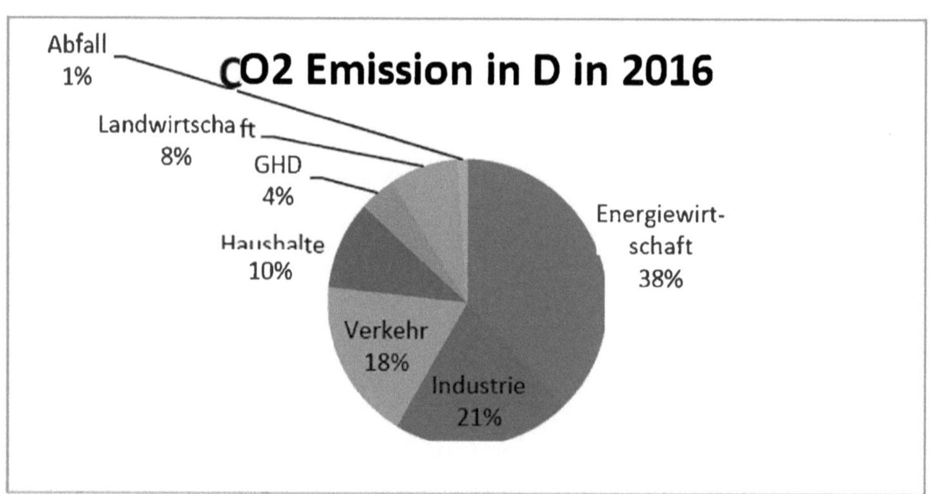

Abbildung 12: Verteilung der CO2 Emission in Deutschland in 2016

Die Daten in der obigen Tabelle stammen vom Bundesumweltministerium. CO2 meint immer ein CO2-Äquivalent in Millionen Tonnen. Die Zementherstellung hat weltweit einen beachtlichen Anteil: 2,8 Milliarden Tonnen pro Jahr, rund acht Prozent der globalen Treibhausgasemissionen (laut Tagesspiegel).

Wie wir oben an der Grafik sehen, werden durch den Verkehr in Deutschland rund 18% des gesamten CO2 emittiert. Im Zusammenhang mit der CO2-Emission von PKW im Straßenverkehr werden oft rund 60% genannt, so dass der Eindruck entsteht, Autos würden rund 60% des CO2 produzieren, was aber falsch ist. Es sind rund 60% von den 18%! Damit ergeben sich je nach Prozentzahlen, die ich bei Recherchen gefunden habe, zwischen rund 12-13%, die der PKW-Verkehr an den gesamten CO2-Emissionen verursacht!

Laut Greenpeace gilt:
Der Verkehrssektor ist der drittgrößte Emittent von Treibhausgasen in Deutschland und für etwa ein Fünftel des nationalen Emissionsausstoßes verantwortlich. Rund 12 % werden von Personenkraftwagen im Straßenverkehr freigesetzt. Dabei stammen rund 35 der 46 Millionen im Jahr 2018 zugelassenen Pkw von Herstellern und Marken von nur fünf Konzernen. Angeführt von Volkswagen, setzen diese Pkw etwa 73 Millionen Tonnen CO2-frei — über 9 % der deutschen Treibhausgasemissionen. Bei einem Kostensatz von 180 Euro je emittierter Tonne CO2 belaufen sich die jährlichen Klimakosten der Emissionen von Pkw der fünf Automobilkonzerne damit auf mehr als 13 Milliarden Euro.

Bei fast jeder Reportage zum CO2 und bei vielen Artikeln in Zeitschriften oder Zeitungen wird ein PKW-Auspuff eingeblendet, was ein perfektes Framing darstellt. Dies ist auch eine häufige Darstellung von Demonstranten „für das Klima": Die PKWs werden oft zuerst erwähnt und als Klimakiller dargestellt. Meine Vermutung ist, dass sich hier am einfachsten Geld rausschlagen lässt. Wahrscheinlich sind sowieso die alten weißen Männer in ihren SUVs Schuld, die das Klima kaputt machen und der Greta-Neubauer-Generation die Zukunft klauen — neuerdings auch die arme Oma, die mit ihren 800 Euro Rente nach dem WDR-Kinderlied 1000 Liter Super jeden Monat verbraucht.

Ich erinnere mich noch an die Ökosteuer oder die Mineralölsteuererhöhungen (siehe nächste Abbildung) im letzten Jahrtausend, damit ließen sich einfach Haushaltslöcher stopfen, die aber kurz darauf doch wieder da waren. Viele Arbeitnehmer, die nicht gerade einen Bahnhof oder eine Straßenbahn vor der Tür haben und etliche Kilometer am Tag zurücklegen müssen, sitzen oft in PKWs, bei immer mehr Verkehr und immer schlechteren Straßen. Warum gibt es eigentlich keine intelligentere Ampelschaltung? Dies kommt mir jedes Mal in den Sinn, wenn ich nachts alleine auf einer Bundesstraße fahre und die Ampel erst auf Rot schaltet und dann ihr volles Programm zeigt, wo kein anderes Fahrzeug unterwegs ist. Die Straßen werden zudem oft so umgebaut, dass der Verkehr noch schlechter fliest, was doch gerade noch mehr CO2 verursacht. Des Weiteren hätte schon vor Jahren in die Infrastruktur investiert werden müssen, da es bei dem heutigen LKW-Aufkommen zusätzlich zu vielen Staus kommt.

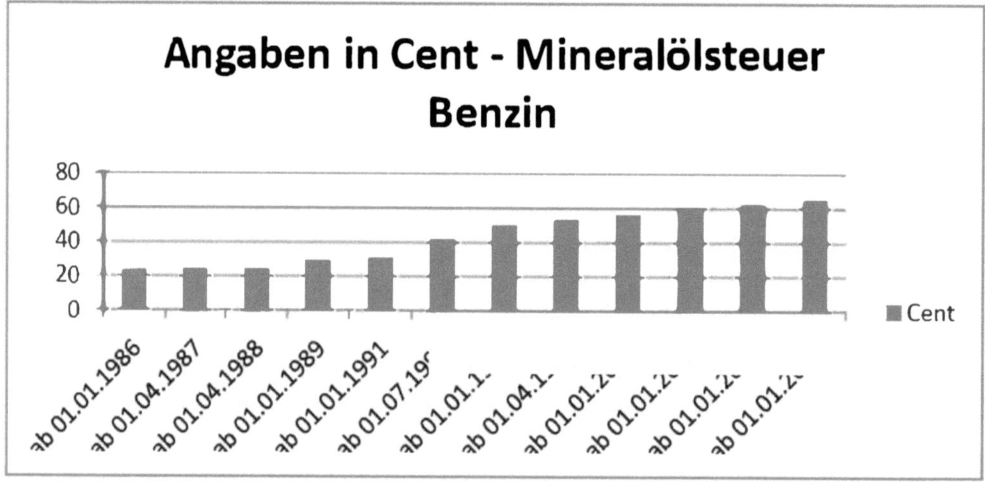

Abbildung 13: Mineralölsteuer auf Benzin (vor dem Euro umgerechnet), Quelle der Daten: ADAC

Natürlich könnte hier jemand anführen, dass im Rahmen der Produktion von PKW auch CO2 anfällt. Aber wenn theoretisch keine PKW produziert werden würden, dann wären die Arbeitsplätze in der Automobilindustrie in einem anderen

Gewerbe angesiedelt, das auch wiederum CO2 produziert, außer wir verzichten auf jede Form von Fortbewegungsmittel und auch auf weitere Industriezweige.

Ein Redakteur des Öffentlich-Rechtlichen-Rundfunks flehte in einem „Tagesthemen"-Kommentar die Politik im Juni 2019 an: *„Fleisch, Autofahren und Fliegen so verdammt teuer zu machen, dass wir alle davon runterkommen"*. Was soll dies heißen? Sollen sich nur noch hochbezahlte Redakteure Fleisch zum Essen leisten können, denn egal wie teuer irgendetwas ist, es wird dann immer bestimmte Menschen geben, die es sich noch leisten können und andere nicht. Interessant ist aber, wie einfach Forderungen für einen Eingriff in das Leben von Menschen gestellt werden. Hier wird deutlich, wie weit eine „Elite" abheben kann und eine Art Hybris entsteht, das Klima beherrschen zu wollen indem man anderen Leuten etwas verbietet oder aufzwingt. Die sind alles Züge einer Planwirtschaft, auf die wir zusteuern.

Unverschämt ist es, dass schon so weit gegangen wird, die Ernährung bestimmen zu wollen. Hierbei wird eine Schädlichkeit des Fleischkonsums für das Klima konstruiert, die wir bereits schon einmal in einer anderen Variante mit falschen Behauptungen zur Krebshäufigkeit aufgetischt bekamen. Jeder kann nach meinem Empfinden essen, was er möchte. Wenn ich den Anspruch habe, das Klima mit meiner Art der Ernährung zu retten und dabei auf andere herabschaue, dann aber Südfrüchte oder Veganes esse, was erst um die halbe Welt zu uns transportiert werden muss, dann stellt sich die Frage, ob ich so das Klima rette?

Bei der zweitgrößten Abgabenlast in der Welt lassen sich nicht ohne Angabe eines triftigen Grundes große zusätzliche staatliche Einnahmen generieren. Da kommt das Thema Klima gerade recht, um neue Steuererhöhungen zu beschließen, wenn noch dazu Kinder dafür demonstrieren und die meisten Medien voll hinter dem Klima-Narrativ stehen. Die Menschen in Deutschland wurden zuvor schon von den Medien und dem Öffentlich-Rechtlichen TV mürbe gemacht und den Kindern wurde von einer bereitwilligen Lehrerschaft der Klimanotstand gepredigt, untermauert mit dem Al Gore Video voller Fehlerinformationen.

10 Das IPCC kennt das Klima von übermorgen oder wie Wissenschaftler Panik verbreiten

Der IPCC, d.h. der Intergovernmental Panel on Climate Change (IPCC, Zwischenstaatlicher Ausschuss/Gremium für Klimaänderungen), beschreibt die Gründe für dessen Entstehung auf seiner Seite wie folgt:

„Mitte des 20. Jahrhunderts stellten Forscherinnen und Forscher vermehrt Anzeichen dafür fest, dass sich die Atmosphäre erwärmt und dass Aktivitäten des Menschen eine Ursache dafür sein könnten. Das Umweltprogramm der Vereinten Nationen (UNEP) und die Weltorganisation für Meteorologie (WMO) gründeten daraufhin 1988 den IPCC. Ziel war es zu klären, welche Gefährdung von der Erderwärmung ausgeht und ob gehandelt werden muss."

Das IPCC (in Zeitungen findet sich teils die Form „das IPCC" oder „der IPCC", ich betrachte dieses „Kunstwort" als Neutrum, da es das Gremium ist) wird immer gerne von den Klimaaktivistinnen „zitiert" und dieses liefert zusammen mit einem deutschen Institut, dem PIK, auch teils deren Argumente. Deshalb nehme ich folgende Sätze des IPCC aus dem Report dieser Organisation von 2001 vorweg:

„The climate system is a coupled non-linear chaotic system, and therefore the long-term prediction of future exact climate states is not possible." Und „In climate research and modelling we should recognize, that we are dealing with a coupled non-linear chaotic system, and therefore that the long-term prediction of future climate states is not possible."

Übersetzung: **Das Klimasystem ist ein gekoppeltes nichtlineares chaotisches System, weshalb eine langfristige Vorhersage zukünftiger genauer Klimazustände nicht möglich ist.**

In der Klimaforschung und -modellierung müssen wir erkennen, dass wir es mit einem gekoppelten nichtlinearen chaotischen System zu tun haben, und dass daher eine langfristige Vorhersage zukünftiger Klimazustände nicht möglich ist.

@FFF: Das hatte wahrscheinlich freitags die Physiklehrerin oder der Physiklehrer erzählt. Wahrscheinlich aber eher nicht, bedenken wir die linksgrüne Einstellung nicht weniger Lehrerinnen und Lehrer.

Die Wissenschaftlerin Judith Curry sagte zum IPCC: *Zwischen Wissenschaftlern, die von der Regierung finanziert werden, und dem IPCC, das die politische Agenda der Regierung unterstützt, besteht nach wie vor ein starker Gesellschaftsvertrag.*

Die Autoren William N. Butos und Thomas J. Mcquade üben in ihrem Artikel „Causes and Consequencesof the ClimateScience Boom" aus 2015 erhebliche Kritik am Einfluss des IPCC: *Das IPCC qualifiziert sich als Big Player in der Wissenschaft, da es alle Merkmale besitzt, die für Big Player in Märkten charakteristisch sind: Einfluss, Unempfindlichkeit gegenüber den üblichen Zwängen und Diskretion bei der Förderung einer bevorzugten Forschungsrichtung.* **Sein Einfluss auf die Klimawissenschaft ist allgegenwärtig,** *und die Komplexität des Klimasystems und das mangelnde Verständnis der Rückkopplungen ermöglichen es dem IPCC, die politisch attraktivsten der verschiedenen plausiblen Hypothesen zu verfechten und Unsicherheiten und potenzielle Missverständnisse weitgehend zu ignorieren … .* **Der berufliche Erfolg in der Klimawissenschaft ist mehr an die Akzeptanz der Aussagen des IPCC gebunden als an die Erforschung gegensätzlicher Möglichkeiten.** *In der Tat werden Wissenschaftler, die sich zu konkurrierenden Hypothesen bekennen, routinemäßig als "Leugner" gecastet, und einige berichten von ungewöhnlichen Schwierigkeiten bei der Aushandlung des Veröffentlichungsprozesses.*

Zudem schreiben diese *„Die Regierungsstellen haben den vom IPCC generierten Konsens genutzt, um den Boom der Klimawissenschaften zu finanzieren, und rechtfertigen dadurch zunehmende wirtschaftliche Interventionen durch das Zitieren der in der AGW-Hypothese implizierte Bedrohung. … .Die Umwandlung des ideologisch begründeten Gefühls der bevorstehenden globalen Erwärmungskatastrophe in nahezu Gewissheit durch die einflussreichen Veröffentlichungen des IPCC hat die Integrität der wissenschaftlichen Prozesse gefährdet.*

Die Autoren gingen auf die Methoden rund um das IPCC ein, von denen die Kapitel 12 und 13 einen Eindruck liefern und die natürlich von den „Faktenspezialisten" in Deutschland und auch von den Medien als unproblematisch gesehen werden. Wer das IPCC kritisiert, der wird als Problemfall dargestellt.

In der Klimawissenschaft hat die Präsenz von Big Players - das IPCC in seiner Fähigkeit, die Wissenschaft und die Regierung bei der Finanzierung von IPCC-kompatiblen Wissenschaften zu leiten - jedoch zu einer zunehmenden Politisierung der Disziplin geführt, was sich in den Versuchen gezeigt hat, ... und den Ruf von Wissenschaftlern anzugreifen, die den „Konsens" des IPCC in Frage stellen. Richard Lindzen versucht jedoch, einige schwerwiegende Verstöße gegen wissenschaftliche Normen zu dokumentieren (...). Zu diesen Fällen gehört der Druck, der auf einige Redakteure und Gutachter ausgeübt wird, Beiträge zurückzuweisen, die die Hypothese der AGW leicht kritisieren, ..., den Druck auf die Autoren während des Überprüfungsprozesses, ... und Verleumdung einiger Forscher wegen der Veröffentlichung von Papieren, in denen sie den AGW kritisieren.

Die Klimasensitivität des CO2 würde in den Modellen des IPCC überschätzt werden und die Modelle hätten auch weder eine Unterbrechung von Erwärmungsphasen aufgezeigt noch könnten diese im Rahmen der Modelle erklärt werden.

Das IPCC wird übertrieben oft als Weltklimarat bezeichnet. Es liefert zusammen mit zwei bekannten deutschen Professoren, Rahmstorf und Lesch, und dem PIK (Potsdamer Institut für Klimaforschung), **welches auch Greta instruiert**, eine Grundlage für die Argumentationen der FFF-Jugend und fördert zudem diverse Schreckensmeldungen in deutschen Tageszeitungen.

Unabhängig davon wird wohl auch Material des IPCC von der FFF-Jugend falsch verstanden. Es werden Grafiken – wie die Hockeystick-Kurve – selbst von Wissenschaftlern immer noch als vollkommen richtig dargestellt. Genauso wie Grafiken mit falschen Beschriftungen, seien es Jahreszahlen oder Temperaturwerte, in verschiedenen Vorträgen und Video-Beiträgen oft mehrfach präsentiert werden.

Da wir in Deutschland wie immer wissen, wie die Erde aussehen soll, lesen wir seit Jahren, wie schlecht es um sie steht. Gebetsmühlenartig bekommen wir zu hören: Wir müssen, wir müssen und wir sind alleine schuld. Dies hat den Anschein einer Religion 2.0, mit den beiden Elementen Schuld und Weltuntergang, wie im Christentum verankert.

So schreibt die Süddeutsche in 2018:
„Der Weltklimarat (IPCC) hat seinen Sonderbericht veröffentlicht; demnach sei es noch möglich, die Erderwärmung auf 1,5 Grad Celsius zu begrenzen.

*Doch um dies zu erreichen, seien "**beispiellose Veränderungen**" nötig bei der Stromerzeugung, der Fortbewegung, der Landwirtschaft, Industrieprozessen und der städtischen Infrastruktur."*

*„Nötig seien "**schnelle, weit reichende und nie dagewesene Veränderungen in allen Bereichen der Gesellschaft**". … Verglichen mit den Temperaturen vor Beginn der Industrialisierung ist die Erde bereits jetzt um ein Grad wärmer. **Bliebe es beim derzeitigen Tempo der Erwärmung, sei ein Plus um 1,5 Grad womöglich schon 2030 erreicht, spätestens aber im Jahr 2052.**"*

Auf der Seite des IPCC finden wir den Text: *„Der IPCC bietet Grundlagen für wissenschaftsbasierte Entscheidungen der Politik und zeigt unterschiedliche Handlungsoptionen und deren Implikationen auf, **ohne jedoch politische Empfehlungen zu geben.**"*

Bei dem Auftreten der dem IPCC nahe stehenden Professoren und dem von Wissenschaftlern aus dem Umfeld des IPCC, wie Michael Mann, liegt es wohl nahe, dass dieser Satz nur beruhigen soll. Denn letztendlich werden politische Entscheidungen aufgrund der Aussagen des IPCC und einiger Wissenschaftler getroffen, wo es offensichtlich kein Mitspracherecht mehr gibt. Es werden nun nicht mehr diskutierbare Maßnahmen beschlossen, wie wir es in den letzten Jahrzehnten ober besser gesagt seit dem Bestehen der BRD nicht erlebt haben.

Weiterhin schrieb die Süddeutsche:
Demnach bleibt den Staaten nicht mehr viel Zeit, das 1,5 Grad-Ziel zu erreichen - aber mehr Zeit, als zunächst gedacht. Noch 2014 hatte der IPCC Zahlen vorgelegt,

nach denen kaum noch Spielraum zur Erreichung des ehrgeizigen Ziels bestand. Der neue Bericht sieht nun ein etwas größeres verbleibendes Budget. **"Die Uhr steht jetzt wieder auf 5 vor 12", sagt Oliver Geden, der bei der Berliner Stiftung Wissenschaft und Politik zur Klimapolitik forscht.**

So müssten die globalen Treibhausgas-Emissionen bis 2030 um 45 Prozent unter das Niveau von 2010 fallen, heißt es in dem IPCC-Bericht. Bis 2050 müssten sie unter *dem* **Strich** *bei* **null** *liegen.*

Der Fokus schrieb 2007 von einem Ultimatum, welches gerade abgelaufen ist, ohne dass die Reiter der Apokalypse erschienen:
„Die Menschheit hat laut dem dritten Teil des Weltklimaberichtes **höchstens bis zum Jahr 2020 Zeit***, um durch die Einführung effizienter Technologien eine Klimakatastrophe zu verhindern.*

Wenn der Ausstoß von Treibhausgasen bis dahin nicht substanziell abnehme, werde die **Erderwärmung unumkehrbare Prozesse** *wie das Abschmelzen der Eisschilde in Grönland und die Übersäuerung der Ozeane in Gang setzen, heißt es in dem noch unveröffentlichten dritten Teil des neuen Weltklimaberichts der Vereinten Nationen. Darin erörtern Experten des UN-Klimarates (Intergovernmental Panels on Climate Change, IPCC)* **mögliche Maßnahmen gegen die fortschreitende Erderwärmung.***"

Und: „In bereits veröffentlichten Berichten **mahnen Forscher weltweit noch schnelleres Handeln** *an: Insgesamt sechs Studien erwähnen, dass die CO2-Emissionen* **spätestens bis zum Jahr 2015 zurückgehen müssen, damit die globale Erwärmung nicht aus dem Ruder läuft.** *Das tolerierbare Höchstniveau für Kohlendioxid liegt diesen Arbeiten zufolge nur bei 400 ppm.* [Erstens sollte man dabei das Pflanzenwachstum berücksichtigen und zweitens hat das die Welt schon lange vor unserer Zeit toleriert, bei 2000 ppm und viel mehr CO2.]*"*

In der Welt steht 2019 unter Meinungen:
„Regenwälder stehen überall in Flammen, Wüsten breiten sich auf allen Kontinenten aus, Eisberge schmelzen, die Klimaerhitzung führt zu Millionen Klimaflüchtlingen: Sind wir noch zu retten?". Auf die Regenwälder kommen wir noch mal in Kapitel 15 zurück.

„Die Menschheit verliert die Kontrolle über den Zustand der Erde", warnt **Professor Stefan Rahmstorf**, *Leiter der Abteilung Erdsystemanalyse am **Potsdam-Institut für Klimafolgenforschung und Berater von Kanzlerin Angela Merkel** [**und von der Greta**]. Die Klimaforscher haben sich in den letzten Jahrzehnten nur mit einer Vorhersage geirrt: **Die Klimakatastrophe kommt viel schneller, als sie diese vorhergesagt haben.**"*

Also noch schneller, wie schon die ausgebliebene Katastrophe aus der Meldung Anno 2007. Die haben wir wohl praktisch überholt und jetzt kommt sie wohl deshalb umso schneller.

Wir lesen: *„Medien berichten jetzt, es blieben nur noch 18 Monate, um das Klima zu retten."*. Der gnädige Rezo gibt uns immerhin noch 9 Jahre.

Panik, wir sollen in Panik geraten, was soll das heißen? Dies kann gerade noch verstanden werden, wenn es eine Sechszehnjährige so sieht, denn in diesem Alter sah so manche schon eine Katastrophe kommen, wenn beispielsweise die Jeans nicht mehr passte oder der erste Pickel erschien. Solche Probleme hat die junge Schwedin augenscheinlich nicht, dafür offenbar aber ganz andere.

Jetzt sei die Zeit für Panik, schrieb der Spiegel in 2019:
*„**Es ist Zeit, wegen der Klimaerwärmung in Panik zu geraten.** Schon jetzt können wir die Katastrophe nicht mehr verhindern, nur noch abschwächen, sagen Forscher. Wie sollen wir das unseren Kindern erklären?"*

Im selben Artikel steht: *„Am Abend nach meinem persönlichen Klimaschock bin ich beim Geburtstag meines Freundes Michael. Ich erzähle von dem Artikel im "New York Magazine". Das bringe alles gar nichts, sagt er. **Das einzige, was die Welt retten könne, <u>wären schnelle und harte Gesetze von eben den Politikern</u>** ..."*

Schreibt Herr Relotius eigentlich noch für den Spiegel?

Neben dem IPCC haben wir noch das PIK, dessen Mitarbeiter bzw. Professoren oft als Warner auftreten und wohl eher Worst-Case Prognosen lieben. 2007 war vom PIK zu lesen, dass wir (durch einen Anstieg des CO_2-Gehalts von rund 0,028% in

1850 auf 0,038% in 2007) *„der Erde ein massiver zusätzlicher Treibhauseffekt aufgezwungen"* hätten. Zudem wurde hier geschrieben: *„Außerdem kann ein ungebremster Klimawandel eine Reihe von* *„Kippschaltern"* [da sind sie, die gefährlichen Schalter und gleich im Plural] *im Erdsystem (wie den Amazonasregenwald, das El Nino-Phänomen oder den Indische Monsun) umlegen und die **Betriebsweise ganzer Subkontinente und Meeresbecken auf den Kopf stellen**. Sich gegenseitig aufschaukelnde Wechselwirkungen könnten schließlich sogar einen* *„**galoppierenden Treibhauseffekt**"* *auslösen."* Dies führte das PIK zu der Erkenntnis, dass *„Die Begrenzung der Erwärmung auf 2 °C und die Anpassung an den Restklimawandel erfordern nichtsdestotrotz eine globale „Kulturrevolution", **bei der Stadt- und Landleben neu definiert werden müssen**."* Dadurch wäre die Welt schon mehrfach auf den Kopf gestellt worden. Aber hier sollten wir aufhorchen: Wir müssten das Stadt- und Landleben neu definieren und gar eine **Kulturrevolution** (das Wort ist aus einer bösen Epoche im asiatischen Raum bekannt) sei erforderlich. Und dann noch ein *„galoppierenden Treibhauseffekt"*, eventuell sind das die apokalyptischen Reiter?

Die Welt schrieb in 2007: *„**Nordpol bereits in fünf Jahren eisfrei** Das Eis der Arktis schmilzt offenbar viel rasanter als bisher angenommen: **Ein Team internationaler Klimaforscher und Wissenschaftler der Nasa behaupten, dass der arktische Sommer bereits 2013 eisfrei sein wird. Grund: Die bisherigen Berechnungen seien falsch gewesen**."*

Also: Die alten Berechnungen waren falsch und die neuen sind es auch wieder. Es wird aber trotzdem weiter Panik geschürt, das hat System.

Die Zeit schreibt 2018: *„**Die Welt steht vor dem Point of no Return**. Kippelemente nennen die Forscherinnen und Forscher diese Phänomene, die das Zeug haben, unumkehrbare Ereignisse loszutreten – das Klimasystem zu kippen."* Und: *„Die Erde könne sich über längere Zeit um etwa vier bis fünf Grad Celsius erwärmen, die **Meeresspiegel um zehn bis 60 Meter ansteigen**, berichteten die **Klimawissenschaftlerinnen und Forscher vom Potsdam-Institut für Klimafolgenforschung (PIK)**."*

Grundlage vieler der obigen Schreckensmeldungen sind die Klimamodelle, die vom IPCC verwendet werden und die „Prognosen" für die Zukunft erstellen, sowie Berichte des IPCC.

Wir rekapitulieren nochmal:
Also erst hatten wir bis 2015 Zeit. Komisch, der Maja-Kalender hätte doch Ende 2012 die Welt schon untergehen lassen. Und wie war das nochmal mit Nostradamus, ach so, das war was anderes. Als nächstes hatten wir laut den modernen Weltunterganspropheten bis 2020 Zeit, die Polkappen wären aber schon 2013 weg gewesen? Jetzt haben wir 2020, gab es am 01.01.20 einen Weltuntergang, den wir nicht bemerkt haben oder kommt er morgen? „**We dont have time**", jetzt oder nie, das neue Ultimatum läuft, denn in zehn, zwanzig oder dreißig Jahren sei die Party endgültig vorbei.

Also ganz schnell, wie es ein Redakteur des öffentlich-rechtlichen Rundfunk forderte, Flugreisen extrem verteuern, damit die Putzfrau nicht mehr alle drei Jahren nach Mallorca fliegen kann, aber Verwandte der FFF-Protagonisten noch jedes Jahr auf die Seychellen. Dann wäre der Flughafen auch nicht mehr so voll, was beim Gepäckabholen doch ganz schön nervt. Schnell noch das Autofahren – mit einem CO2-Anteil von 12% an dem 3% anthropogenen Anteil – unbezahlbar machen, so dass der Rentner mit 1000 Euro Rente nicht mehr zum Supermarkt oder der Arbeitnehmer, der auf dem Land lebt, nicht mehr zur Arbeit in die Stadt fahren kann.

Aber immer das neuste Handy kaufen, dessen Teile in der ganzen Welt produziert und mit den großen Schiffen, die so viel Schadstoffe ausstoßen wie Millionen PKW, nach Deutschland transportiert werden. Allein die fünfzehn größten Schiffe der Welt stoßen pro Jahr so viele Schadstoffe aus wie 750 Millionen Autos, errechnete der Naturschutzbund Deutschland in einer Studie. Auch bei der Nutzung von Smartphones wird CO2 produziert (beim Telefonieren, beim Verschicken von Nachrichten, …) und laut ZDF werden eure Smartphones, die ihr so unbedarft bei euren Freitagsdemos dabei habt, bis 2040 die größten Klimakiller sein! Alle zwei Jahre ein neues Smartphone, was aber auch CO2 produziert und nicht nur das: *„Streaming ist das neue Fliegen – wie der digitale Konsum das Klima belastet"* schrieb die NZZ in 2019.

Um mit euren Argumenten zu sprechen: **„Ihr macht unsere Zukunft kaputt, während ihr Musik streamt oder gerade eine Serie schaut!"**.

Ganz unbedarft im Netz surfen, **wo die Internetnutzung in Deutschland jedes Jahr so viel CO2 produziert wie der gesamte Flugverkehr** und sich die Menge an CO2 die kommenden Jahre noch verdoppelt. Wenn man gegen CO2 demonstriert, dann sollte man erst mal selbst konsequent CO2-Emmissionen reduzieren. Es bringt rein gar nichts mehr, wenn man erst die halbe Welt bereist hat und glaubt, dies mit einer veganen Lebensweise kompensieren zu können. Dies kann so nicht mehr kompensiert werden.

Ihr könnt ganz einfach selbst mit dem CO2-Reduzieren anfangen, bevor ihr nur Forderungen an andere stellt, was dann aber heißt, die komplette Lebensweise zu ändern, indem man beispielsweise nur noch regionale Produkte kauft, keine elektronischen Hilfsmittel mehr benutzt, kaputte Kleidung nicht mehr durch neue ersetzt (Löcher können auch gestopft werden oder mit Flicken auf die Jeans repariert werden, wie in den 1970ern), nur zwei Paar Schuhe und wenn diese kaputt sind, geht es zum Schuster, nur noch Fahrradfahren, kein Internet mehr nutzen usw.. Früher sind die Kinder mit dem Fahrrad zur Schule gefahren, auch zwei Ortschaften weit oder mehrere Kilometer zur Lehrstelle. Das hat CO2 gespart. So sah die Welt mit weniger CO2-Emissionen aus.

Was die Klimadiskussion für groteske Züge annimmt, eröffnet uns beispielsweise ein Welt-Artikel aus 2017: *„**Der Verzicht auf Kinder ist der Studie zufolge aber bei weitem die wirksamste Klimaschutzmaßnahme:** Jedes nicht in die Welt gesetzte Kind bedeute eine CO$_2$-Einsparung von 58,6 Tonnen im Jahr."*

Dies hat dann wohl auch die deutsche Klima-Aktivistin Luisa gelesen, die sich die Frage nach dem Kinderbekommen wegen des großen CO2-Abdrucks stellte. Eventuell hätte sie vorher eher über das Fliegen nachdenken sollen, denn in einem Merkurartikel aus demselben Jahr stand: *„Bei Transatlantikflügen von Düsseldorf nach New York und zurück fallen laut Rechner bereits 3,65 Tonnen CO2 an."*

Aber ich bin weder Aktivist noch Klimabotschafter und möchte niemand etwas vorschreiben. *„Luisa hat sich schon immer für unser Klima stark gemacht."* heißt es in einem Artikel, zu dem sie ein Interview gegeben hatte. Das sagt die Frau, die als *„Vielfliegerin"* bekannt wurde. Eine ehemalige Vielfliegerin aus wohlhabendem Hause möchte uns die Welt erklären und wird dabei noch enthusiastisch gefeiert!

Kommen wir zum IPCC zurück und nochmal zur Aussage des Berichtes von 2001: *In der Klimaforschung und -modellierung müssen wir erkennen, dass wir es mit einem gekoppelten nichtlinearen chaotischen System zu tun haben, und dass daher eine langfristige Vorhersage zukünftiger Klimazustände nicht möglich ist.*

Zu erwarten wäre eine Vorhersage der Wahrscheinlichkeitsverteilung der zukünftigen möglichen Zustände des Systems. Wir können hier keine Prognosen erwarten, höchstens wahrscheinliche Bereiche für Temperaturen nach gewissen Voraussetzungen.

Diese Aussage mit den Modellen wird oft falsch gedeutet. Es würde nur an der in 2001 fehlenden Rechnerleistung liegen, lesen wir manchmal. Zunächst muss zum Lösen von nichtlinearen Systemen auf numerische Methoden zurückgegriffen werden, die Rechnerleistung erfordern. Das ist die eine Sache. Die andere Sache ist aber, dass zum einen eine stochastische Komponente hinzutritt, so dass nur Aussagen nach bestimmten Wahrscheinlichkeiten zu treffen sind. Zum anderen beschreiben die Modelle ein chaotisches System, das sensitiv von den Eingangsparametern abhängt, wodurch kleine Veränderungen der Eingangsparameter zu erheblich anderen Verläufen führen können.

Zudem werden die Modelle noch lange nicht alle Einflüsse, die zusätzlich auf das Klima wirken, berücksichtigen können. Sie stellen damit auch nur eine Annäherung an die Wirklichkeit dar, unter gewissen Rahmenbedingungen, wobei die Eingangsparameter auch wiederum nicht hundertprozentig bekannt sind.

Hierzu folgen zwei interessant Zitate:
„Es ist auch niemand, kein ernstzunehmender Klimawissenschaftler in der Position zu sagen, ich prognostiziere irgendetwas. Da prognostiziert niemand was, es wird nichts vorhergesagt."
Prof. A. Bott Klimaexperte

„Klimaprognosen, Vergleichbar mit Wetterprognosen, sind prinzipiell nicht möglich, da … .Man behilft sich daher mir Projektionen unter der Annahme, dass der menschliche Einfluss (Treibhausgase) dominiert."
Prof. C. Schönwiese, Klimaforscher

Der Wissenschaftler Patrick Frank von der Stanford-Universität schrieb in 2019 zum IPCC: *Das Zwischenstaatliche Gremium der Vereinten Nationen für Klimawandel (UN IPCC) hat prognostiziert, dass die unverminderten CO_2-Emissionen des Menschen bis zum Jahr 2100 zu einem Anstieg der globalen durchschnittlichen Oberflächenlufttemperaturen (GASAT) um etwa 3 Grad Celsius führen könnten (Essex et al., 2007; IPCC, 2007, 2013). Die Gültigkeit dieser Warnung hängt von der physikalischen Genauigkeit der allgemeinen Zirkulationsklimamodelle (GCMs) ab. In diesem Licht ist die Zuverlässigkeit von GCM-Projektionen der globalen Oberflächenlufttemperatur von zentraler Bedeutung für die Frage der Kausalität. Diese Frage wird hier kritisch bewertet.*

Ausbreitung des LWCF-Fehlers des thermischen Energieflusses durch die historisch relevanten Prognosen von 1988 der GISS-Modell-II-Szenarien A, B und C, der IPCC-SRES-Szenarien CCC, B1, A1B und A2 sowie der RCP-Szenarien des IPCC-Fünften Bewertungsberichts 2013, ***deckt eine ± 15 C Unsicherheit der Lufttemperatur am Ende einer hundertjährigen Projektion auf.*** *Analog große, aber bisher nicht erkannte Unsicherheiten müssen daher in allen vergangenen und gegenwärtigen Lufttemperaturprojektionen und -hindernissen auch fortgeschrittener Klimamodelle bestehen.*

Die Unsicherheitsbreite würde viel schneller zunehmen als ein projizierter Trend der Lufttemperatur. Selbst fortgeschrittene Klimamodelle würden eine sehr große Projektionsunsicherheit aufweisen. Wir sehen, hier wird auch nicht von Prognosen, sondern von Projektionen gesprochen. ***Die unvermeidliche Schlussfolgerung ist, dass ein Temperatursignal von anthropogenen CO_2-Emissionen (falls vorhanden) nicht in Klima-Observablen nachgewiesen werden konnte oder kann.***

Die unvermeidliche Schlussfolgerung ist, dass ein anthropogenes Lufttemperatursignal in Klimabeobachtungsdaten weder nachgewiesen noch gegenwärtig nachgewiesen werden kann.

Patrick Frank schrieb zudem, dass die Simulationsunsicherheit ± 114 × größer ist als die jährliche durchschnittliche Änderung des thermischen Energieflusses in der Troposphäre, die seit 1979 durch die Erhöhung der Treibhausgasemissionen hervorgerufen wurde.

Damit ist der sogenannte Nachweis für die Schuld des Menschen am Klimawandel wohl – ganz anders als immer wieder gebetsmühlenartig berichtet – mit den gegebenen Umständen und Modellen nicht möglich.

Die folgende Grafik zeigt den großen Bereich der maximalen „Unsicherheit":

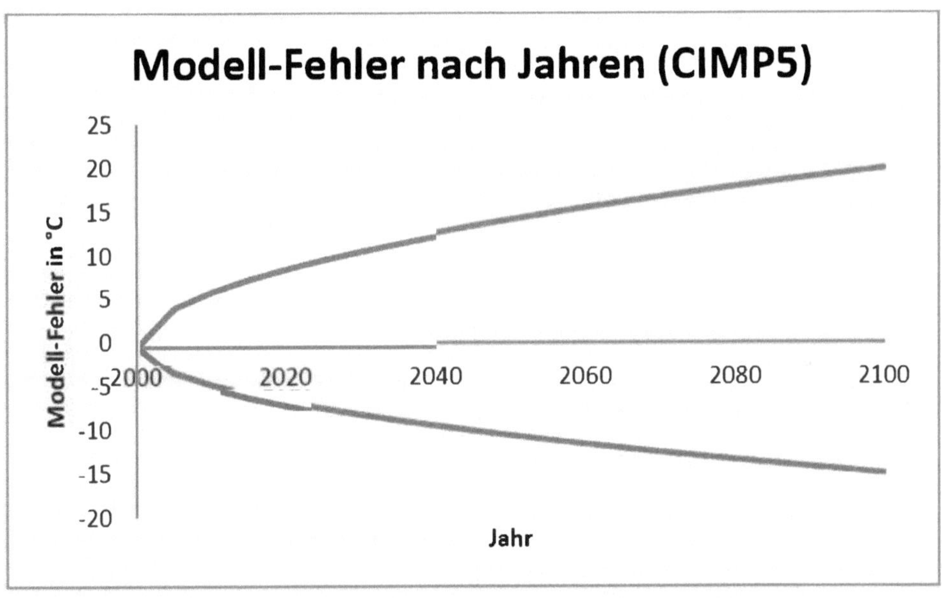

Abbildung 14: Datenquelle für Bild: Propagation of Error and the Reliability of Global Air Temperature Projections, P. Frank, 2019,
https://www.frontiersin.org/articles/10.3389/feart.2019.00223/full

In einem Beitrag für die Centre Daily Times aus 2014 erklärte er, dass die Komplexität des Klimas nur unzureichend verstanden sei. Da man die diversen Theorien nicht im Labor testen könne, seien Computersimulationen ein Weg, sie zu untersuchen. Der in diesen Simulationen berechnete Temperaturanstieg sei aber teils um den Faktor drei größer als der tatsächlich gemessene Temperaturanstieg. Wenn dem so ist, dann sieht es schlicht aus für die Prognosen, die zudem sowieso nicht möglich sind, was wir oben gesehen haben.

Modelle können oft nur die Wirklichkeit annähern und nur verschiedene Szenarien bedingt simulieren. Es gibt kein Modell, was von sich behaupten kann, in 30 Jahren die Temperatur alleine in Abhängigkeit vom CO2 vorherzusagen, dazu ist die Umwelt viel zu komplex. Zudem gibt es noch die von Patrick Frank beschriebene Unsicherheit die wohl eine Vorhersage komplett unmöglich macht.

Wir haben es hier mit einem Modell nichtlinearer stochastischer Differentialgleichungssysteme zu tun, das zudem auch sensibel von Parametern abhängt. Mit diesen sollen Temperaturprognosen erstellt werden.

Die Grundlagen für das Entstehen des IPCC lieferten auch teils „Prognosen", die ein bekannter Wissenschaftler (siehe Kapitel 16) bereits gegen Ende der 1980ern in den USA machte und der behauptete, er hätte den Klimawandel erkannt. Er machte auch eine Prognose, die den Temperaturanstieg relativ stark darstellte, was wir noch sehen werden. Hier erscheint mir die ganze Inszenierung doch sehr merkwürdig, wenn es das Ziel war, die Bevölkerung und auch Politiker zu beunruhigen. Gingen hier die beteiligten Personen davon aus, dass mit hoher Sicherheit ihre „Prognosen" richtig waren? War es ein Versehen, dass Temperaturangeben in einer berühmten Grafik des Wissenschaftlers, die in der New York Times 1988 erschien, mit 57 Grad Fahrenheit, also mit 15°C angegeben wurden, wo die Temperaturen nur rund 14°C betrugen?

Betrachten wir nun den Durschnitt von 102 Vorhersagen des IPCCs:

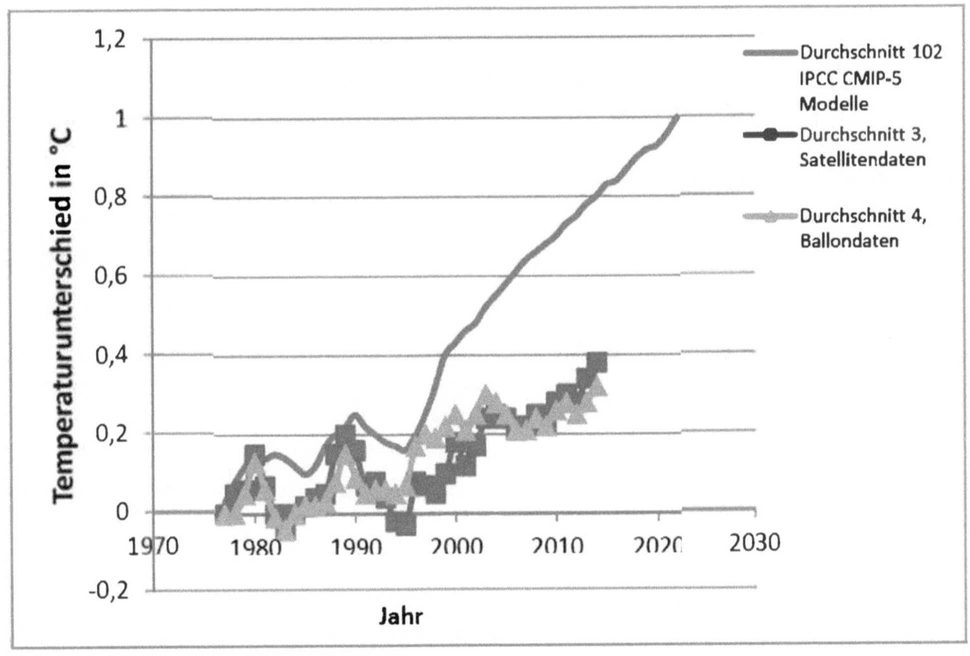

Abbildung 15: Datenquelle für Bild: Quelle John R. Cristy, 2016, https://docs.house.gov/meetings/SY/SY00/20160202/104399/HHRG-114-SY00-Wstate-ChristyJ-20160202.pdf

Auch diese Vorhersagen des IPCC lagen in der Vergangenheit relativ weit daneben, was den Temperaturanstieg betrifft. Wenn wir die Aussagen der Herren Bott und Schönwiese oben lesen, ist es sowieso verwunderlich, dass die Medien immer wieder von Prognosen sprechen, wie teils sogar Wissenschaftler von Prognosen sprechen. Im IPCC-Bericht von 1990 wurde unter einem *„business as usual"* Szenario ein Temperaturanstieg von 1°C bis 2025 vorhergesagt. Hier wurde der Temperaturanstieg ebenfalls deutlich überschätzt. Das können wir an der nächsten Grafik sehen.

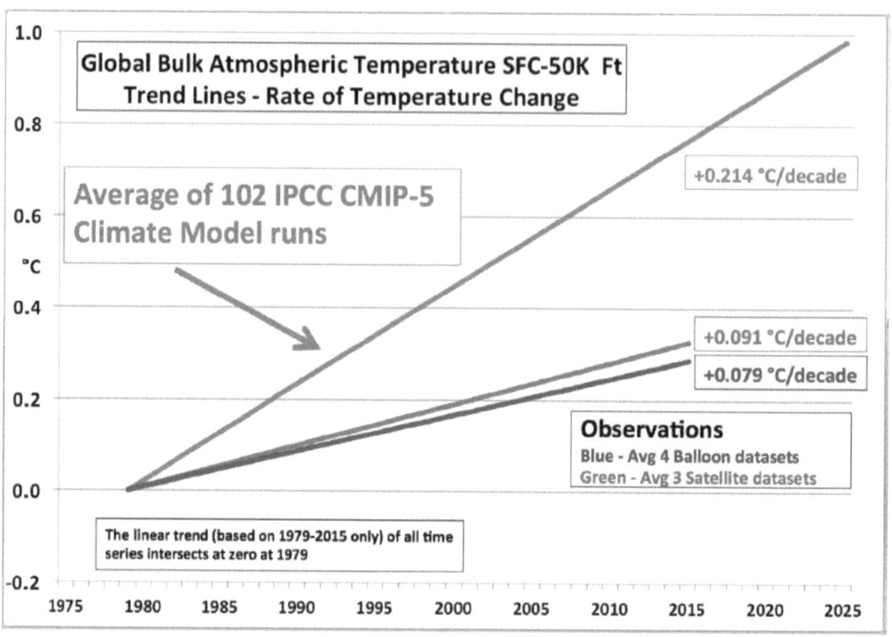

Abbildung 16: Quelle John R. Christy, 2016, https://docs.house.gov/meetings/SY/SY00/20160202/104399/HHRG-114-SY00-Wstate-ChristyJ-20160202.pdf

John R. Christy, Professor für Atmosphärenwissenschaften, Alabamas staatlicher Klimatologe und Direktor des Earth System Science Center an der Universität von Alabama in Huntsville schrieb hierzu *„Die Informationen in dieser Abbildung zeigen deutlich, dass die Modelle eine starke Tendenz zur Überhitzung der Atmosphäre im Verhältnis zu tatsächlichen Beobachtungen haben."* Im Durchschnitt hätten die Modelle die globale Atmosphäre dreimal mehr erhitzt als es tatsächlich der Fall war. Er sagte auch, dass sie nicht vorhersagen konnten, was bereits geschehen ist.

Das IPCC schrieb selbst in 2001, was wir schon zu Beginn des Kapitels sahen: *In der Klimaforschung und -modellierung müssen wir erkennen, dass wir es mit einem gekoppelten nichtlinearen chaotischen System zu tun haben, und dass daher eine langfristige Vorhersage zukünftiger Klimazustände nicht möglich ist.* Warum wurde dies nicht deutlich vorgetragen?

Zudem kann nicht davon ausgegangen werden, dass hier – speziell auch beim IPCC, welches den menschgemachten Klimawandel untermauern möchte – noch unabhängig geforscht werden kann. Hier geht es längst um Billionen von Euro und nicht umsonst wird die „globale Erwärmung" zur Steuer-/Abgabenerhöhung ausgenutzt.

Nachdem in Deutschland die Energiewende teuer von den Bürgerinnen und Bürgern bezahlt wird, sollen diese als nächstes für das Produzieren von CO_2 zur Kasse gebeten werden, wo der einfache Mensch oft keinen großen Einfluss darauf hat, wie viel CO_2 er insgesamt erzeugt. Wer täglich zur Arbeit fahren, seine Wohnung oder sein Haus beheizen muss, was alleine schon eine Energiemenge von bis zu 25.000 kWh/Jahr benötigt, kann kaum weniger Energie verbrauchen. Jetzt möchten Klimaaktivisten, die nicht selten aus wohlhabenden Verhältnissen stammen und die teils fast die halbe Welt mit dem Flugzeug bereist haben, den einfachen Durchschnittsverdienern sagen, dass sie nicht mehr in den Urlaub fliegen oder kein Fleisch mehr essen dürfen. Gleichzeitig sollen diese sich Gedanken darüber machen, ob sie noch ein Kind bekommen möchten, denn ein Kind verursacht CO_2 - das muss man sich mal vorstellen! Die Frage nach dem Kinderbekommen und wie lange wir noch Zeit hätten würde den Aktivistinnen, die gerade solche einen Wahnsinn verbreiten, öfter von Mädchen gestellt werden, als ob diese Prophetinnen wären.

Die Kritik an den Flugreisen der Aktivistin Luisa Neubauer wird übrigens von einer bekannten Enzyklopädie im Netz, die eigentlich Informationen zur Verfügung stellen sollte, als Kritik von Männern an Frauen umgedeutet.

Dazu fällt mir eine Geschichte eines Bekannten ein. Vorweg: Er war noch nie mit dem Flugzeug geflogen, was aber nicht heißt, dass er jemand vorschreiben möchte, dieses oder jenes zu tun oder zu unterlassen. Er saß mit seiner Familie im Urlaub an einem Tisch in einem Restaurant. Es begann zu regnen und zwei Frauen kamen in das nun überfüllte Restaurant, wo kein Tisch mehr frei war. Da an seinem Tisch noch zwei Plätze frei waren, bot er diese an. Diese Frauen unterhielten sich, wo sie überall auf der Welt schon waren, als seine Frau ein

Steak serviert bekam. Plötzlich fing eine der Frauen an, der er gerade erst einen Platz angeboten hatte, seine Familie mit Vorwürfen zu konfrontieren, da sie ein Steak bestellt hätten, was ganz schlecht wegen dem CO2 sein würde. Diese Frauen aßen übrigens dann Sushi mit allerlei Fisch aus Übersee. Und da kommen wir nochmal zu dem, was CO2 produziert, auf was aber die ganzen Aktivisten auch zum großen Teil nicht verzichten möchten, dafür aber den anderen Vorschriften machen.

Das Internet produziert CO2, das Handy – auch bei der Herstellung, PCs, Laptops, die um die halbe Welt transportiert werden, die Kleidung, das Soja der Veganer, wie auch alle möglichen Südfrüchte, die über lange Wege und ganze Kontinente zu uns per Schiff oder Flugzeug gebracht und mit LKW, die die Straßen verstopfen, weiter transportiert werden. Hier kann die Aktivistin ganz schnell bei sich selbst beginnen. Nur noch regionales saisonales Obst, Kartoffeln, Gemüse, alles selbstverständlich von Hand gepflückt und mit Fahrrädern transportiert. Zur Schule kann auch mit dem Fahrrade gefahren werden, die Klassenfahrt findet per Pedes in der Umgebung statt, wie auch alle Ausflüge. Die Liste kann beliebig fortgesetzt werden, bis hin zur Kleidung.

Zumindest in einer „Übergangszeit" wird der Mensch nun mal CO2 produzieren. Wir können weder von heute auf morgen einfach die CO2-Emissionen halbieren, noch können der Bevölkerung Kosten in beliebiger Höhe aufgehalst werden, die zudem die Emissionen kaum senken werden. Dann müssten erst nach und nach bezahlbare technische Alternativen geschaffen werden, was entsprechend umfangreiche Forschung voraussetzt. Diese Vorstellung geht wohl den meisten Aktivistinnen vollkommen ab, genauso auch fundierte naturwissenschaftliche Kenntnisse.

Es folgen mehrere Zitate zum IPCC:

Der Spiegel stellte in 2010 interessanter Weise folgendes fest:
*„**Der IPCC hat versagt.** Die Defizite des IPCC werden sichtbar am Verhalten von Rajendra Pachauri, der das Gremium seit 2002 leitet. In den vergangenen Monaten ist Pachauri offen als politischer Akteur aufgetreten - etwa als er zu geringerem Fleischkonsum aufrief und die US-Regierung aufforderte, eine bestimmte Klimapolitik zu beschließen. Als Ziel hat er 350 ppm für die atmosphärische Konzentration von Treibhausgasen vorgegeben - **obwohl der IPCC selbst kein derartiges Ziel empfohlen hat. Er hat nicht verstanden, dass man sich als wissenschaftlicher Berater aus dem politischen (also wertegetriebenen) Prozess, den man berät, heraushalten sollte.** In anderen Bereichen ist das ganz klar, etwa wenn Mediziner Rat geben zur Gesundheitspolitik oder Geheimdienste zur Außenpolitik.“*

Und: *„Die Sache mit den Gletschern ist kein Einzelfall*

*Als der zuletzt erschienene IPCC-Bericht beschrieb, dass die Gletscher des Himalaja im Jahr 2035 verschwunden sein könnten - mit massiven Folgen für die Wasserverfügbarkeit in Südasien -, wurde dies nicht nur von regionalen Medien mit Interesse aufgenommen und verbreitet. **Es stellte sich heraus, dass diese Darstellung grob falsch war.** Es handelte sich um eine ernsthafte Verletzung der Regeln des IPCC. **Aber als der Fehler erstmals ruchbar wurde, erklärte Pachauri, dass der IPCC keine Fehler mache. Er attackierte Kritiker in bösartiger Weise -** aber unter der Last der Beweise musste er den Fehler dann doch einräumen. Es stellte sich heraus, dass ein IPCC-Autor schon 2006 auf den Fehler aufmerksam gemacht hatte, seine Bemühungen um eine Korrektur aber erfolglos geblieben waren.“*

Es gibt weitere aufklärende Artikel, wie im Cicero aus 2014, wo erkannt wurde, dass Prognosen des IPCC den Klimawandel und dessen Folgen deutlich überschätzten:
„An der Realität vorbeiprognostiziert. Die Klimamodelle haben versagt. Der Klimawandel richtet weniger Schaden an als prognostiziert. Unbeeindruckt von den daneben liegenden Prognose liefert das IPCC wieder Neues.

Das IPCC erklärt, *dass sich bisher kein einziges Aussterben einer Tier- oder Pflanzenart sicher auf den Klimawandel zurückführen lasse. Das ist eine schlechte Nachricht,* **denn noch 1990 hatte uns das IPCC ein dramatisches klimawandelbedingtes Artensterben schon ab 2018 prophezeit.**

Was ist mit den angeblich häufigeren Dürren in Nordafrika? Entwarnung! *Satellitenmessungen bestätigen eine Zunahme der Vegetation in wärmeren Breiten. Das CO2 würde als Dünger wirken. Und die angeblich zunehmenden Verluste durch Hurrikane im Nordatlantik? Passé!*

So gut wie alle Modellrechnungen haben sich als unkorrekt erwiesen [eine ganz andere Einschätzung, als die von NGOs und einem Hedgfond finanzierte Faktenseite im Netz], *nicht ein einziges hat den Quasi-Stillstand der globalen Mitteltemperatur seit nunmehr rund 15 Jahren vorhergesagt.* ***2007 etwa prognostizierten mehrere Modelle, dass die Arktis 2013 eisfrei sein werde.*** *Doch Eis gibt es dort auch heuer wieder im Überfluss.* ***Trockenheiten, Überschwemmungen, Hurrikane – die Daten wollen den Modellen einfach nicht folgen.*"**

Als nächstes geht dieser Artikel auf einen Punkt ein, den wir auch schon betrachtet haben. Das CO2 als alleinige relevante Komponente für das Klima anzusehen, kann nur zu falschen Schlüssen führen: *„Alle Experten wissen, dass CO2 allein keine signifikante Erwärmung produzieren kann. Erwärmungsenthusiasten rechnen daher mit einem Verstärkungseffekt durch Wasserdampf. Doch es gibt keine Sicherheit in diesem Punkt: Die Mehrheit der Forscher glaubt an einen positiven (also Temperatur steigernden) Feedbackprozess, eine Minderheit aber an ein negatives (abkühlendes) Feedback des Wassers. Es gibt derzeit keinerlei Möglichkeit, diese Annahmen zu überprüfen; sich für die eine oder andere Seite zu entscheiden, ist eine Glaubensfrage, die im Zweifelsfall wohl dadurch entschieden wird, für welche Annahme mehr Forschungsgelder winken.*"

Ein häufiger Streitpunkt stellt die Größe des Einflusses des CO2-Gehalts oder allgemein der von Treibhausgasen auf die Temperatur dar, was aber doch ganz klar erkennbar ist, wenn wir in die Vergangenheit schauen (siehe Abbildung 32 und 33). Der Autor schreibt hierzu, dass **die Sensitivität der Atmosphäre gegenüber „Treibhausgase" immer noch als zu hoch angesetzt werden würde.**

Es wird im Artikel darauf verwiesen, dass eine empirische Analyse der Global Warming Policy Foundation aus England zeigte, **dass das Klima weniger sensitiv auf Treibhausgase reagiert, als die Klimawissenschaftler bis dahin angenommen hatten.**

Der Deutschlandfunk schrieb 2018 zu den als extrem wahrgenommenen Wetterphänomenen: *„Nicht mehr Überflutungen als früher:*

*Wenn es zu sintflutartigen Regenfällen und Hochwasser kommt, sind sich viele Menschen einig: So etwas hat es früher nicht gegeben. **Doch das stimmt nicht, hat Dominik Paprotny von der University of Technology in Delft analysiert. Historische Quellen zeigten, dass große Fluten heute nicht häufiger auftreten.**„*

Im Spiegel von 2016 finden wir folgendes zu den Wahrnehmungen der Wetterphänomene: *„Weltweit hegen Klimaforscher die Sorge, dass ihr Thema instrumentalisiert wird: **Jedes Wetter wird reflexhaft mit dem Klimawandel begründet.** Zurück bleibt der Eindruck: Über den Klimawandel ist alles bekannt. Und: Es wird alles immer schlimmer. Forschung? Scheinbar überflüssig."*

In der Welt von 2011 stand in einem Meinungs-Artikel zum Gletscherthema vom dänischen Statistiker und Politikwissenschaftler Bjørn Lomborg folgendes: *„**Im Jahre 2007 veröffentlichte der Weltklimarat der Vereinten Nationen (IPCC) einen Bericht über Klimaextreme, der seitens der Medien beträchtliche Aufmerksamkeit erhielt.** Doch zwei Jahre später kam heraus, dass einige der zentralen Behauptungen des IPCC – etwa, dass die globale Erwärmung die riesigen Gletscher des Himalaya bis 2035 zum Verschwinden bringen oder die afrikanischen Ernteerträge bis 2020 halbieren würde – auf Äußerungen in Spendenappellen von Umweltorganisationen beruhten und **dass es dafür kaum oder gar keine Belege gab.**"*

Bjørn Lomborg erhält natürlich das Prädikat „umstritten" von der bekannten Enzyklopädie im Netz. Ist das eigentlich noch eine Enzyklopädie, wenn hier ständig

Personen, die das IPCC oder die These des zu *hundert Prozent menschgemachten Klimawandels* kritisieren, regelmäßig mit *„umstritten"* bezeichnet werden? Das ist doch keine objektive Darstellung und das Ganze hat System. Er würde einseitige Bücher schreiben, so heißt es dort. Was ist denn mit denen, die ständig vor dem Klimawandel warnen und nicht selten übertreiben, schreiben die nicht auch immer in die gleiche Richtung, also einseitig?!

Man kann schon den Eindruck gewinnen, dass gerade Kritiker des IPCC mal gerne diffamiert werden.

Es gibt eine Seite im Netz, die bei Google-Suchen oft an erster Stelle auftaucht und die jede Kritik am IPCC als vollkommen falsch darstellt, auf die wir noch später zurückkommen.

Lomborg bemerkte, dass laut einer Schätzung durch die Hitze bis zur Jahrhundertmitte 400.000 Menschen zusätzlich ums Leben kommen – was natürlich eventuell auch mit den düsteren Prognosen zusammenhängt bzw. den Überschätzungen von Temperaturwerten –, es würden aber dadurch auch 1,8 Mio. Menschen weniger an Kälte sterben. Er sagte zudem: *„Leider sind Nichttote keine Schlagzeile wert.".* Jetzt wissen wir auch, warum er kritisiert wird, denn wer nicht dauernd in das Horn „es wird alles schrecklich" bläst, der macht sich verdächtig.

Er kritisiert ebenfalls die häufig aufgestellten Horrorszenarien: *__„Schaurige Klimageschichten bauen auf einer simplen Narrative auf__: Mehr CO2 bedeutet mehr Umweltschäden und Tote, und die einzige Möglichkeit, dem zu entgehen, ist die Reduzierung der Kohlenstoffemissionen. Das ist eine eingängige politische Botschaft, die freilich einen klaren Nachteil hat: __Sie ist falsch.__"*

Bei einer globalen Erwärmung werde es höhere Windgeschwindigkeiten bei Hurrikanen geben, aber es träten auch seltener Kältewellen und Hurrikane auf. Verschiedene Folgen des Klimawandels, wie eine erhöhte Niederschlagsmenge, hätten zudem teils positive Auswirkungen.

Das Problem ist, dass durch das verstärkte Schüren von Ängsten, was aktuell – auch bei Corona – geschieht und was wir auch seit längerem beobachten können, die Politik und die Menschen im Allgemein ganz besonders in Deutschland beeinflusst werden. In der FAZ von 2007 wurde hierauf eingegangen: *„**Zu allen Zeiten war die Erzeugung von Angst das wichtigste Mittel zur Beherrschung von Menschen,** denn Angst lähmt das Denken. Heute versprechen medienorientierte Wissenschaftspropheten der Menschheit ein nahes Ende durch die „Klimakatastrophe", um sie für die Umsetzung politischer Ziele gefügig zu machen. **Wie immer in der Geschichte verbirgt sich dahinter das Streben nach Macht und Geld.**"* Besonders auf den letzten Punkt kommen wir später nochmal zurück.

Lange ist es her, als wir noch solche Artikel lesen konnten, denn im selben Jahr schrieb die FAZ: *„Die Sorge ums Weltklima ist in eine **Klimahysterie [Unwort des Jahres]** umgeschlagen. Dabei wechselten sich in der Erdgeschichte Kalt- und Warmzeiten ständig ab, ohne dass das „Klimagas" CO2 dabei eine Rolle spielte. Es droht eine Klimadiktatur, prophezeit Christian Bartsch."*

Hier noch ein weiterer wichtiger Punkt: *„**Die vom IPCC (Intergovernmental Panel on Climate Change) ausgemachte „Klimakatastrophe" hat den Blick auf andere Möglichkeiten der Interpretation völlig verstellt.** Wir haben darum zusammengetragen, was sich zur Entwicklung von Wetter und Klima sagen lässt, ohne in Szenarien von Horror und dem Ende der Zivilisation zu verfallen.*

*Kalt- und Warmzeiten haben sich im Lauf der Erdgeschichte unablässig abgelöst. **Dabei gab es <u>keinen</u> Zusammenhang zwischen Temperatur und CO2 in der Atmosphäre.** Jüngste Berechnungen des Niels-Bohr-Instituts in Kopenhagen lassen vermuten, **dass die abrupten Wärmeeinbrüche von sieben bis zehn Grad etwa alle 1470 Jahre zufällige Erscheinungen sind,** chaotische Fluktuationen des Klimasystems selbst. … Der CO2-Gehalt in der Atmosphäre hatte darauf keinen Einfluss, er änderte sich völlig unabhängig davon."*

Im selben Artikel stand, dass vor 8000 Jahren die wärmste Zeit des Holozäns war und dass danach der CO2-Gehalt von ca. 260 ppm auf 380 ppm anstieg, bei gleichzeitiger Abkühlung (*Indermühle et al. 1989*). Das hatten wir auch schon aufgezeigt. Wo ist dann hier wieder der Zusammenhang zwischen CO2-Gehalt und Temperatur?!

Und jetzt kommt etwas sehr interessantes, denn unter dem Abschnitt mit der Überschrift *„Schlampige Forschung, Ignoranz, Datenselektion"* lesen wir, dass die 260 ppm mit Vorsicht zu sehen sind, denn sie seien womöglich zu niedrig angesetzt worden, *„Darauf wies der Chemiker Professor Hans-Eberhard Heyke schon vor Jahren eindringlich hin und nennt eine Vielzahl von CO2-Messungen in der Vergangenheit, die vom IPCC (Intergovernmental Panel of Climate Change) entweder völlig ignoriert oder herabgewürdigt wurden."* Heyke hatte dem Biologen Ernst Beck wertvolle Hinweise für eine umfangreiche Studie geliefert, die als Buch geplant wurde (*„History of CO2 Gas Analysis of Air by Chemical Methods"*).

Dazu hatte Beck gesagt: *„Die CO2-Konzentration wurde in den letzten 180 Jahren mit hoher Präzision (Messfehler innerhalb 3 Prozent) von berühmten Experten der Naturwissenschaften - darunter zwei Nobelpreisträger - gemessen.* ***Es wurden mehr als 90.000 präzise Werte gefunden, die das IPCC ignoriert.*** *Danach schwankt die CO2-Konzentration mit dem Klima und der Temperatur.* ***In den letzten 200 Jahren hatten wir schon dreimal höhere CO2-Konzentrationen als heute: um 1825, 1857 und 1942."***

Die letzten ca. 500.000 Jahre zeigten aber auch, dass oft erst die Temperaturen steigen und dann der CO2-Anteil. Dies ist klar eine umgekehrte Richtung in der Kausalität, als es allgemein dargestellt wird.

Die Eisbohrkern-Rekonstruktionen und Kohlenstoff-Modelle des IPCC seien ungenau oder falsch.

„Die Herren Charles Keeling und G. Callendar - auf sie gehen die heutigen Aussagen des IPCC zurück - haben Daten selektiert, die Literatur ignoriert und historische Daten falsch beurteilt. Das IPCC hat sie ungeprüft übernommen. ***Eine konstante ‚vorindustrielle Konzentration' von 280 ppm CO2 hat es nie gegeben.*** *Sie betrug im 19. Jahrhundert etwa 321 ppm.* ***Es gibt keinen ‚menschengemachten Treibhauseffekt', er ist eine Erfindung von Callendar, Keeling und dem IPCC und basiert auf schlampiger Forschung, Ignoranz und Datenselektion."***

Damit hätte auch eine Selektion der Daten beim CO2, wie bei den Temperaturen, stattgefunden, wo vergangene Temperaturen wohl oft zu niedrig angesetzt wurden, was noch im Kapitel 12 erörtert wird.

Von dem Chemiker Heinz Hug, der das Buch „Die Angsttrompeter" geschrieben und umfangreiche Untersuchungen zum Thema CO2 durchgeführt hat, wurde der Nachweis erbracht, *dass „der Einfluss des CO2 als „Klimagas" nahezu vernachlässigbar gering ist."* Er wäre, gerade wegen dem mächtigen Einfluss der IPCC-Argumente, genauso wie Ernst Beck außerordentlich sorgfältig vorgegangen. Die beiden hätten auch nicht alleine dagestanden, denn sie wären von immer mehr Naturwissenschaftlern bestätigt worden. **Ernst Beck hatte zudem darauf hingewiesen, dass die CO2-Konzentration schwankt und es zudem regionale Unterschiede gibt. Es gäbe überhaupt kein „Einheitswert".**

Hier mag man anführen, dass es doch schon neuere Erkenntnisse geben könnte. Dann trifft dies aber auf die „CO2 und der Mensch ist an allem Schuld" Aussage genauso zu, sie ist nicht sakrosankt, nur weil eine angebliche Mehrheit dies so sieht. Zudem wurden hier wissenschaftliche Nachweise erbracht und die wären praktisch nur falsch, wenn Fehler gemacht wurden, falsch geschlossen wurde oder falls etwas nicht berücksichtigt wurde, wie wohl oft systematisch beim IPCC. Wenn es eine Tatsache ist, dass das IPCC bei Daten und Folgerungen nicht sorgfältig vorgegangen war, wovon einige Wissenschaftler ausgehen und wofür es mehr als Hinweise gibt, dann sollte gerade jetzt darüber nachgedacht werden, ob wir aufgrund von „Prognosen" Billionen an Euro ausgeben oder umverteilen. Auch vor dem Hintergrund der Forderungen, die die Klimabewegung immer ausgiebiger stellt, darf die Politik nicht überhastet unvorstellbar hohe Summen ausgeben und noch dazu den Industriestandort Deutschland leichtfertig gefährden.

Im Artikel wird noch erwähnt, dass wetterbedingte Naturkatastrophen in Warmzeiten eher schwächer ausfielen als in Kaltzeiten. Ganz unabhängig davon waren Kaltzeiten eher ein Problem, hier brauchen wir nur auf die sogenannte letzte „kleine Eiszeit" zu schauen, welche als Auslöser der spätmittelalterlichen Agrarkrise gesehen wird. Die Sommer waren hierbei nasskalt, so dass Weizen verfaulte und es zusätzlich zu sozialen Problemen kam. Sturmfluten der Nordsee haben auch immer schon größere Schäden angerichtet, vor allem aber in der kleinen Eiszeit, trotzt niedrigerem Meeresspiegel als heute.

Lange ist es her, dass Deutschland solche Kanzler von Format und Weitsicht eines Helmut Schmidt hatte – das Geschlecht oder die Parteizugehörigkeit sind für mich an dieser Stelle irrelevant. Er hatte folgendes festgestellt:

„Dieser Weltklimarat hat sich selbst erfunden, den hat niemand eingesetzt. Die Bezeichnung Weltklimarat ist eine schwere Übertreibung. Diese ganze Debatte ist hysterisch, überhitzt, auch und vor allem durch die Medien. Klimatischen Wechsel hat es auf dieser Erde immer gegeben, seit es sie gibt."

Als nächstes sehen wir ein Beispiel, in welchem Medien die Berichte des IPCC vollkommen verdrehen oder eventuell vorsätzlich missverstehen, worüber Bjørn Lomborg in einem Meinungs-Artikel der Welt in 2011 mit der Überschrift *„Warum die Klimaextremisten falsch liegen"* berichtete: *„In ähnlicher Weise haben die Medien die Ergebnisse des IPCC-Berichts 2010 über Klimaextreme verdreht. Schwedens angesehenste Tageszeitung, das Svenske Dagbladet, füllte beinahe eine ganze* **Titelseite mit einem ausgeweideten Körper mit offen gelegten Arterien, der mit der Warnung versehen war: „Mehr Todesfälle durch immer wärmeres Klima"."**

Dass gerade in Schweden derartigen Horrorszenarien mit Sicherheit Menschen beeinflusst haben, ist wegen der aus Schweden stammenden Ikone der Klimahysterie schon interessant. Bei solchen Meldungen in schwedischen Tageszeitungen ist dies kein Wunder. 2019 erwähnte die sechzehnjährige Greta, dass sie mit 8 Jahren das erste Mal in der Schule vom Klimawandel erfuhr und dies hat dann ihr Leben nachhaltig verändert.

Kommen wir zurück zum IPCC: Der erste Standardbericht des IPCC (AR1) von 1990, der – wie auch spätere Berichte des IPCC – „Prognosen" über deren Klimamodelle enthielt, wies im Nachhinein eine große Kluft zwischen den „Prognosen" und der Realität auf. **Die Klimamodelle hatten die globale Erwärmung von 1990 bis 2016 um mehr als das Doppelte übertrieben!**

Der Naturwissenschaftler und Biologe Klaus-D. Döhler erläuterte zum CO2-Anteil: *„Vor 500 Millionen Jahren lagen die CO2-Werte in der Erdatmosphäre noch über*

*20-mal so hoch (7.000 ppm) wie im Vergleich zum vorindustriellen Wert von ca. 300 ppm. Vor 230 Millionen Jahren lagen sie nur noch 5 mal so hoch (1.500 ppm) und fielen seitdem kontinuierlich ab. Der heutige Wert liegt bei nur noch 400 ppm und liegt damit noch **immer gefährlich nahe an der für Pflanzen tödlichen Grenze von 150-180 ppm.**"*

Das lenkt einen ganz anderen Blick auf den CO2-Anteil in der Luft, denn ein zu niedriger CO2-Gehalt führt erst recht zu Problemen, worauf ich schon hingewiesen habe.

Wir hatten die letzten Jahrtausende eher einen CO2-Notstand, was auch die Abbildungen 5 und 34 zeigen. Die Pflanzen benötigen CO2 und wenn wir die Entwicklung der letzten 60 oder auch 600 Millionen Jahre betrachten, so nahm der CO2-Anteil immer weiter von über 7000 ppm auf den heutigen und relativ niedrigen Wert ab.

Klaus-D. Döhler fürchtet wegen der einseitigen Berichterstattung zum CO2 um den guten Ruf der Wissenschaft. Er hatte drei offene Briefe an das Klimakabinett, an Frau Merkel, wie an Mitglieder verschiedener Parteien geschrieben und diese mit Ergebnissen zum Klimawandel konfrontiert. **Herr Döhler hält Begriffe wie Klimarettung oder Klimaschutz für quatsch.** Es sagte zudem in einem Interview *„Die selbst **ernannten "Klimaforscher"** profitieren, in Deutschland beispielsweise das Potsdam-Institut für Klimafolgenforschung (PIK). Dessen ehemaliger Direktor Hans-Joachim Schellnhuber berät als Mitglied des Wissenschaftlichen Beirats der Bundesregierung Globale Umweltveränderungen (WBGU) die Kanzlerin.“*. Dem PIK gehört ein weiterer Professor und Meinungsmacher an, worauf wir später zurückkommen.

Zum IPCC sagte Herr Döhler: *„Es geht darum, den menschgemachten Faktor im Klimageschehen zu beweisen. **Unabhängige Forschung zum Klima steht nicht auf der Agenda des IPCC. Das heißt: Der Gründungsauftrag des regierungsübergreifenden Weltklimarates ist nicht, den Klimawandel wissenschaftlich zu erforschen, sondern zu beweisen, dass es der Mensch ist, der für die Klimaerwärmung verantwortlich ist.**"*

Somit ist davon auszugehen, dass hier keine ergebnisoffene Forschung unterstützt oder Forschungsergebnisse, die nicht zum Konsens passen, einfach ignoriert werden.

Zum angeblichen Konsens in der Wissenschaft erfahren wir von Herr Döhler: *„Für tausende internationale Wissenschaftler, darunter Nobelpreisträger, ist die Behauptung unbewiesen, der Mensch habe den Klimawandel verursacht. **Seit mehr als 25 Jahren wehren sich Wissenschaftler gegen diese Behauptung mit Petitionen an die Regierungen dieser Welt. Von der Politik beachtet werden die Experten nicht. Beim Klima wird belogen und betrogen.**“*

Dabei ging er auch auf die Cook Studie ein, welche im Kapitel 5 näher betrachtet wurde und die auch einen angeblich Konsens beweisen sollte. Er erklärt auch nochmal, dass es nicht die Frage sei, ob wir einen Klimawandel verursachen, sondern ob wir für den größten Teil der Erwärmung in der letzten Zeit verantwortlich sind. Zudem sei es die Frage, ob die Erwärmung gefährlich sei und *„ob wir Energieerzeugung aus bezahlbaren, zuverlässigen und reichlich vorhandenen fossilen Ressourcen aufgeben und ersetzen sollten durch dürftige, teure und unzuverlässige „Erneuerbare“ in dem Bemühen, den Klimawandel zu stoppen“.* **Die Cook Studie wäre andererseits von David Legates et al. (2015) kritisiert worden, der diese unter die Lupe genommen hätte mit dem Ergebnis, dass nur 0,3% die angebliche Konsensmeinung vertreten.** @Rezo: Wer ist jetzt der Dulli?

Er würde sich sogar seinem Kollegen Josef Reichholf anschließen, einem Herrn, der in einem Leserbrief gefordert hatte, dass *„**Prognostiker zur Rechenschaft gezogen werden sollten**, wenn die Folgen ihrer Prognosen der Allgemeinheit sehr viel Geld kosten, oder wenn sich die Prognosen, die Geld gekostet haben, als völlig falsch herausstellen. In der Regel geht es um unser hart erarbeitetes Steuergeld, mit dem da gespielt wird.“.* Genau das ist der Punkt!

Der Biologe Döhler ging bereits auch auf die Pflanzen ein, für die es eine tödliche Grenze von 150 – 180 ppm gäbe. Trotz extensiver Waldrodungen weltweit sei seit 1982 eine Grünfläche doppelt so groß wie die USA hinzugekommen, was durch Satellitenbilder bewiesen worden sei. **Mehr als zwei Drittel dieses zusätzlichen Pflanzenwachstums führten die Forscher auf den CO2-Anstieg zurück.**

Selbst der Spiegel schrieb in 2016:

„Das Treibhausgas Kohlendioxid (CO2) sorgt dafür, dass die Luft wärmer wird. Klimaforscher warnen seit Langem vor den Folgen. Jetzt aber zeige sich ein positiver Effekt des Gases, **das aus Autos, Fabriken und Kraftwerken strömt: Es dünge quasi Pflanzen,** *berichten Wissenschaftler im Fachmagazin "Nature Climate Change".*

Weiter lesen wir dort: *„Die Welt sei in den vergangenen Jahrzehnten erheblich grüner geworden. Eine* **Grünfläche doppelt so groß wie die USA** *sei seit 1982 hinzugekommen."*

Ein anderer Aspekt zum CO2-Thema ist der folgende: Es wird fast ausschließlich in vielen Beiträgen das Auto als Verursacher der „Klimakrise" hingestellt. Das setzt sich in den Köpfen fest, das böse Auto! Sehen wir uns nur einen Beitrag in jedweder Nachrichtensendung zum Spurengas CO2 an, so wird direkt flugs ein qualmender Auspuff eingeblendet. Die Möglichkeiten der individuellen Fortbewegung hat den Menschen wohl nichts anderes gebracht, so wird es uns suggeriert. CO2 und Steuern, das sind die Begriffe, die mit dem Auto verknüpft werden. Jetzt kommt die Klimakrise, also noch mehr Steuern, so funktioniert das Denken in Deutschland, bei gerade einmal rund 12%, die PKWs zur CO2-Emmission beisteuern. Das wird nie hinterfragt und so funktionierte die Ökosteuer und so wird auch die CO2-Steuer gut funktionieren, denn **das haben die Deutschen verstanden: Auto ⇒Schuld ⇒Steuern und jetzt noch mehr Schuld ⇒ noch mehr Steuern**!

Der israelische Astrophysiker Nir Shariv äußerte sich wie folgt in 2019 zum Klimawandel: *„Klimawandel hat es immer schon gegeben, und daran wird sich nichts ändern"* und *„der CO2-Ausstoß spielt dabei nicht die größte Rolle, sondern die periodische solare Aktivität".* Und weiter sagte Shaviv: *„Die* **Klimamodelle haben den Realitätstest nicht bestanden.** *Die Experten sind sich gar nicht sicher, welche quantitativen Auswirkungen ein CO2-Anstieg auf das Klima hat."*

„Wir wissen, dass es in der Vergangenheit sehr große Klimaveränderungen gab, ohne dass fossile Brennstoffe verbrannt wurden." Er geht auch darauf ein, dass es vor tausend Jahren etwa gleich warm war wie heute, ganz ohne CO2 als Ursache. Der „Weltklimarat" hätte dies aber nicht berücksichtig: *„Das Klima der* *letzten tausend Jahre wurde als konstante Größe präsentiert, die sich erst im 20. Jahrhundert änderte. **Mit dieser bewusst falschen Darstellung wollte der Klimarat sein im Voraus festgelegtes Narrativ untermauern.**"*

Die Prognosen über den Anstieg des Meeresspiegels hält er ebenso für übertrieben, er rechnet maximal mit 20 cm Anstieg innerhalb dieses Jahrhunderts. Shaviv warnt vor teuren umweltpolitischen Maßnahmen. Der Strahlungsantrieb der Sonne sei etwa zehnmal größer als das IPCC ihm zurechnet. Auf Herrn Shaviv kommen wir noch mal im Kapitel 26 zurück.

Auf dem Mars sind interessanterweise die Temperaturen ebenfalls gestiegen. *„**Um 0,86 Grad sei die globale Mitteltemperatur des Roten Planeten von 1978 bis 1999 gestiegen, berichten US-Wissenschaftler in der aktuellen „Nature".** Auf der Erde waren es nach Erkenntnissen des UN-Klimarates in den vergangenen 100 Jahren 0,74 Grad."* Schrieb die Welt anno 2007. Zudem schmelzen auch auf dem Mars die Polkappen und Pluto erwärmte sich, was aber alles andere Ursachen als auf der Erde haben würde. Klar, hier muss man keine CO2-Steuer motivieren, wer soll diese dort auch bezahlen? Eine Erwärmung des Pluto seit 1988 wurde zudem von Herrn Jay Pasachoff, Professor für Astronomie am Williams College, festgestellt. Es wurde sogar in den MIT-News in 2002 berichtet, dass die durchschnittliche Oberflächentemperatur des Stickstoffeises auf Pluto um etwas über 2 Grad Celsius gestiegen war.

11 Technik und Fortschritt

Fast jede Zivilisation wird, sofern sie über eine einfache Lebensweise hinausgeht, wie wir sie vor der Industrialisierung bei uns vorfanden, zunächst CO2 produzieren. Dazu müssen wir uns nur mal vorstellen, wie schwer zum Beispiel das Arbeiten auf dem Feld früher war und erst mit Hilfe der CO2-produzierenden Technik einfacher wurde. Ohne CO2-produzierende Fortbewegungsmittel – angefangen mit der Lokomotive –, wäre unser Fortschritt nicht möglich gewesen. Wir sehen heute eine nie dagewesen durchschnittliche Lebenserwartung, eine allumfängliche und fortschrittliche medizinische Versorgung sowie für früher unvorstellbaren Möglichkeiten der Ernährung, um nur ein paar Beispiele zu nennen.

Natürlich kann ab einem gewissen Stadium nach Alternativen gesucht werden, um das CO2 zu reduzieren, aber hier muss auch über das Machbare zum jeweiligen Zeitpunkt nachgedacht werden. Es kann keine Umstellung von heute auf morgen erfolgen, wenn abrupte Veränderungen mit massiven Problemen – wie größere Nachteile für die Industrie oder extremen Kosten für die Menschen – vermieden werden sollen. Wachstum bedeutet auch einen vermehrten Energiebedarf. Eine Studie geht beispielsweise davon aus, dass der Stromverbrauch in China bis zum Jahr 2050 auf 14.000 TWh/a ansteigt. Zum Vergleich waren es 2014 rund 524 TWh/a in Deutschland.

In Deutschland sind durch die „Energiewende" die Strompreise auf ein Rekordniveau hochgeschnellt. Der Anteil regenerativer Energien an der Stromerzeugung ist mit rund 30% trotzdem immer noch relativ gering und eine signifikante Reduzierung der CO2-Emissionen kann dadurch bisher nicht verzeichnet werden. Diese ging in den letzten Jahrzehnten tendenziell zurück, wie aber auch schon davor.

Es werden auch immer noch „flexible" konventionelle Kraftwerke benötigt, da, falls nachts nicht hinreichend viel Wind vorhanden ist, diese Lücke geschlossen werden muss. Im Winter lässt sich zusätzlich deutlich weniger Solarstrom produzieren, teils unter 20% der Energie der Sommermonate. Zudem müssen wir Strom importieren, da Deutschland beim Abschalten der ganzen Kraftwerke nicht genügend Ersatz geschaffen hat. Das Stromnetz benötigt ziemlich genau jeweils die Menge an Strom, die gerade verbraucht wird.

Deutschland stemmt gerade eine Energiewende, die auf der Welt seines gleichen sucht. Es gibt kein einziges Land auf der Welt und keines in der Europäischen Union, das gleichzeitig aus der Kernenergie und gleichzeitig aus der Stein- oder Braunkohleverstromung aussteigt. Wir müssen uns die Frage beantworten: Wo soll denn eigentlich der ganze Strom herkommen, für die Transformation des ganzen Fahrzeugverkehrs zu Elektrofahrzeugen, um unsere Volkswirtschaft in eine CO2 neutrale Wirtschaft zu führen? So geht das beileibe nicht!

In 2018 wurden beispielsweise aus Frankreich ca. 11 Milliarden Kilowattstunden, also 11 Terawattstunden an „Strom" importiert, so viel, wie ein großes Atomkraftwerk pro Jahr produziert. Dazu kamen weitere 4,9 Terawattsunden aus Tschechien, 4,4 Terawattsunden aus Dänemark, 4,1 Terawattsunden aus Österreich und 3,9 Terawattstunden aus der Schweiz. Professor Sinn sagte in 2019, dass es unmöglich sei, gleichzeitig Kernkraftwerke und Kohlekraftwerke abzuschalten, noch dazu wenn deutlich mehr Fahrzeuge einen Elektroantrieb bekommen sollen, wozu noch deutlich viel mehr Strom benötigt wird. Zumal mit Kernkraftwerken wohl eher das CO2-Ziel erreicht werden könnte – aber die Irrationalität ist eben die Maxime. Das mit dem CO2 und dem Vorteil von Kernkraftwerken hatte auch schon mal Greta bemerkt, ist dann aber schnell zurückruderte, da in der Bewegung die Ideologie die Richtung vorgibt.

So werden wir in Zukunft auch konventionelle Kraftwerke benötigen, die ad hoc Strom einspeisen können, wenn regenerative Energien gerade keinen Strom liefern, andernfalls kann das Stromnetz zusammenbrechen. Das Stromnetz kann leider, anders als in Deutschland politische Größen denken, keinen Strom speichern und benötigt in einem engen Bereich nicht mehr und nicht weniger Strom, als gerade verbraucht wird, andernfalls gehen die Lichter aus.

Als wenn wir nicht schon bei den höchsten Abgabenlasten der Welt mit dabei wären (auf Platz 2), wurde zunächst eine teure und überhastete Energiewende vollzogen und nun wird zusätzlich noch eine CO2-Steuer eingeführt, bis zu einem zweistelligen Milliardenbereich pro Jahr. Gleichzeitig steigen wir aus mindestens zwei – gerade in Bezug auf die Leistung – stabilen Stromerzeugungsmethoden aus, wobei eine davon bei der Produktion praktisch CO2-emmisionsfrei läuft. Deutschland hätte mit seinen technischen Möglichkeiten außerdem im Bereich Kernkraft weiter forschen und entwickeln können, aber so wird ein Sonderweg eingeschlagen, auf dem nur wenige Länder folgen werden, gerade durch den erhöhten Energiebedarf durch das Wachstum der Schwellenländer in den kommenden Jahrzehnten.

Es werden weltweit ganz neue Kernkraftwerke entwickelt, deren Abfälle deutlich kürzere Halbwertszeiten haben sollen bzw. die sogar benutzte Brennstäbe weiterverwenden können, praktisch eine Art von Recycling. Um die vierte Generation der Kernreaktoren zu entwickeln, haben sich im Jahr 2001 mehrere Staaten und Institutionen zum „Generation IV International Forum (GIF)" zusammengeschlossen: Argentinien, Brasilien, Großbritannien, Frankreich, Japan, Kanada, Südafrika, Südkorea und die USA. Später kamen noch Schweiz, Russland, China und Australien hinzu. Es sind auch kleinere Atomkraftwerke geplant, die beispielsweise nur eine Stadt versorgen können.

12 Das Klimagate

In 2009 wurden diverse E-Mails von Klimaforschern geleaked (gehackt und veröffentlicht), die zum Kreis des IPCC gehörten bzw. die die These des menschgemachten Klimawandels vertreten. Das wurde als Climategate oder Klimagate bekannt. Später wurde eine weitere Serie von E-Mails geleaked. Die E-Mail Texte wurden oft in den Medien als „aus dem Zusammenhang gerissen" dargestellt, da dies wohl ein Schock für all diejenigen sein musste, die so gerne auf der Welle der Panik reiten. Das Ganze wurde und wird bis heute und bis zum geht nicht mehr relativiert. Außerdem hätten doch Untersuchungen ergeben, es wäre alles in Ordnung gewesen, wird immer wieder behauptet.

Bei den E-Mail Absendern und Adressaten handelte es sich um die Nomenklatura der Klimaszene. Eine diese E-Mails ging an Professor Phil Jones von der Climate Research Unit (CRU) der Universität von East Anglia, die auch Temperaturdaten an die Nasa lieferte. Der Absender der erwähnten E-Mail war Tom Wigley, ebenfalls Klimaforscher und eine Kopie dieser E-Mail ging an Ben Santer, Klimaforscher und Leit-Autor des IPPC. **Dieser gab sogar im Dezember 2009 in der Jesse Ventura Talkshow zu, dass er jene Teile aus dem Kapitel 8 des IPCC-Berichtes gelöscht habe, die ausdrücklich einen vom Menschen verursachten Klimawandel verneint hätten.**

Tim Ball, einer der größten Kritiker des schon kurz nach seiner Promotion zur Ikone stilisiertem Michael Mann, bemängelte auch eine Veröffentlichung, die von Ben Santers und einer ganzen Reihe von Autoren, wie auch Phil Jones, stammte, mit dem Titel *„A search for human influences on the thermal structure of the atmosphere"*, welchen den menschgemachten Klimawandel schön dokumentieren sollte. Das Problem aber war, das die Temperaturdaten der oberen Atmosphäre gerade in einem Zeitbereich gewählt wurden, in dem ein deutlicher Temperaturanstieg zu sehen war, was in einem größeren Zeitbereich ganz anders aussah. Der Namen Tim Ball wird im nächsten Kapitel nochmal eine größere Rolle spielen. Aber zurück zum Klimagate.

Es folgt die E-Mail im Originaltext und danach die Übersetzung:

From: Tom Wigley
Subject: 1940s
Cc: Ben Santer

To: Phil Jones
Date: Sun, 27 Sep 2009 23:25:38 -0600

Phil,

Here are some speculations on correcting SSTs [Sea Surface Temperature] to partly explain the 1940s warming blip. If you look at the attached plot you will see that the land also shows the 1940s blip (as I'm sure you know). So, if we could reduce the ocean blip by, say, 0.15 degC, then this would be significant for the global mean – but we'd still have to explain the land blip.

I've chosen 0.15 here deliberately. This still leaves an ocean blip, and i think one needs to have some form of ocean blip to explain the land blip (via either some common forcing, or ocean forcing land, or vice versa, or all of these). When you look at other blips, the land blips are 1.5 to 2 times (roughly) the ocean blips -- higher sensitivity plus thermal inertia effects. My 0.15 adjustment leaves things consistent with this, so you can see where I am coming from.

Removing ENSO does not affect this. It would be good to remove at least part of the 1940s blip, but we are still left with "why the blip". ... A reduced SST blip in the 1940s makes the 1910-40 warming larger than the SH (which it currently is not) -- but not really enough. So ... why was the SH so cold around 1910? Another SST problem? ... Tom.

Übersetzung:

Phil, hier sind einige Spekulationen zur Korrektur von SSTs [Meeresoberflächen-temperatur], um den Erwärmungsschub der 1940er Jahre teilweise zu erklären. Wenn Sie sich den beigefügten Plot ansehen, werden Sie feststellen, dass das Land auch den 1940er-Streifen aufweist (wie Sie sicher wissen). Wenn wir also den Ozean-Ausrutscher um beispielsweise 0,15 ° C reduzieren könnten, wäre dies für den globalen Mittelwert von Bedeutung - aber wir müssten den Land-Ausrutscher noch erklären.

Ich habe hier absichtlich 0,15 gewählt. Dies hinterlässt immer noch einen Ozeandefekt, und ich denke, man muss eine Form von Ozeandefekt haben, um den

Landdefekt zu erklären (entweder über einen gemeinsamen Antrieb oder über Land mit Ozeandefekt oder umgekehrt oder all diese). Wenn Sie sich andere Dellen ansehen, dann betragen die Land-Dellen das 1,5- bis 2-fache (ungefähr) der Ozean-Dellen - höhere Empfindlichkeit plus thermische Trägheitseffekte. Meine Anpassung von 0,15 lässt die Dinge im Einklang damit, sodass Sie sehen können, woher ich komme.

Das Entfernen von ENSO hat keinen Einfluss darauf. Es wäre gut, zumindest einen Teil des Ausrutschers der 1940er Jahre zu entfernen, aber wir haben immer noch das "Warum der Ausrutscher". ... Ein reduzierter SST-Fehler in den 1940er Jahren führt dazu, dass die Erwärmung von 1910-40 größer ist als die von SH (was derzeit nicht der Fall ist) - aber nicht genug. Also ... warum war der SH um 1910 so kalt? Noch ein SST-Problem? ... Tom.

Wenn wir verschiedene Artikel zu diesem Thema lesen, so heißt es, es wären Texte aus dem Zusammenhang gerissen worden und es wäre gar nicht um die Klimadaten gegangen. In der E-Mail lesen wir: „Es wäre gut, zumindest einen Teil des Ausrutschers der 1940er Jahre zu entfernen, aber wir haben immer noch das "Warum der Ausrutscher". **Was ist hieran denn missverständlich?!**

In der nächsten E-Mail ist von Mike's (Michael Mann's) Trick die Rede. Dieser Trick sollte laut unseren Faktenprofis dann aber keiner gewesen sein. Das ist aber wirklich ein Trick oder sogar ein Double-Trick!

From: Phil Jones   To: ray bradley ,mann@xxxxx.xxx, mhughes@xxxx.xxx
Subject: Diagram for WMO Statement
Date: Tue, 16 Nov 1999 13:31:15 +0000
Cc: k.briffa@xxx.xx.xx,t.osborn@xxxx.xxx

Dear Ray [Raymond Bradley], Mike [Michael Mann] and Malcolm [Malcolm Hughes], Once Tim's got a diagram here we'll send that either later today or first thing tomorrow.
I've just completed Mike's Nature trick of adding in the real temps to each series for the last 20 years (ie from 1981 onwards) amd from

*1961 for Keith's to hide the decline. Mike's series got the annual
land and marine values while the other two got April-Sept for NH land
N of 20N. The latter two are real for 1999, while the estimate for 1999
for NH combined is +0.44C wrt 61-90. The Global estimate for 1999 with
data through Oct is +0.35C cf. 0.57 for 1998.
Thanks for the comments, Ray.*

*Cheers
Phil [Prof. Phil Jones]*

Übersetzung:
*Sehr geehrter Ray [Raymond Bradley], Mike [Michael Mann] und Malcolm
[Malcolm Hughes], Sobald Tim hier ein Diagramm hat, senden wir es entweder
noch heute oder morgen als erstes.
Ich habe gerade Mikes Nature-Trick des Hinzufügens der realen Temperaturen
abgeschlossen zu jeder Serie der letzten 20 Jahre (dh ab 1981) und von
1961 für Keith, **um den Niedergang zu verbergen**. Mikes Serie erhielt die jährliche
Land- und Meereswerte, während die anderen beiden von April bis September für
NH-Land erhielten N von 20N. Die beiden letztgenannten sind für 1999 real,
während die Schätzung für 1999 für NH kombiniert ist + 0,44 ° C bezogen auf 61-
90. Die globale Schätzung für 1999 mit Daten bis Oktober sind +0,35 ° C, vgl. 0,57
für 1998. Danke für die Kommentare, Ray.*

*Prost
Phil [Prof. Phil Jones]*

Die nächste Grafik zeigt schematisch das Erklärungsproblem, denn die Land- und
die Seedaten zeigten um 1940 hohe Temperaturen, die die schöne Theorie des
raschen und durch den Menschen verursachten Klimawandel zuwider sprachen.
Wenn man eine Theorie nur auf CO2 aufbaut, dann kann man eben schwer
erklären, dass die Temperaturen nicht immer beim CO2-Anstieg mitspielen und
auch nicht ständig synchron mit dem CO2 ansteigen. Zwischen 1940 und 2000
fielen dann die Temperaturen wieder. Dies zeigt die zweite Grafik mit realen
Temperaturwerten, wobei diese wohl auch die Absoluttemperatur mit 15°C als
Basislinie setze, was so nicht sein kann. Diese müsste in dem gezeigten Zeitraum
eher 14°C betragen. Hier können wir nur den Temperarturverlauf betrachten.

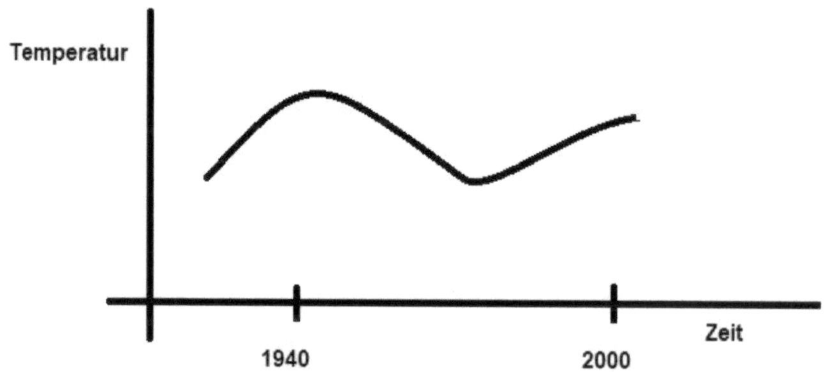

Abbildung 17: Skizzenhafte Darstellung der Problematik um 1940

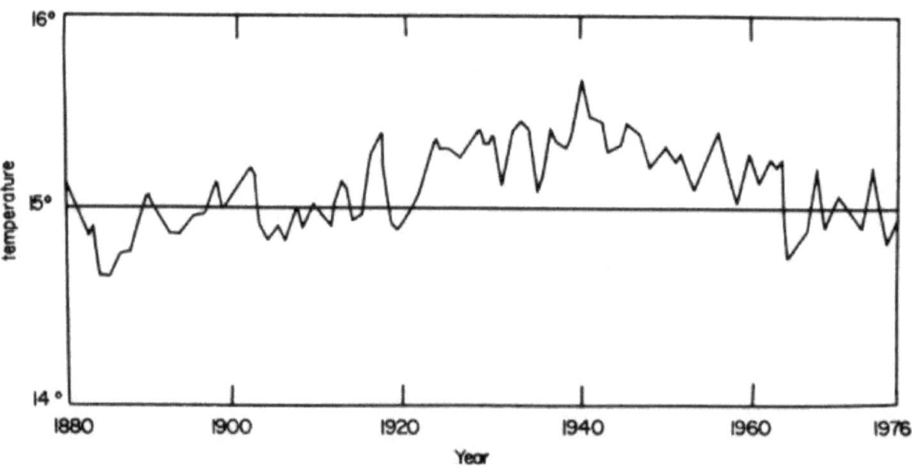

Abbildung 18a: Mittlere Temperaturen der nördlichen Hemisphäre über 100 Jahre. Quelle: Present Climatic Cooling and a Proposed Causative Mechanism, Ernest M. AgeeDept. of Geosciences, Purdue University, W. Lafayette

Wir sehen oben, dass die Temperaturen bis 1940 stiegen und dann erst mal wieder abfielen, was eventuell auch zur Theorie einer kommenden Eiszeit in den

1970ern führte. Hier muss es fallende Temperaturen gegeben haben. Was sonst könnte als Hinweis auf eine nächste Eiszeit gewertet worden sein?!

Um die 1940er war es beispielsweise auch in der russischen Arktis relativ warm. Danach stieg das CO2 an und gleichzeitig fielen aber die Durchschnittstemperaturen. Solche Erwärmungen gab es immer wieder auch bei gleichbleibendem CO2, wie zur Römerzeit oder vor ca. 7000 Jahren. Wie soll dies möglich gewesen sein, wenn, wie oft falsch behauptet, der CO2-Anteil alleine für das Klima verantwortlich sein soll?

Unabhängig von etwaigen verstecken Datenveränderungen wurden später auch aus Gründen einer „Homogenisierung" bei einer ganzen Reihe von lokalen Temperaturdaten die Temperaturen der Vergangenheit verringert, so dass die Temperaturen nach 2000 besonders hoch wirken. Hierauf wird im Kapitel 14 nochmal eingegangen.

Im nächsten Kapitel werden wir eine weitere kreative Darstellung eines Temperaturverlaufs sehen, die zu einem Gerichtsprozess wegen Verleumdung führte. Dabei wurden die originalen Daten und Methoden nicht offen gelegt. Es gibt diverse Hinweise darauf, dass hier getäuscht wurde.

Im November 2011 schrieb die Zeitschrift Forbes (online, übersetzt) „Climategate 2.0: New E-Mails Rock The Global Warming Debate", als eine neue Serie von 5000 E-Mails anonym veröffentlicht wurden: *Aus den neu veröffentlichten E-Mails gehen drei Themen hervor: (1) Prominente Wissenschaftler, die für die Debatte über die globale Erwärmung von zentraler Bedeutung sind,* ***ergreifen Maßnahmen, um die zugrunde liegenden Daten und Diskussionen zu verschleiern, anstatt sie zu verbreiten.*** *(2) Diese Wissenschaftler betrachten die globale Erwärmung eher als* ***eine politische "Ursache" als eine ausgewogene wissenschaftliche Untersuchung,*** *und (3)* ***viele dieser Wissenschaftler geben offen zu,*** *<u>**dass ein Großteil der Wissenschaft schwach ist**</u>* ***und von einer absichtlichen Manipulation von Fakten und Daten abhängt.***

Die E-Mails zwischen Wissenschaftlern von Climategate würden ein gemeinsames Bestreben zeigen, die zugrunde liegenden Beweise und Verfahren zu verbergen.

Mir wurde gesagt, dass das IPCC über den nationalen FOI-Gesetzen (Freedom of Information Acts) liegt. Eine Möglichkeit, sich und alle, die in AR5 [5. IPCC-Bericht] arbeiten, zu schützen, besteht darin, alle E-Mails am Ende des Prozesses zu löschen, schrieb Phil Jones lauf Forbes.

Jede Arbeit, die wir in der Vergangenheit geleistet haben, basiert auf den Forschungsstipendien, die wir erhalten - und muss gut versteckt sein, hätte Jones in einer veröffentlichten E-Mail geschrieben und: *Ich habe dies in der Vergangenheit mit **dem Hauptförderer (US-Energiedepot) besprochen und sie freuen sich, dass die ursprünglichen Stationsdaten nicht veröffentlicht werden**.*

Climategate 1.0 erhielte genauso brisante Texte, laut Forbes, wie: *Mike, können Sie alle E-Mails löschen, die Sie möglicherweise mit Keith [Briffa] bezüglich AR4 [4. IPCC-Bericht] ausgetauscht hatten?* Jones hätte zudem an Michael Mann folgendes geschrieben: *Keith wird es genauso machen. ... Wir werden Caspar [Ammann] dazu bringen, dasselbe zu tun. Ich sehe, dass die CA [die Climate Audit-Website] behauptet, sie hätten das Problem von 1945 in der Zeitung Nature entdeckt!!*

Die E-Mails aus Climategate 2.0 verleihen denen aus Climategate 1.0 noch mehr Gewicht und zeigten, dass die wissenschaftliche Debatte politisiert werden sollte. Es hätte beispielsweise Tom Wigley, ein Wissenschaftler der University Corporation for Atmospheric Research eine E-Mail in Climategate 1.0 verfasst, in der er behauptete, dass seine Kollegen von Climategate den Herausgeber eines von Wissenschaftsmagazins *„loswerden müsse"*, da er einige Artikel veröffentlicht hatte, die den Behauptungen einer globalen Erwärmungskrise widersprachen. Solche Hinweise finden sich mehrfach in den E-Mails.

Die E-Mails hätten nicht nur Fehlverhalten dokumentiert, sondern auch wissenschaftliche Mängel an der Behauptung zur globalen Erwärmung aufgezeigt.

Beobachtungen zeigen keine steigenden Temperaturen in der gesamten tropischen Troposphäre, es sei denn, Sie akzeptieren eine einzelne Studie und lassen eine Fülle anderer unberücksichtigt. Das ist geradezu gefährlich. Wir müssen die Unsicherheit kommunizieren und ehrlich sein. Phil, wir hoffen, dass wir bei Bedarf Zeit finden, diese Fragen weiter zu erörtern. Das hatte Peter Thorne vom britischen Met Office geschrieben und: *Ich denke auch, **dass die Wissenschaft manipuliert wird, um eine politische Wendung zu setzen**, die auf lange Sicht nicht allzu klug sein dürfte.*

Mike, die Abbildung, die Sie gesendet haben, täuscht sehr. Es gab eine Reihe von unehrlichen Präsentationen von Modellergebnissen einzelner Autoren und des IPCC, das hätte Wigley geschrieben.

Der ehemalige CRU-Director Jones schrieb in einer der E-Mails zudem folgenden Text: „*Even with the instrumental record, the early and late 20th century warming periods are only significant locally at between 10-20% of grid boxes.*"

Übersetzung: ***Trotz der instrumentellen Aufzeichnung sind die Erwärmungsperioden des frühen und späten 20. Jahrhunderts nur lokal bei 10 bis 20% der Gitterboxen signifikant.***

Grid-Boxes sind Bereiche, in die die Erdoberfläche eingeteilt wird und über welche die gemittelt globale Temperatur berechnet wird. **Wenn hier nur in 10 – 20% dieser Bereich überhaupt eine signifikante Erwärmung stattfand, dann wäre das mit der globalen Erwärmung im 20. Jahrhundert schon mehr als fragwürdig.**

Diese E-Mail wurde von Jones im März 2003 u.a. an Michael Mann gesendet und endet mit den Sätzen:

„I will be emailing the journal to tell them I'm having nothing more to do with it until they rid themselves of this troublesome editor. A CRU person is on the editorial board, but papers get dealt with by the editor assigned by Hans von Storch."

Übersetzt: *Ich werde das Journal anschreiben, um ihnen mitzuteilen, dass ich nichts mehr mit ihm zu tun habe, bis sie sich von diesem lästigen Redakteur befreien. Eine CRU-Person ist in der Redaktion, aber die Papers [wissenschaftliche Arbeiten bzw. Veröffentlichung] werden von dem Hans von Storch beauftragten Redakteur bearbeitet.*

Hier ging es wohl um den Plan einer Einflussnahme auf ein Journal, also auf eine wissenschaftliche Zeitschrift. Das ist dann doch schon äußerst bedenklich, denn Wissenschaft ist etwas grundlegend anderes.

Letztendlich kamen Untersuchungen aber trotzdem zu dem Ergebnis, dass hier kein Vergehen seitens der Klimaforscher, deren E-Mails geleaked wurden, nachgewiesen werden könne. Dies ist an sich nicht verwunderlich, wenn es um die Nomenklatura der Klimaforscher geht. Wer den akademischen Betrieb kennt, weiß, dass wohl kaum ein Professor einen Kollegen öffentlich schlecht darstellen wird, erst recht nicht, wenn sie derselben Universität angehören. Welche Universität stellt denn ihre Professoren oder einer ihrer Professoren in einem schlechten Licht dar, erst recht wenn es um die Stars der Klimaszene geht?! Dazu kommt noch: Wer sonst, außer Wissenschaftlern derselben Fachrichtung, hätten die E-Mails beurteilen können und wer würde diese denn kritisch prüfen? So kommt es dann auch, dass viele behaupten, der Trick wäre ein ganz normales Vorgehen gewesen.

Es gab eine ganze Reihe von Wissenschaftlern, die hierzu Stellung bezogen.

Tim Ball schrieb zu den Untersuchungen:
Es gab ein bestimmtes Muster für den Arbeitsablauf, der in jeder Untersuchung angewendet wurde, das eindeutig durch das Ziel der Vertuschung vorgegeben war.

Die Personen, die zu den Untersuchungen ernannt wurden, waren entweder durch Konflikte kompromittiert oder hatten wenig Kenntnis von der Klimatologie oder der IPCC Arbeitsweise.

Sie hatten keine klar definierten Ziele und erreichten keine, die sie bekannt machen konnten. Die Interviews beschränkten sich auf die Angeklagten. Experten, die wussten, was los war und wie es gemacht wurde, das heißt, was in den E-Mails stand, wurden nicht befragt.

Die Gültigkeit der Wissenschaft und die in den IPCC-Berichten veröffentlichten Ergebnisse wurden nicht geprüft, doch die Täuschungen sollten diese Probleme abdecken.

Alle Untersuchungen waren größtenteils schwerwiegend unzureichend, um ihre Ergebnisse im Wesentlichen zu negieren. Es scheint, dass diese Unzulänglichkeiten absichtlich vorkamen, um die Aufdeckung der Wahrheit zu vermeiden. Sie alle untersuchten nur eine begrenzte Seite der Probleme, sodass es so war, als ab man nur die Hälfte eines Gesprächs hört, und das, was man hört, ist vorausgewählt.

Die Schein-Untersuchung erreichte ihr Ziel, weil die Medien aufhörten, Fragen zu stellen. Menschen wie Elizabeth May akzeptierten ihre Erkenntnisse als legitim. Außerdem konnten die in den E-Mails identifizierten Personen behaupten, sie seien von jeglichem Fehlverhalten entlastet worden.

Der emeritierte Professor Garth Paltridge äußerte etwas sehr Interessantes: *Grundsätzlich besteht das Problem darin, dass die Forschungsgemeinschaft so weit gegangen ist, **das Leben des Mannes auf der Straße zu erschrecken, dass es den Ruf und die politische Schlagkraft der Wissenschaft im Allgemeinen massiv schädigen würde, wenn nur ein Teil der Geschichte öffentlich widerrufen würde. Und so stürzen sich Forscher auf der ganzen Welt wie Blutkörperchen in überwältigender Zahl auf jede Idee, die den sorgfältig gepflegten Glauben an eine Klimakatastrophe bedroht.***

Es hätte eine politische Agenda gegeben, die von einer Ideologie getrieben worden sei, dass der Zweck die Mittel rechtfertigt, auch wenn dafür die

Wissenschaft missbraucht worden wäre oder Menschen, die diese missbraucht hätten, geschützt werden mussten.

Die Forscherin Judith Curry (Professorin für Geo- und Atmosphärenwissenschaften am Georgia Institute of Technology) äußerte sich ebenfalls sehr kritisch. In 2017 machte sie bekannt, dass sie von ihrer Position an der Gorgia State zurücktritt und die Emeritierung beantragt hatte, obwohl sie noch ein paar Jahre bis zum Alter von 65 Jahre gehabt hätte.

Sie schrieb, dass die tieferen Gründe mit ihrer *wachsenden Ernüchterung gegenüber Universitäten, dem akademischen Bereich der Klimawissenschaften und Wissenschaftlern* zu tun haben. Sie wolle sich aber auf keinem Fall aus dem Berufsleben zurückziehen. Sie bewertete die Untersuchungen im Climagate-Fall wie folgt:

Die Mainstream-Medien und die Climategate Wissenschaftler selbst fordern eine völlige Entlastung durch die verschiedenen "Untersuchungen". Wurden sie entlastet?

Eine objektive Analyse der verschiedenen Untersuchungen hat zu keiner Entlastung geführt. Ross McKitrick erläutert dies alles in seinem Artikel "Verständnis der Klimastrategien".

Die Beweise deuten auf einige klare Schlussfolgerungen hin.

*1. **Die an dem E-Mail-Austausch beteiligten Wissenschaftler tauschten manipulierte Beweise in IPCC- und WMO-Berichten aus**, was die Irreführung der Leser, einschließlich politischer Entscheidungsträger, zur Folge hatte. Das Divergenzproblem wurde verschleiert, **indem Daten gelöscht wurden**, um "den Rückgang zu verbergen". Die Panels, die das Problem im Detail untersuchten, nämlich das Panel von Muir Russell, waren der Ansicht, dass das Diagramm "irreführend" sei. Der lächerliche Versuch der Penn State Untersuchung, eine das Löschen von Daten und das Zusammenfügen anderer Daten zu verteidigen, um ein*

Divergenzproblem zu verschleiern, bestreitet lediglich ihre Behauptung, das Problem untersucht zu haben.

*2. **Phil Jones gab zu, E-Mails gelöscht zu haben,** und es schien darauf gerichtet zu sein, die Offenlegung von Informationen zu verhindern, die den Gesetzen zur Informationsfreiheit unterliegen, und er schlug seine Kollegen vor, dasselbe zu tun. Die Nachforschungen haben diese Frage größtenteils durcheinander gebracht oder den Blick abgewendet.*

*3. Die Wissenschaftler äußerten privat größere Zweifel oder Unsicherheiten in Bezug auf die Wissenschaftlichkeit in ihren eigenen beruflichen Schriften und im Umgang miteinander, dann erlaubten sie es, in Berichten des IPCC oder der WMO erwähnt zu werden, die für politische Entscheidungsträger bestimmt waren. **Anstatt die Wissenschaftler dafür zu kritisieren, vertraten die Untersuchungen (insbesondere die Untersuchungen des House of Commons und von Oxburgh) die erstaunliche Ansicht, solange Wissenschaftler in ihren wissenschaftlichen Arbeiten und untereinander Zweifel und Unsicherheiten äußerten, war es für sie akzeptabel, diese Unsicherheiten in Dokumenten zu verbergen, die für politische Entscheidungsträger erstellt wurden.***

*4. Die Wissenschaftler haben einzeln oder in Absprache Schritte unternommen, um den **Zugriff auf Daten oder Methoden zu blockieren, um eine externe Prüfung ihrer Arbeit zu verhindern.** Dieser Punkt wurde von Commons Inquiry und Muir Russell akzeptiert, und die Autoren wurden ermahnt und ermutigt, ihr Verhalten in Zukunft zu verbessern.*

*5. Die Untersuchungen konnten das Problem der Sperrung von Veröffentlichungen oder der Einschüchterung von Zeitschriften weitgehend nicht lösen. **Aber Akademiker, die die E-Mails lesen, konnten den Tribalismus bei der Arbeit ziemlich deutlich erkennen, und im Vergleich zu anderen Bereichen wirkt die Klimatologie jugendlich, korrupt und befindet sich im Griff einer Handvoll selbsternannter Torhüter und Mobber.***

*Ist die Wissenschaft über die aktuellen Bedenken hinsichtlich des Klimawandels vernünftig? Viele, angefangen bei den Mitgliedern des Wissenschafts- und Technologieausschusses des britischen Unterhauses, hatten gehofft, dass diese Frage während des Untersuchungsprozesses beantwortet würde, **und es wird in den Medien häufig berichtet, dass die Untersuchungen die Wissenschaft bestätigten.** Die Realität ist jedoch, dass keine der Untersuchungen tatsächlich die Wissenschaft untersuchte. Die einzige Untersuchung, die angeblich durchgeführt wurde, nämlich die von Lord Oxburgh, arbeitete tatsächlich unter einem anderen Aufgabenbereich, obwohl die UEA mehrfach behauptete, es handele sich um ein wissenschaftliches Bewertungsgremium.*

Im Verlauf der fünf Überprüfungen wurden einige Beschwerden untersucht und bestätigt, darunter das Problem des Datengeheimnisses bei der CRU und die irreführende Natur des „Verstecke den Rückgang" - Diagramms. Die IAC äußerte genügend ernsthafte Kritik am IPCC-Prozess, um die Besorgnis zu untermauern, dass die Organisation nicht in der Lage ist, ausgewogene und strenge wissenschaftliche Bewertungen abzugeben. Viele andere Bedenken blieben jedoch unbeantwortet oder schlüpften durch die Lücken zwischen den Untersuchungen oder wurden beiseitegelegt, nachdem die CRU-Antworten für bare Münze gehalten wurden.

Hier sehen wir durch die Beurteilung einer Wissenschaftlerin, was es mit den angeblich falsch verstandenen E-Mails auf sich hat. Hier wurde gar nichts falsch verstanden. **Diese E-Mails weisen eindeutig auf einen Skandal hin.**

Es gibt eine Vielzahl an E-Mails und hier finden sich welche, in denen ein Wissenschaftler mit abweichender Meinung als Trottel betitelt wurde oder aus denen hervorgeht, wie Jones die globalen Temperaturdaten so behandelte, als wären sie sein Privatbesitz, denn er schrieb Michael Mann in 2005: *Wenn sie jemals mitbekommen, dass wir hier ein Gesetz zur Freigabe von Daten haben, werde ich die Daten eher vernichten, als sie irgendwem zu schicken.*

An dem nächsten Text ist zu sehen, dass hier eine Art Wissenschaft betrieben wurde, die nur die eigene Sicht der Dinge akzeptiert. Wir sehen einen Ausschnitt aus einer E-Mail, die von Mann an Jones und andere in 2003 verschickt wurde:

Das war die Gefahr, wenn man die Skeptiker immer dafür kritisiert, dass sie nicht in Peer-review Magazinen publizieren. Offensichtlich haben sie eine Lösung dafür gefunden – die Übernahme eines Journals! Was unternehmen wir also? Ich denke wir sollten damit aufhören, 'Climate Research' als ein legitimes begutachtetes Journal anzusehen. Vielleicht sollten wir unsere Kollegen in der Klimaforschungsgemeinschaft ermutigen, keine Beiträge mehr in dieser Zeitschrift einzureichen oder zu zitieren.

Mehrere E-Mails weisen darauf hin, dass zumindest angedeutet wurde, den Begutachtungsprozess von Zeitschriften zu beeinflussen, wie dieser Ausschnitt einer E-Mail aus dem Jahr 2005 von Tom Wigley an Mann zeigt:

Wenn Du glaubst, dass Saiers im Lager der Treibhaus-Skeptiker ist, könnten wir, wenn wir Belege dafür finden, die offiziellen AGU-Kanäle benutzen, um ihn zu vertreiben.

13 Die Hockeystick-Diskussion

Wir sehen als nächstes die berühmte Hockeystickkurve aus dem IPCC –Bericht von 2001. Diese Kurve soll die Temperaturen der letzten 1000 Jahre darstellen, wobei die mittelalterliche Warmzeit (ca. 950 bis 1250) fehlt. Die Hockeystickkurve soll den Temperaturverlauf besonders drastisch und die Temperaturen um und nach 2000 singulär hoch darstellen. Dies ist zum einen im genannten Zeitbereich wenig plausibel und zum anderen erst recht in größeren Zeitbereichen überhaupt nicht der Fall, denn es gab deutlich wärmere Perioden auf der Erde mit deutlich höheren Durchschnittstemperaturen.

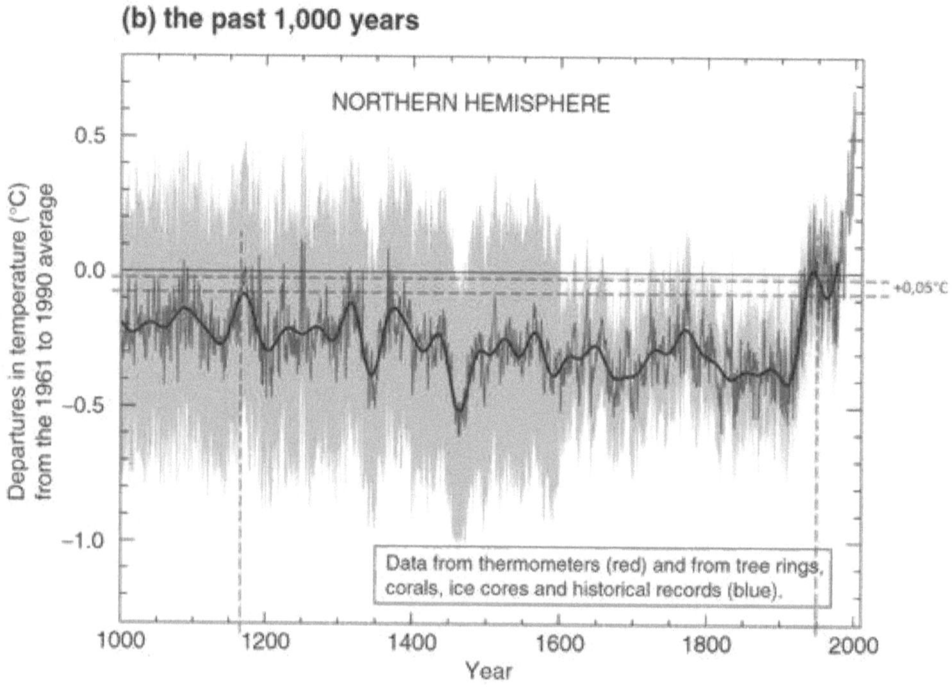

Abbildung 19: Quelle IPCC Report AR3 von 2001 Figure 1 (Hockeystick-Kurve)

Erstens ist hier die Datenrekonstruktion fragwürdig und zweitens sehen wir in Grau den Bereich, in dem zum jeweiligen Zeitpunkt die Temperatur mit einer Wahrscheinlichkeit von 95% gelegen haben kann. Das wird oft auch nicht verstanden. Es gibt nämlich eine Unsicherheit bis ca. ± 0,5°C. Diese Unsicherheiten werden oft von Fakten-Webseiten heruntergespielt und es wird so dargestellt, als würden dies nur die Klimaleugner behaupten, was aber falsch ist.

Es ist sowieso schon etwas dubios, dass hier Webseiten so tun, als verkündeten nur sie die Wahrheit. Dies erinnert sehr an eine Art Wahrheitsministerium. Hinter verschiedenen Seiten bzw. auch hinter den Klima-Alarmisten stehen Stiftungen, und selbst solche, die sich eigentlich für „keine Grenzen" einsetzen, wie die Open Society Foundation. Sieht man genauer nach, findet sich ein ganzes Netzwerk von NGOs und auch mindestens ein Hedgfond. Wenn hinter einer Seite, die vorgibt, die Fakten zu präsentieren, eine Organisation steckt, die mit folgendem Ziel beschrieben wird *„Förderung einer Klima- und Energiepolitik, die die europäischen Treibhausgasemissionen deutlich senkt"*, dann ist schon einmal mit hoher Wahrscheinlichkeit keine Neutralität gegeben.

Kommen wir zurück zur obigen Grafik: Erstens fehlt in der Kurve eine Warmzeit nach dem Jahr 1000. Zweitens suggeriert die Kurve eine Temperaturentwicklung, bei der die Temperaturen ab dem Jahr 2000 explosionsartig – hier kann nicht mehr von exponentiell gesprochen werden – steigen. Damit soll durch einen Anstieg des CO2-Anteils von etwa ca. 0,032% auf 0,036% kurz vor dem Jahr 2000 (im letzten Abschnitt rechts der Kurve) ein Temperatursprung von über 0,5°C verursacht worden sein, denn das CO2 wird hier als maßgebliche Quelle der Erwärmung dargestellt?! Ähnliche Grafiken haben Sie mit Sicherheit in diversen Medien gesehen. Dann hätte vor 60 Mio. Jahren kein Leben auf der Erde existiert, wo der CO2-Anteil sehr viel höher lag. Hier wird der Anschein erweckt, dass wir bald schon extrem hohe Temperaturen haben würden, was so nicht stimmt.

Nun kommen wir zu einem weiteren wichtigen Punkt: Wie wurden denn die Durchschnittstemperaturen in den letzten Jahrhunderten bestimmt? Es existierte doch kein dichtes Netz, welches eine Temperaturmessungen auf allen Meeren,

Bergen, …, ermöglicht hätte. Zudem werden die Temperaturen der letzten Jahrmillionen mit verschiedenen Methoden geschätzt, die teils nicht einmal transparent sind. Wir können also keine exakten Temperaturen der letzten Jahrhunderte oder gar Jahrtausende bestimmen.

Wir können nur Wahrscheinlichkeitsbereiche angeben, in denen sich die Temperatur zum jeweiligen Zeitpunkt – mit einer Wahrscheinlichkeit von beispielsweise 95% – befunden haben kann.

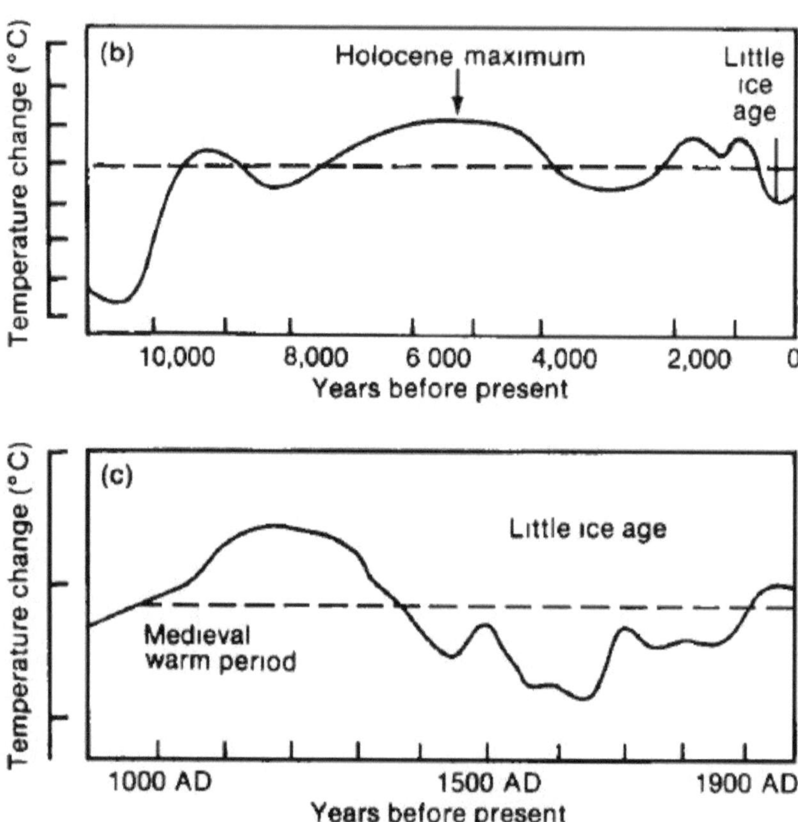

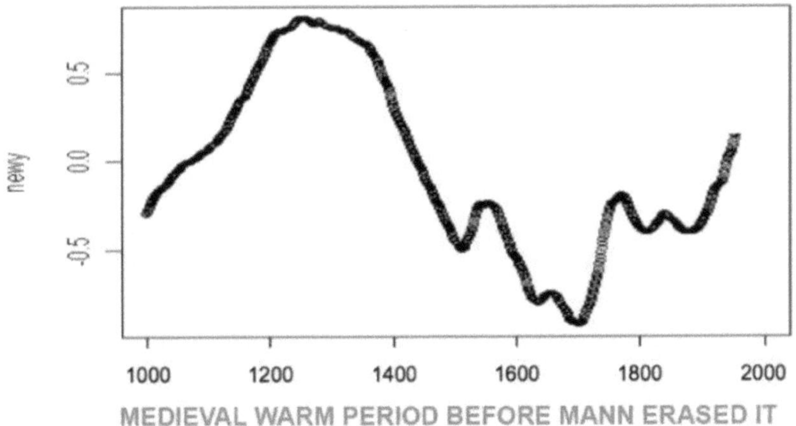

Figure 4.5: Here we have digitized the temperature profile as presented in the IPCC Assessment Report 1990. The early period between 1100 to about 1400 of above average temperatures is known as the Medieval Warm Period and the period from about 1500 to 1900 is known as the Little Ice Age.

Abbildung 20: Quelle IPCC Report 1990

In den obigen Grafiken sehen wir die mittelalterliche Warmzeit (ca. 950 – 1200 n.V.) links. Auch das Klimaoptimum um vor ca. 6000 Jahren ist in der Grafik ganz oben eindeutig zu sehen.

Die Temperaturen sind hier in den wärmeren Perioden deutlich über den heutigen dargestellt. Die drei Grafiken stammen noch aus dem Report von 1990 und auch in der unteren Kurve ist ganz deutlich die mittelalterliche Warmzeit zu sehen.

Die ganze Zeitspanne der oberen Grafiken stellt immer noch eine Warmzeit (das Holozän) in einem Eiszeitalter dar mit wärmeren und kälteren Perioden.

Wie kreativ die Kurve von Mann et al. war, zeigt auch die folgende Grafik, wenn wir die Temperaturverläufe ab dem Jahr 1000 vergleichen, da um das Jahr 1000 herum die mittelalterliche Warmzeit mit deutlich erhöhten Temperaturen lag:

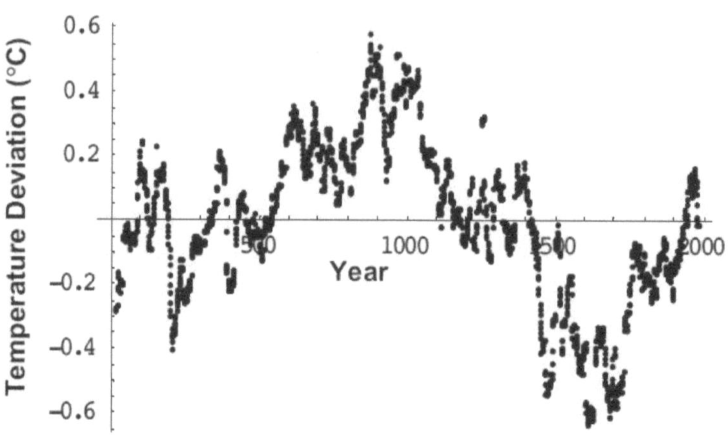

Figure 1. Mean of temperature data for 18 series.
Data archived at http://www.ncasi.org/programs/areas/climate/LoehleE&E2007.csv

Abbildung 21: Quelle: Artikel „A 2000-YEAR GLOBAL TEMPERATURE RECONSTRUCTION BASED ON NON-TREERING PROXIES", von Craig Loehle aus 2007

Der weltberühmte Klimaforscher Michael Mann, der als Erfinder der Hockeystickkurve gilt, hatte 2011 eine Klage gegen den Forscher Tim Ball, einen pensionierten britisch-kanadischen Geografen, wegen Beleidigung und übler Nachrede geführt, bei der es um mehrere Millionen ging und die schließlich beim obersten Gerichtshof in Britisch Columbia landete. Tim Ball griff Michael Mann an und warf diesem Betrug vor. Tim Ball hält die These *„95 Prozent der Erderwärmung der letzten Jahrzehnte sei menschgemacht"* für Unfug. Michael Mann lieferte keine Argumente gegen Tim Ball und verzögerte so den Prozess.

Im August 2019 verlor das Gericht schließlich die Geduld und stellte das Verfahren mit der Begründung ein, Mann beziehungsweise dessen Anwalt hätten keine Beweise vorgetragen. Es gab keine Begründung für die jahrelange Verzögerung. Drei von Tim Ball benannte Zeugen waren bereits verstorben.

Richter Christopher J. Giaschi erwähnte in seinem Abschlussvortrag, dass die Hinhaltetaktik von Michael Mann nicht entschuldbar sei *(„I now turn to whether the delay is excusable. In my view, it is not. There is no evidence from the plaintiff explaining the delay. Dr. Mann filed an affidavit but he provides no evidence whatsoever addressing the delay. Importantly, he does not provide any evidence saying that the delay was due to his counsel, nor does he provide evidence that he instructed his counsel to proceed diligently with the matter")*.

Übersetzung: *Ich wende mich nun der Frage zu, ob die Verzögerung entschuldbar ist. **Meiner Ansicht nach ist sie es nicht. Es gibt keine Beweise des Klägers [Michael Mann] für die Verzögerung.** Dr. Mann reichte eine eidesstattliche Erklärung ein, liefert jedoch keinerlei Beweise für die Verzögerung. Wichtig ist, dass er keine Beweise dafür vorlegte, dass die Verzögerung auf seinen Anwalt zurückzuführen war, und dass er seinen Anwalt angewiesen hat, die Angelegenheit sorgfältig zu behandeln.*

Dies wird komischerweise auf diversen Seiten wie auch Wikipedia so dargestellt: *„Der Prozess wurde im August 2019 wegen der langen Verfahrensdauer und Balls fortgeschrittenen Alters eingestellt."*

Der Richter ging auch auf den Gesundheitszustand von Ball ein, aber das war nicht der Grund für das Ende des Verfahrens. Ein Gericht stellt doch nicht einfach ein Verfahren ein, weil ein Beklagter zu alt sei. Mann hatte Ball verklagt und dann aber keine Beweise gegen ihn vorgelegt, dies führte zum Ende des Prozesses.

Obwohl Mann vor Gericht aufgefordert wurde, seine rohen und unbehandelten Klimamessdaten vorzulegen und seine Methoden zur Datenanpassung aufzudecken, verweigerte er dies. Rohdaten muss jeder Wissenschaftler ohne weiteres vorlegen können, da gibt es nichts zu entschuldigen. Wie ein Wissenschaftler zu seinen Ergebnissen kommt, muss er jederzeit offenlegen können, sonst kann nicht von Wissenschaft gesprochen werden.

Es wird immer wieder gesagt, vor Gericht ging es nicht um die Richtigkeit der Hockeystickkurve. Die Daten für die Hockeystickkurve wurden aber von Michael Mann nicht herausgegeben, obwohl dadurch das Gerichtsverfahren beendet wurde, welches er selbst angestrengt hatte. Warum hatte er sie denn nicht einfach herausgegeben? Diese Tatsache wird von denen, die die anderen als Klimaleugner bezeichnen, als nicht relevant dargestellt, als wäre es bei der Verhandlung nicht um richtig oder falsch gegangen.

Dadurch, dass das Verfahren eingestellt wurde, darf Tim Ball Michael Mann weiterhin als Lügner bezeichnen und sein Wortspiel betreiben: *„Mann should not be at Penn State but in a State Pen[itentiary]"*, was so viel heißt wie: *Mann gehöre nicht an die Pen State Universität sondern ins State Pen Gefängnis.* Außerdem musste Michael Mann die Kosten des Verfahrens tragen. Wenn er Beweise gehabt hätte, warum hat er sie dann nicht vorgelegt, zahlt lieber die Verfahrenskosten und muss sich immer noch Balls Spott gefallen lassen, wegen dem er doch die Klage einreichte?!

Verlässliche instrumentelle Temperaturdaten zur Bestimmung globaler Mittelwerte liegen erst seit dem 19. Jahrhundert vor. Selbst hier stellt sich die Frage, welche Abdeckung wir benötigen, um die globale Temperatur gut bestimmen zu können. In der Vergangenheit gab es keine Satelliten, selbst bis vor 150 Jahren keine global-verlässlichen Temperaturmessungen und teils liegen an machen Messstellen nun Städte oder Flughäfen, wo vorher keine waren. Das beeinflusst die Messungen doch erheblich.

Noch ältere Temperaturdaten müssen rekonstruiert werden. D.h., wenn Temperaturen von vor 1000 Jahren oder gar Millionen von Jahren in einer Grafik angegeben werden, dann konnten sie nicht direkt gemessen worden sein. Hier muss dann auf Tiefseebohrkerne, Seesedimente, Eisbohrkerne oder die Untersuchung von Tropfsteinhöhlen oder Baumringen zurückgegriffen werden, um die Temperaturdaten rekonstruieren zu können. Dabei werden statistische Methoden angewendet. Es ist bei diesen Daten von Proxydaten oder kurz Proxys die Rede, da die Temperaturdaten approximiert bzw. angenähert werden. Aus diesem Grund gibt es auch unterschiedliche Resultate und zudem kann – wie bereits erwähnt – nur ein Bereich angegeben werden, in dem unter bestimmten Annahmen die Temperaturen mit 95%iger Wahrscheinlichkeit liegt. Hierdurch ergeben sich bereits bei der Rekonstruktion der Daten aus den letzten 1000

Jahren Unsicherheiten von bis zu ± 0,5°C. Siehe hierzu beispielsweise die Abbildung 19.

Eine Veröffentlichung aus 2003 von Stephen McIntyre und Ross McKitrick mit dem Titel *„CORRECTIONS TO THE MANN et. al. (1998) PROXY DATA BASE AND NORTHERN HEMISPHERICAVERAGE TEMPERATURE SERIES"* sieht ebenfalls die Daten der Hockeystickkurve als äußerst problematisch an, gerade was die Jahre zwischen 1400 und 1980 betrifft. Hier steht übersetzt: *Der in Mann, Bradley und Hughes (1998, nachstehend "MBH98" [für **M**ann **B**radley und **H**ughes, 1998]) für die Schätzung der Temperaturen von 1400 bis 1980 verwendete Datensatz von Proxys des vergangenen Klimas **enthält Sammelfehler, nicht zu rechtfertigende Kürzungen oder Extrapolationen von Quelldaten, veraltete Daten, geografische Ortsfehler, falsche Berechnung der Hauptkomponenten und andere Qualitätsmängel**.*

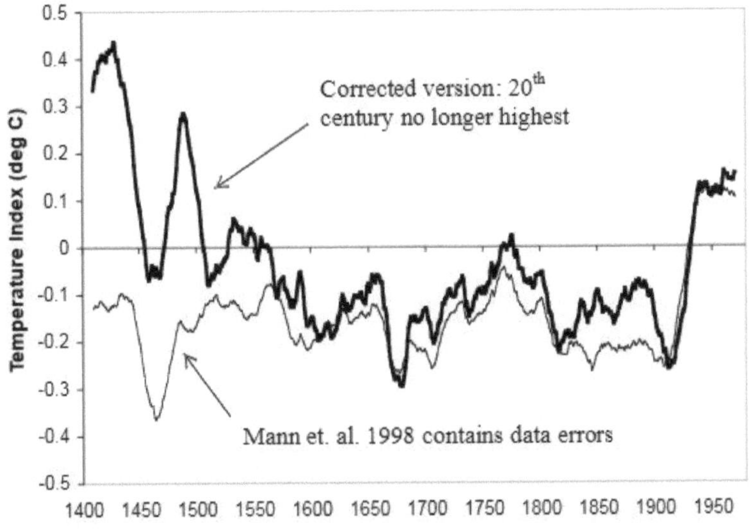

Figure 8. As Figure 7, using 20-year running mean to smooth.

Abbildung 22: Quelle: Artikel von Stephen McIntyre und Ross McKitrick mit dem Titel „CORRECTIONS TO THE MANN et. al.(1998) PROXY DATA BASE AND NORTHERN HEMISPHERICAVERAGE TEMPERATURE SERIES" aus 2003

Die Temperatur-Kurve von Michael Mann weicht im Bereich von 1400 bis 1600 besonders stark von der Kurve der Autoren des Artikels ab. **Die Autoren rekonstruierten hier Temperaturen, die sogar, was sie explizit in ihrer Grafik vermerkten, höher als die heutigen lagen.**

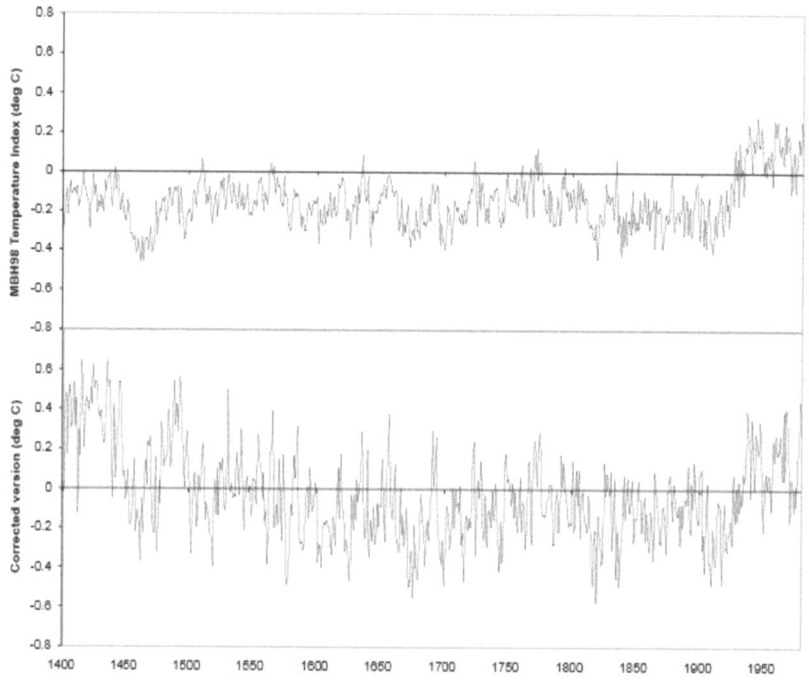

Figure 7. Temperature anomalies index (deg C) 1400-1980 for Northern Hemisphere average temperature construction from (top) Mann et. al. (1998); and (bottom) based on this work using corrected and updated data as outlined in text.

Bei der obigen Grafik sehen wir nochmal einen Vergleich der Mann Grafik mit der korrigierten Grafik, wo ebenfalls auffällt, wie gerade die älteren Temperaturdaten (links) bei Mann deutlich unterschätzt oder nach unten korrigiert wurden.

Diese ganzen Hinweise aus den E-Mails von Klimagate und auch die Hockeystickkurve, wie auch andere dubiose Grafiken können nicht einfach ignoriert werden. Auch andere Wissenschaftler bemerkten, dass in der Grafik des IPCC aus dem Bericht von 2001 die höheren Temperaturen der mittelalterlichen Warmzeit fehlten, die noch vor 1400 lag (ca. 950 bis 1250). Durch das Fehlen dieser wärmeren Zeiten ergab sich erst die Form eines steil ansteigenden Hockeysticks bzw. Hockeyschlägers, die besonders dramatisch aussieht!

Zudem sei hier auch bemerkt, dass es lächerlich ist, zu behaupten, es wäre noch nie so warm gewesen wie heute. Hier kann nicht nur ein Zeitraum von 150 oder 1000 Jahren betrachtet werden. Ca. 90% der Erdgeschichte waren die Pole eisfrei, daher kann eher behauptet werden, es war selten so kalt wie heute. Wir leben derzeit in einer Warmzeit eines Eiszeitalters! Wenn eine vernünftige Aussage getroffen werden soll, müssen hunderte von Millionen Jahren betrachtet werden. Dabei sieht es auch für die Korrelation zwischen dem CO2-Gehalt und der Temperatur sehr schlecht aus, wie für einen angeblichen Klimanotstand heute.

In diesem Zusammenhang sind die Meldungen in den Medien lächerlich, wenn berichtet wird, es sei dauernd zu heiß oder zu kalt. Wenn ich den Mittelwert der Körpertemperaturen von 1000 Personen mit den einzelnen Köpertemperaturen vergleiche, finde ich ständig Personen, die zu warm oder zu kalt sind, auch wenn keiner dieser Personen Fieber oder eine Unterkühlung hatte. Zudem betrachten wir bei einem Erdalter von ca. 4,5 Mrd. Jahren nur lediglich einen unglaublich kleinen Ausschnitt.

Seitdem die Erde besteht, gab es oft richtig extreme Temperaturschwankungen und Arten von Lebewesen und Pflanzen sind gekommen und gegangen. Da können wir froh sein, dass gerade keine Eiszeit ansteht, wobei mit einer solchen in den nächsten Jahrtausenden zu rechnen ist. Die nächste Grafik zeigt einen interessanten Aspekt: **Auch bei sehr hohen CO2-Anteilen, wie sie in den letzten Jahrmillionen vorhanden waren, lagen die globalen Durchschnittstemperaturen nicht wesentlich höher als 22°C.**

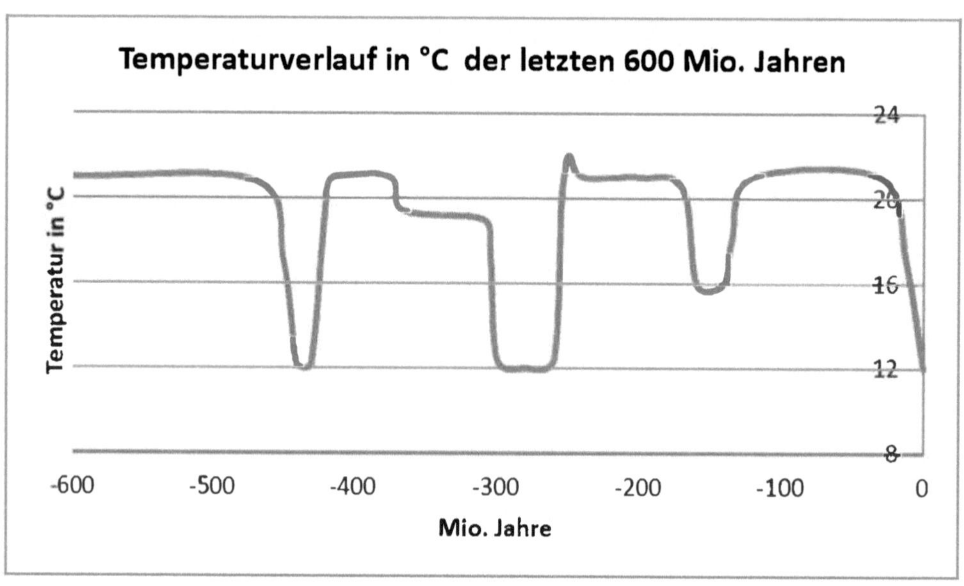

Abbildung 24: Daten-Quelle der Skizze: Global Warming and Climate change causes, impacts and mitigation, 2015 (MacRae, 2008)

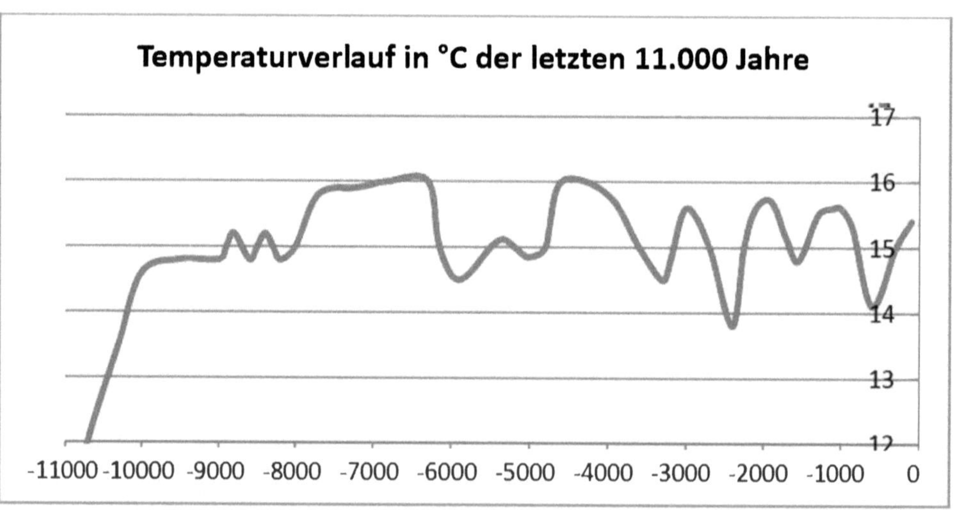

Abbildung 25: Daten-Quelle für diese Skizze war die Grafik: http://lv-twk.oekosys.tu-berlin.de//project/lv-twk/002-holozaene-optima-und-pessima.htm

Die obere Grafik zeigt einen schwankenden Temperaturverlauf über die letzten 11.000 Jahren und hier war die ganze Zeit die CO2-Konzentration relativ niedrig.

Nach meinem Empfinden und auch dem einiger Wissenschaftler und Journalisten (eher aus dem angelsächsischen Raum), geht aus den E-Mails der Klimagate-Affäre auch hervor, dass die Klimawissenschaftler verzweifelt waren, weil die gemessenen Werte nicht mit den gewünschten Ergebnissen übereinstimmten. Deshalb sollten auch auf keinen Fall die Rohdaten und die Berechnungsmethoden veröffentlicht werden. Aus diesem Grund wurden wohl auch von Michael Mann keine Informationen vor Gericht herausgegeben. Wenn alles korrekt zugegangen wäre, so hätten doch einfach die Methoden und Daten präsentiert werden können, womit der Prozess gewonnen worden wäre.

Eine ganze Serie von E-Mails zeigt, wie systematisch auf Medien und wissenschaftliche Zeitschriften Einfluss genommen werden sollte, damit kein kritischer Wissenschaftler seine Sicht der Dinge präsentieren konnte.

Bei der Annahmen, CO2 alleine sei für Erwärmungen verantwortlich, gibt es verschiedene Probleme, wie wir bereits gesehen haben. Es gibt auch ein weiteres „kleines" Problem: Wieso kam es im Zeitraum von 1910 bis 1945 zu einer Erwärmung, bei relativ geringer CO2-Erhöhung?

Von 1945 bis 1975 kam es sogar zu einer leichten Abkühlung, die bei einer Versteifung nur auf das CO2 nicht geklärt werden kann, worauf ebenfalls E-Mails hindeuten. Es gibt Zeiten, in denen der CO2-Anteil mit der Temperatur steigt und wieder andere, wo die Temperaturen bei steigendem CO2-Anteil fallen. Es gab sogar Eiszeiten bei extrem hohem CO2, deutlich höher als heute. Es wurden auch keine Lebewesen bei einem CO2-Anteil von 0,1% = 1000 ppm und darüber geschädigt. Es gab Leben und Pflanzen in den vielfältigsten Formen.

Da es beim CO2-Thema um sehr viel Geld geht (Zertifikate, Steuererhöhungen in Richtung über 40 Mrd. Euro pro Jahr in Deutschland, über eine Billion Euro für das Klima in der EU, …) ist es mehr als nur wahrscheinlich, dass deswegen die Wissenschaft nicht mehr frei agieren kann. Welcher Wissenschaftler stellt sich jetzt hin und sagt, leider ist alles nicht so schlimm, wo zuvor Katastrophen angekündigt wurden und Billionen umverteilt werden?

Viele Wissenschaftler arbeiten an Universitäten oder staatlichen Institutionen und sind auf Forschungsgelder angewiesen, die wiederum andere Wissenschaftler genehmigen müssen. Das CO2-Thema wurde so gut und dankbar von der Politik angenommen, dass wohl davon ausgegangen werden kann, dass keine großen Forschungsgelder in Richtung einer ergebnisoffenen Forschung mehr fließen werden oder zumindest nicht in dem Maße, wie Gelder in Richtung der Willfährigen flossen und noch immer fließen. Warum wurde denn das IPCC oder das PIK gegründet? Hier geht es ausschließlich um Politik!

Es werden der Öffentlichkeit Professoren präsentiert, die enthusiastisch propagieren, alleine der Mensch sei schuld an der aktuellen Erwärmung und die zugleich Katastrophenszenarien präsentieren. Viele Menschen können dies gar nicht einordnen. Wenn beispielsweise eine Person aber ihre Professur in einem ganz anderen Bereich erlangte, dann hat eine Aussage dieses Professors im Klimabereich kein professorales Gewicht, erst recht dann, wenn dieser öffentlich Sympathien für eine Partei bekundet bzw. auf deren Veranstaltungen auftritt.

Wir haben nun Aussagen einer ganzen Reihe von Wissenschaftlern und Zeitungen gesehen, die gegen den sogenannten Konsens oder auch gegen das IPCC stehen. Da mir keine Originaldaten vorliegen, kann ich an dieser Stelle leider keine zu 100% sicherer Aussage treffen. Es wurden aber Grafiken präsentiert, nicht nur von dem oben erwähnten Professor, auf denen beispielsweise die Zeitskala verschoben wurde. Dies wurde benutzt, um den Klimawandel als akutes Problem darzustellen. Mit einer solchen Grafik tritt man dann im gebührenbezahlten TV auf und predigt. Solche Grafiken kann man doch nicht mehrfach der Öffentlichkeit präsentieren! Bei einem weiteren Vortrag wurden dann die Jahreszahlen ganz ausgeblendet.

Beim sogenannten Klimagate, bei dem E-Mails von Klimaforschern gehackt wurden, werden teils in Deutschland – wie erwähnt – Passagen der Mails als falsch verstanden oder aus dem Zusammenhang gerissen dargestellt. Die große Enzyklopädie im Netz, bei der Kinder oft ihre Informationen für die Schule beziehen, spricht hier von Klimaleugnern und schreibt : "**In der Wissenschaft wird die sog. "Climategate-Kontroverse" als "künstlich kreierter" Skandal betrachtet und zu einer Reihe von "Schlägen" gegen die Klimaforschung gezählt, die von einer "gut finanzierten, hochgradig komplexen und relativ koordinierten 'Leugnungsmaschinerie' ausgeführt wurden".**" Wie objektiv ist denn eine solche Darstellung?!

Diejenigen, die den 100%-menschgemachten Klimawandel propagieren, sind sehr gut organisiert, was wir noch später ausleuchten werden. Hier stehen ganze Netzwerke von NGOs dahinter samt einem Hedgefond.

In einer gehackten E-Mail findet sich ein Text, der doch aus dem Zusammenhang gerissen worden wäre, wie: ***Ich habe gerade Mikes Nature-Trick genutzt, indem ich die tatsächlichen Temperaturen bei jeder Serie der letzten 20 Jahre [also ab 1981] und bei den Daten von Keith ab 1961 mit berücksichtigt habe, um den Rückgang zu verbergen.***
Oder: ***Fakt ist, dass wir derzeit den Mangel an Erwärmung nicht erklären können – und es ist eine Farce, dass wir es nicht können.***
Ich habe auch schon einige Passagen dieser Mails gelesen und diese sind nicht zweideutig.

In einem Sonderheft der Weltwoche stand in 2019:
„Sie beteuern, dass der CO2-Anteil in der Luft während 75 Prozent der letzten 550 Millionen Jahre zwei- bis fünfzehnmal höher gewesen sei, ohne dass sich die Welt in einen Glutofen verwandelt hätte."

„Seit dreißig Jahren bekam nur noch Lehrstühle, Forschungsgelder und Publikationsmöglichkeiten, wer die Thesen des IPCC bestätigte, gerade auch in der Schweiz. Das ist das Gegenteil von Wissenschaft … „

„In den achtziger Jahren stiegen die Temperaturen aber wieder – angeblich so schnell wie nie zuvor, wie auch die Schweizer Meteorologen meinen, seit sie an ihren Daten herumgeschraubt haben. Deshalb setzt der IPCC seit dreißig Jahren

das Dogma durch, die unnatürlich schnelle Erwärmung komme vom CO2, sei also menschengemacht. Nur: Als sie noch ohne Scheuklappen forschten, zeigten die Klimahistoriker, gerade auch Christian Pfister, dass heute nichts ist wie noch nie zuvor."

Es wurde darauf verwiesen, dass es in der Geschichte heftigere Stürme, schlimmere Dürren und schrecklichere Hochwasser wie auch schnellere Gletscherschmelzen gegeben hatte. Außerdem hätte es mindestens gleich warme Zeiten wie in der Römerzeit, im Hochmittelalter oder auch selbst Mitte des 20. Jahrhunderts gegeben und das bei einem niedrigeren CO2-Anteil. Das war auch der Grund des IPCC gewesen, die unerklärbaren Warmzeiten verschwinden zu lassen:

„Besonders dreist tat es der amerikanische Forscher Michael Mann: Er bearbeitete seine Daten so lang, bis die Temperaturkurve in der Grafik am rechten Rand wie ein Hockeystick nach oben wies – seit dem Jahr 1000 eine kaum veränderte Temperatur, dann im 20. Jahrhundert einen steilen Anstieg. Die Grafik wurde von Kritikern zerzaust, aber sie fand sich prominent im IPCC-Bericht von 2001 und im Film «An Inconvenient Truth»"

Zudem steht in diesem Beitrag, dass die Populationen der Eisbären seit zwanzig Jahren gleich geblieben seien und Pazifikinseln zum Teil sogar wachsen, wo sich selbst eine Grünen-Politikerin blamierte. Die Anzahl der Opfer von Naturkatastrophen nehme zudem stark ab. ***„Und die Welt ist bisher nicht untergegangen, obwohl schon 1989 der Direktor des Umweltprogramms der Uno prophezeite, der Menschheit blieben nur zwölf Jahre zur Rettung vor dem Desaster."***

Die Klimaforscher konnten auch nicht erklären, weshalb es eine schnelle Erwärmung in der ersten Hälfte des 20. Jahrhunderts gab.

Born Lomborg (dänischer Politikwissenschaftler und Statistiker sowie Direktor des Think-Tank Copenhagen Consensus Center) sagte, dass das Pariser Abkommen ein Vermögen kostet und praktisch keine Auswirkungen auf die globalen Temperaturen hätte.

Der Berner Geologe Christian Schlüchter sagte, **dass Schweizer Gletscher die meiste Zeit in den letzten 10.000 Jahren kleiner als 2005 gewesen seien.** Schlüchter ist der Ansicht, dass es ein kardinaler Fehler der IPCC-Modelle sei, sich nur auf den menschlichen Einfluss zu versteifen, denn **in der realen Welt gäbe es viele denkbare Einflussfaktoren mit komplizierten Wechselwirkungen untereinander.**

„Klar ist für Schlüchter nur eines: Wenn man die abrupten Klimaschwankungen und die sie bedingenden Kippeffekte zwischen den Eiszeiten nicht schlüssig erklären kann, sind Prognosen für die nächsten 50, 100 oder auch 500 Jahre so zuverlässig wie Kaffeesatzlesen.“

Schlüchter vertritt zudem die These, dass sich die zum Teil dramatischen Wärme- und Kältephasen der letzten 12 000 Jahre nicht mit dem CO_2 erklären ließen und man solle erst das Vergangene verstehen, bevor man die Zukunft prognostiziere.

Es verwies darauf, dass kaum Forschungsergebnisse publiziert werden könnten, die der offiziellen Klimadoktrin widersprechen würden. So kommt man auch zu einem Konsens.

„Die Erfindung des Teufels war die grandioseste Erfindung, die die Menschheit je gemacht hat. Man kann viel Geld verdienen, wenn man ihn an die Wand malt.“

In dem Artikel des Sonderheftes der Weltwoche wird außerdem auf die Problematik eingegangen, dass teils die Höhe der Messstellen mit der Zeit variiert wurden und Kritiker anführen, dass sich Temperaturerhöhungen auch teils damit erklären ließen, dass in den USA oder China Wetterstationen erst auf dem Land, nun aber in Stadtzentren oder neben Flughäfen stehen würden.

Genauso wurde die sogenannte **Homogenisierung** (siehe Grafik im Kapitel 14) der Temperaturwerte angesprochen, durch die die Temperaturkurven so verändert wurden, dass sie nun eine „unnatürlich" schnelle Erwärmung aufzeigen. Dadurch wären die Temperaturen in Zürich statt um zuerst 0,7°C, nun um 1,6°C seit 1864 angestiegen. Hier lassen sich diverse weitere Beispiele anführen. **Es gibt nun auch Orte, die zuvor keine Erwärmung aufwiesen und durch die Homogenisierung würde sich plötzlich eine Erhöhung um sogar 2°C ergeben.** Durch diese „Datenaufbereitung" ergab sich im Mittel eine Verdopplung des Temperaturanstieges.

Auch australischen Meteorologen hätten bereits eine Anpassung der Daten vorgenommen, so dass statt einer Abkühlung um ein Grad Celsius eine Erwärmung von 2,3°C pro Jahrhundert herauskam. **Der britische Wissenschaftsjournalist Christopher Booker hält das Manipulieren der Temperaturdaten deshalb für den größten je erlebten Wissenschaftsskandal.**

Durch die Homogenisierung haben die Meteorologen die Temperaturen vor 1978 um 0,4 bis 0,8°C gesenkt, was dazu führte, dass sich in den achtziger Jahren eine deutliche Erwärmung ergibt. Der Graph würde dadurch so aussehen, wie es den Vorstellungen des IPCC genüge, was aber nicht den originalen Messungen entspräche. Es gäbe sogar Fälle, wo die Originaldaten vor 1980 höhere Temperaturen aufwiesen als ab 1980.

Diese Veränderungen, auch wenn sie anderer Natur sind, erinnern an die Hockeystickkurve, nach der es die römische Warmzeit, das mittelalterliche Klimaoptimum oder die „kleine Eiszeit" nicht gegeben hätte. Das aber scheucht umgehend die „Tatortreiniger" des bekannten Lexikons Wikipedia auf, die das Hockeyschlägerdiagramm wie folgt verteidigen: „… **In der wissenschaftlichen Literatur wird die grundsätzliche Korrektheit des Hockeyschläger-Diagramms nahezu durchgehend bestätigt, …**".

Tim Ball kam bei der Auswertung der Klimadaten der letzten 2.000 Jahre zu ganz anderen Ergebnissen als Michael Mann. Konsens ist der Tod der Wissenschaft. Zum einen ist es so: Wenn 10.000 Wissenschaftler etwas behaupten und nur ein Wissenschaftler das Gegenteil beweist, dann ist die Behauptung falsch. Zum anderen sind, was viele nicht verstehen wollen, Zweifel und Diskussionen unerlässliche Bestandteile der Wissenschaft.

In einem Fachartikel aus dem Jahr 2007 des Wissenschaftlers David Holland mit dem Titel (Übersetzung) *Verzerrung und Verschleierung im IPCC-Prozess: Die Hockey-Stick-Affäre und ihre Auswirkungen"* finden wir folgende Beurteilung der Hockeystick-Kurve und des IPCCs: *„Die klimatische "Hockeyschläger"-Hypothese weist systemische Probleme auf. Ich überprüfe, wie das IPCC dazu kam, den "Hockeyschläger" als wissenschaftlichen Beweis für die Beeinflussung des Klimas durch den Menschen zu übernehmen. Ich berichte auch über unabhängige Peer-Review-Studien zum "Hockeyschläger", die vom US-Repräsentantenhaus im Jahr 2006 initiiert wurden und **die ihn umfassend ungültig machten.** … **Es wird der Schluss gezogen, dass das IPCC weder die Struktur noch die notwendige Unabhängigkeit und Überwachung seiner Prozesse besitzt, um als Monopolbehörde für die Klimawissenschaft akzeptiert zu werden.***

Bezüglich des IPCC-Berichtes aus 1995 schrieb Holland: *Wichtige, von den Wissenschaftlern vereinbarte Unsicherheiten in Bezug auf die Modellvoraussetzungen in Kapitel 8 wurden aus der veröffentlichten Fassung gestrichen. … **Edwards und Schneider sagten, die Beseitigung von Zweifelsbekundungen sei von der damaligen Politik gefordert und damit gerechtfertigt.** Wenn dies zutrifft, hat der IPCC-Prozess nicht den politisch neutralen Bericht geliefert, der die erforderlichen maßgeblichen Grundsätze enthielt. … Er [David Deming] behauptet, von einem Klimaforscher kontaktiert worden zu sein, der die Ansicht vertrat, **dass „wir die mittelalterliche Warmzeit loswerden müssen."***

Die Erwärmung der letzten Jahre sollte in Bezug auf die Temperaturen der letzten 1000 Jahre besonders dramatisch aussehen. Aus diesem Grund wurden höchstwahrscheinlich statistische Tricks angewendet: *Mithilfe komplexer statistischer Manipulationen gelangten diese Forscher zu dem Schluss, dass sich die nördliche Hemisphäre in fast 900 der letzten 1000 Jahre bis kurz vor dem 20. Jahrhundert leicht abgekühlt hatte.*

Es hat sich später herausgestellt, dass Mann et al. Studien von Anfang an fehlerhaft waren. Allerdings wurde nur wenigen Personen klar, wie stark sie promotet werden würden und wie heftig die Versuche, sie für ungültig zu erklären, abgelehnt werden würden. ***Nach der Veröffentlichung des IPCC-Report in 2001 erschien der „Hockeyschläger" überall zusammen mit apokalyptischen Erklärungen darüber, was passieren würde, wenn wir die Treibhausgasemissionen nicht senken würden.***

Die Hockeystickkurve wurde von Grafikdesigner teils in feuerrot dargestellt, damit der Temperaturanstieg besonders extrem aussehen sollte, den es in der dargestellten Form aber nicht gab. Es gab Fehler in den angewendeten Methoden, in der Zusammenführung von Daten und es wurden zudem Daten vertauscht. In der Hockeystickkurve kommt die mittelalterliche Warmzeit, in der selbst in Schottland vorzüglicher Wein gedieh, nicht vor.

Daten, von denen berichtet wird, dass sie aus der Nähe von Boston, Massachusetts stammen, stammen tatsächlich aus Paris …. Die Temperaturdaten wurden verkürzt, um die kälteste Zeit zu eliminieren.

Die Hauptkomponentenanalyse wurde falsch durchgeführt. Dr. Mann, Bradley und Hughes veröffentlichten eine knappe Antwort im Internet, in der sie die Kritik von McIntyre und McKitrick zurückwiesen und keinen einzigen Fehler zuließen.

Übrigens hatte Michael Mann gerade mal erst in 1998 promoviert und wurde kurz darauf zum Star der Klimaforscherszene erhoben.

Wie steht es um die Objektivität der Klimawissenschaften, wenn – wie in 2019 – ein Klimawissenschaftler sagt: „Wenn ein Klimaforscher andeutet, er stehe nicht 100-prozentig hinter der Erklärung des Klimawandels durch die Emission der Treibhausgase, dann wird er meist von den Gutachtern geschlachtet".

14 Diverse Temperaturverläufe und Homogenisierung

Es gibt eine Reihe von verschiedenen Grafiken, die historische Temperaturverläufe zeigen, die sich aber deutlich unterscheiden. Das sahen wir beispielsweise bei Abbildung 23 dargestellt. Wir finden aber beliebig viele Beispiele bei verschiedenen Zeitskalen (150 Jahre, 1000 Jahre oder länger). Oft sehen wir die Erwärmung um 1940 kaum oder Warmzeiten der letzten Jahrtausende sind verschwunden.

Bei den Temperaturen im letzten Jahrhundert, selbst beispielsweise von 1960 bis 1990, wären Unsicherheiten von ±0,5°C vorhanden, so schreibt ein Klimawissenschaftler des Konsenses. Das erkennen wir teils an den grauen Hintergründen in Grafiken, die den Bereich darstellen, in denen die Temperatur mit einer gewissen Wahrscheinlichkeit gelegen haben könnte. Dies betrifft die letzten 150 Jahre, wo es schon globale direkte Messungen gab und umso mehr die weiter zurückliegenden Daten, die nicht einmal direkt gemessen werden konnten. Diese Temperaturdaten (Proxydaten) werden, wie in Kapitel 13 beschrieben, rekonstruiert.

Unabhängig davon können aufgrund der wenigen Messstellen auch keine halbwegs genauen mittleren globalen Erdtemperaturen der letzten 150 Jahre bestimmt werden. Das Netz der Messung war größtenteils auch nicht fein genug, so dass wir hier nicht wirklich von einem durchschnittlichen globalen Wert sprechen können. Es können außerdem Städte entstanden sein, wo zuvor keine waren. Dies beeinflusst die Temperaturen genauso wie Messstationen, die in der Nähe von Flughäfen stehen.

Zusätzlich werden Daten transformiert, wie im letzten Kapitel beschrieben, natürlich nach „wissenschaftlichen Methoden", was „Homogenisierung" genannt wird. Dabei werden in ganz vielen Fällen die Temperaturen aus vergangenen Jahren herabgesetzt und die neueren Temperaturen sogar teils heraufgesetzt, was dazu führt, dass der Temperaturanstieg noch stärker ausfällt. Es wird behauptet, die Homogenisierung wäre eine notwendige Anpassung, damit die Daten verglichen werden könnten. In der nächsten Grafik sehen wir die originalen Daten und die homogenisierten Daten als Trend für Sitten in der Schweiz dargestellt.

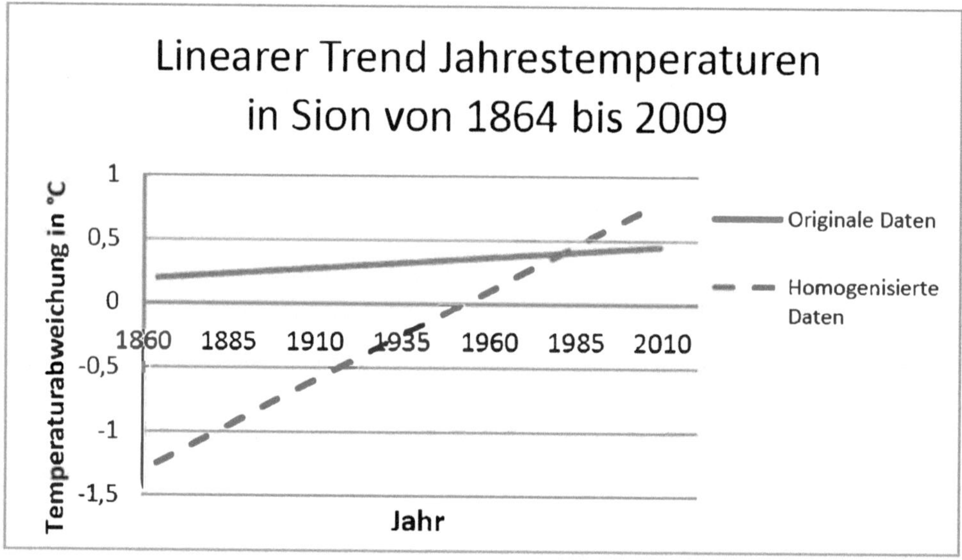

Abbildung 26: Temperaturen in Sion (Sitten), Schweiz, Datenquelle: Sonderheft Weltwoche "Klimawandel für die Schule"

15 Brände im Regenwald

Im Jahr 2019 hörten wir, wie außergewöhnlich die Brände im Regenwald seien. Waldbrände sind schlimm und sollten vermieden werden. Wie sieht es aber mit den Häufigkeiten aus, gab es in 2019 wirklich viel mehr Waldbrände im Vergleich zu den Vorjahren? Das Gegenteil zeigt uns die folgende Grafik mit Waldbränden in Brasilien von 1999 bis 2019:

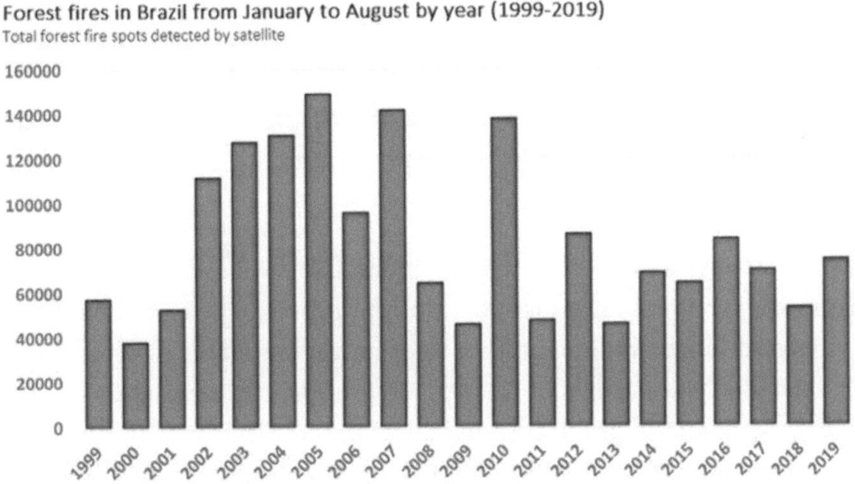

Abbildung 27a: Die Grafik ist u.a. in einem Forbes Artikel mit dem Titel „Why Everything They Say About The Amazon, Including That It's The 'Lungs Of The World,' Is Wrong" aus 2019 zu sehen.

Wir finden eine ganze Reihe von Meldungen, die wir jedes Jahr in den Medien hören oder lesen und immer wieder wird jedes Wetterereignis als besonders einzigartig bzw. als Folge des Klimawandels dargestellt. Ob und in wie weit der Klimawandel für ein lokales Unwetter oder für eine Hitzewelle verantwortlich ist, kann doch erst recht nicht objektiv direkt nach einem solchen Ereignis gesagt werden. Aber die Meldungen überschlagen sich ständig. Hier könnten beliebig viele Beispiele angeführt werden.

Interessant ist, was beispielsweise der promovierte Physiker Klaus Tägder in 2019 schrieb: *„Angesichts der einseitigen Darstellung des Klimawandels und seiner Ursache durch Politik, den meisten Medien und bedauerlicherweise auch durch Wissenschaftler sind alle aufgerufen, die **Darstellungen zu hinterfragen und sich selbst eine Meinung zu bilden** und nicht blindlings zu glauben, was ihnen vorgesetzt wird.*

Wo mit Angst und Emotionen argumentiert wird, muss man stutzig werden,** dann sind Glaube und Vertrauen absolut fehl am Platz. Nicht selten reicht ein klarer Verstand, um Absichten zu durchschauen. **Die einseitige politische Behandlung von CO2 als Schadstoff, der radikal reduziert werden sollte, muss im Hinblick auf die unbestreitbaren wissenschaftlichen Beweise, dass er für das Leben auf der Erde unerlässlich ist, korrigiert werden.“

Er verweist auch darauf, dass eher eine CO2-Konzentration von 1200 ppm bis 1500 ppm für das Pflanzenwachstum optimal sei. Die Neue Züricher Zeitung hätte auf Berufung von Wissenschaftlern der Boston University berichtet, **dass die Erde in den letzten Jahrzehnten deutlich grüner geworden wäre**, zwischen 1982 und 2009 habe die Blattfläche auf 25 bis 50 Prozent der bewachsenen Gebiete weltweit zugenommen und die Entwicklung würde anhalten. Die Hauptursache sehen die Wissenschaftler darin, dass CO2-Gehalt zugenommen habe, was die Forscher in der Fachzeitschrift Nature Climate Change veröffentlicht hätten. Eine weitere Studie hätte gezeigt, dass ein kleiner Teil des vom Mensch seit der industriellen Revolution erzeugten CO2s von der Vegetation aufgenommen wurde und zu 70% der Grün-Zunahme verantwortlich sei, was über Satellitendaten geschlossen wurde. Ebenfalls wird die Eiszeit vor rund 20.000 Jahren erwähnt, bei der der CO2-Anteil auf 180 ppm sank, was gerade mal 30 ppm über dem kritischen Niveau für Pflanzen lag.

Es sollte auch immer bedacht werden, wie gefährlich es ist, wenn durch ein natürliches Ereignis der CO2-Anteil unter 150 ppm sinkt. Dies kann ohne weiteres in einer Eiszeit passieren. Hier wird es nur geringen Raum zum Gegensteuern geben, da sich momentan der CO2-Anteil pro Jahr, was schon als Katastrophe bewertet wird, um ca. 1 ppm erhöht. Wenn wir uns ansehen, wie der CO2-Gehalt der Luft seit Jahrmillionen immer geringer wurde, dann sollte dies eher Anlass zur Sorge sein. An der Abbildung 37 stehen wir später, wie alle etwa 100.000 Jahre für rund 20.000 Jahre die Temperaturen höher liegen und der CO2-Anteil damit auch erhöht wird. Danach fallen die Temperaturen samt CO2-Anteil wieder ab.

Unten sehen wir die Anzahl von Waldbränden in den USA, wo ebenfalls kein Anstieg erkennbar ist. Die Ursachen für Brände sind zudem vielfältig und müssen nicht unbedingt mit einer Erwärmung zu tun haben, wo wir sowieso noch unter den globalen durchschnittlichen 15°C liegen, die als natürlich angesehen werden. Eine Ursache könnte beispielsweise auch in einer falschen Bewirtung liegen.

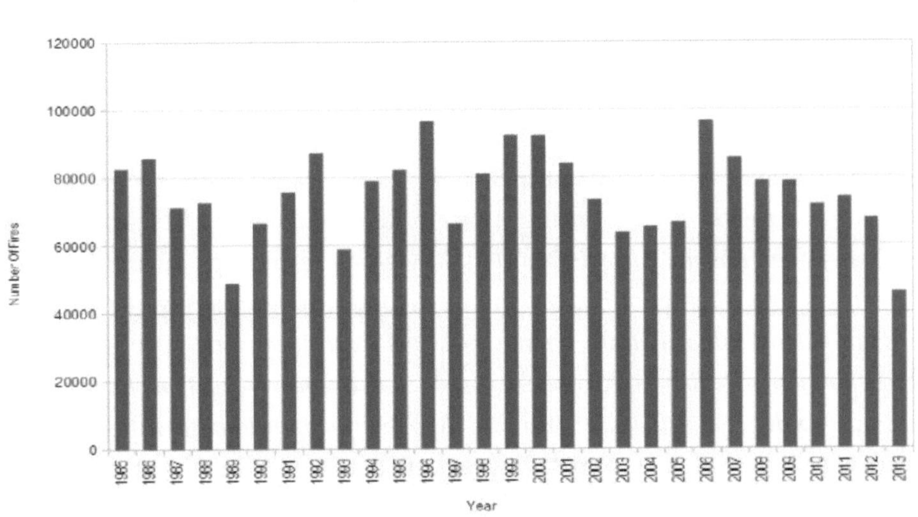

Abbildung 28b: Quelle National Interagency Fire Center https://www.nifc.gov/fireInfo/nfn.htm, J. Christy, 2016 https://docs.house.gov/meetings/SY/SY00/20160202/104399/HHRG-114-SY00-Wstate-ChristyJ-20160202.pdf, , Testimony of John R. Christy, University of Alabama in Huntsville

16 Al Gore und die Entstehungsgeschichte des IPCCs

Al Gore, der ehemalige Vizepräsident der USA hatte wohl mit dem Thema Klimawandel seine Berufung gefunden. In seinem Film „Eine unbequeme Wahrheit" aus dem Jahr 2006 wurden die möglichen Folgen eines Klimawandels ganz besonders drastisch dargestellt. Der Film gewann 2007 die Oskars für den besten Dokumentarfilm und für den besten Song. Das zeigt wohl, wie klein die Schnittmenge zwischen der realen Wissenschaft und dem ist, was Hollywood für wissenschaftlich hält, wenn ein Film mit diversen Übertreibungen zum besten Dokumentarfilm eines Jahres gewählt wird. In Jahr 2007 erhielt Al Gore für *„seine Bemühungen um eine Bewusstmachung der Klimakrise und ihrer globalen Gefahren"* zusammen mit dem *„Weltklimarat"* IPCC den Friedensnobelpreis.

Klaus Peter Krause schreibt über Al Gore, was er aus Herrn Hartmut Bachmanns Darstellungen erfuhr, der u.a. Vorstandsvorsitzender (CEO) eines Klimageräteherstellers war, später auch Aufsichtsratsvorsitzender und Präsident eines amerikanischen Wirtschaftsinstituts, aber, wie soll es auch anders sein, von unserm Lexikon im Netz als **„Klimaleugner"** bezeichnet wird: *„Wir befinden uns im Jahre 1986. Die USA werden regiert von Ronald Reagan. Ein bekannter und wichtiger Abgeordneter im Repräsentantenhaus ist Al Gore (AG). Er vertritt den Bundesstaat Tennessee. AG verfügte über außerordentliche Beziehungen zu Wirtschaft und Finanzen. Sonst wäre er auch nicht Senator der USA geworden. Seine Zukunft (zum Geldmachen) sah er in aktiver Beteiligung am modernen Umweltschutz. Am 11. August 1986 schickte Rudolf Augstein (RA) sein international bekanntes Magazin DER SPIEGEL auf die Weltreise. Titelbild und Bericht über den Untergang des Kölner Doms im Nordseewasser beinhalteten den Schocker über die anstehende „Klimakatastrophe"."*

Rudolf Augstein hätte zu der Spiegel-Aufmachung gesagt: *„Ohne Angst der Massen, keine Bewegung der Massen."*

Al Gore wollte politische Instrumente schaffen, die mehr staatlichen Einfluss auf die Bekämpfung der „Klimakatastrophe" ermöglichen sollten und dadurch hätte er sein Einkommen über lange Zeit vermehren wollen, was ihm praktisch auch gelang. Das CO2-Thema sollte dazu nationalisiert werden.

Danach hätte es folgenden Ablauf gegeben: *„Gore inspirierte James Hansen (JH), Direktor des „Goddard Institute for Space Studies" (GISS) in New York und Freund von ihm, seinen Einfluss als DER Klimaexperte der USA geltend zu machen. Der Plan: Eine Anhörung vor dem Kongress zur Frage „Hat die Klimasituation Einfluss auf die Entwicklung der USA?" Colorados Senator Tim Wirth (TW), Freund von James Hansen, nimmt die Angelegenheit in die Hand."*

Am 23. Juni 1988 hat die Anhörung von James „Jim" Hansen vor den Senatoren der USA stattgefunden und Al Gore und Tim Wirth seien dabei gewesen. Der Sitzungssaal war stickig und sehr warm, die Air Condition funktionierten nicht, wird erzählt. Die Klimaanlagen wären laut einem Chefpilot der Air Force One vor dem Hearing auf Anordnung von Al Gore und Tim Wirth abgeschaltet worden, damit die Anwesenden die Sitzung nicht durch unangenehme Fragen verlängert hätten, wodurch Hansen ins Stottern hätte geraten können.

Übrigens: Hansen stellte drei Szenarien (die mit A, B und C bezeichnet wurden) vor, wie sich die Temperatur ab 1988 bis 2020 entwickeln sollte, wobei zwei Szenarien die Temperaturen von heute überschätzten. Nur das Szenario C passt in etwa zu den Entwicklungen. Dieses setzte aber eine drastische Reduktion der CO2-Emission voraus, so dass ab 2000 keine Erhöhung der CO2-Konzentration mehr hätte stattfinden dürfen, was aber nicht der Fall war, denn diese stieg global weiter an. Dieses ist umso interessanter, da die Prognose-Kurve, die zur tatsächlichen Temperaturentwicklung passt, diejenige ist, bei der kaum mehr CO2 in die Atmosphäre gesetzt worden wäre (siehe Abbildung unten). Was sagt das über das Zusammenspiel von CO2 und der Temperatur aus? Die Wirkung wurde hier total überschätzt.

Im gleichen Jahr, also in 1988, erschien eine Grafik von Hansen in der New York Times, bei der sich die Temperaturen teils unter und teils über einer 15°C Marke bewegten, was nicht stimmen kann, da diese in dem angezeigten Zeitraum um die 14°C gelegen haben.

Das Ergebnis der Sitzung war, dass von der US-Regierung angeordnet wurde, Forschungsergebnisse zum Klima beim UNEP, dem Umweltarm der UNO, zu konzentrieren. Es wurde beschlossen, neben der UNEP eine neue Organisation ins Leben zu rufen, das spätere IPCC. Diese Organisation erhielt, von Al Gore und Maurice Strong ausgearbeitet, zwei politische Aufgaben: **Es sollte festgestellt werden, dass die Erde auf eine Klimakatastrophe zusteuert und dass diese menschgemacht wäre**.

Bert Bolin wurde erster Präsident des IPCC, welches seither in nicht notwendigerweise regelmäßigen Abständen einen Weltklimabericht abliefert. Die Datengrundlage sollte von internationalen Instituten bereitgestellt werden: *dem GISS (J. Hansen), dem **CRU** (Teil der Universität Ostengland unter **Phil Jones** [bekannt aus dem Klimagate-Kapitel 12]) und dem **ESSC (Michael E. Mann)**, Director Earth System Science Center der University of Pennsylvania, sowie einem ... der UNEP und des IPCC für Deutschland, dem in Kassel errichteten Klimainstitut (Center for Environmental Systems Research University of Kassel), mit seinem Chef Prof. Joseph Alcamo, langjähriger Mitarbeiter bei UNEP und IPCC, bester Freund von Maurice Strong und Al Gore.*

Der IPCC-Bericht aus dem Jahr 1997 habe eine Reihe von Hinweisen enthalten, die *ausdrücklich einen vom Menschen verursachten Klimawandel verneint haben*. Diese wären von Ben Santer entfernt worden, was er sogar in einer TV-Show in 2009 zugegeben habe. Der Bericht ging dann im Dezember 1997 an die Delegationen der Industrienationen der Weltklimakonferenz in Kyoto.

Es hätten Unterschriften unter dem Bericht gefehlt und diese wären von allen möglichen Personen, wie Tellerwäscher aus den Nachbarlokalen oder Schuhputzern von nebenan, gleistet worden.

Unten ist die Grafik mit den drei Szenarien aus der „Hansen"-Studie („Global Climate Changes as Forcast by Goddard Institute for Space Studies Three-

Dimsional Model", J. Hansen et al., 1988) zu sehen, wobei das einzig halbwegs passende Szenarium das Szenario C ist, welches aber von einem CO2-Emissions-Stillstand ausging. In 2008 war zu lesen "… gab das Goddard-Institut für Weltraumstudien (GISS) der NASA bekannt, das von Al Gores wissenschaftlichem Hauptverbündeten Dr. James Hansen geleitet wird und eines von vier Gremien ist, die für die Überwachung der globalen Temperaturen verantwortlich sind."

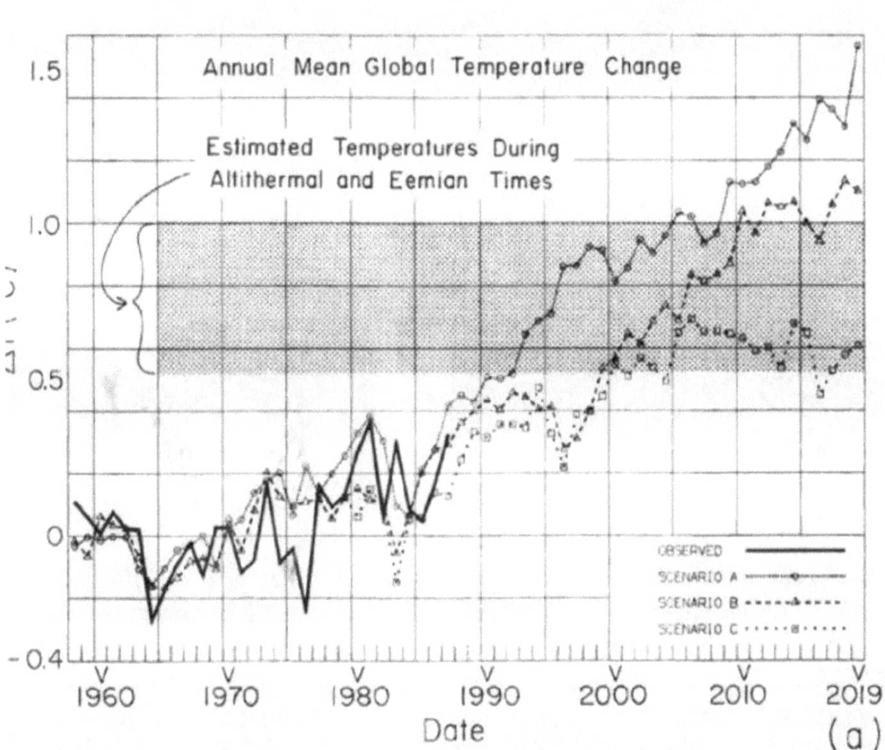

Abbildung 29: Quelle: Global Climate Changes as Forecast by Goddard Institute for Space Studies Thee-Dimensional-Model, J. Hansen et al.

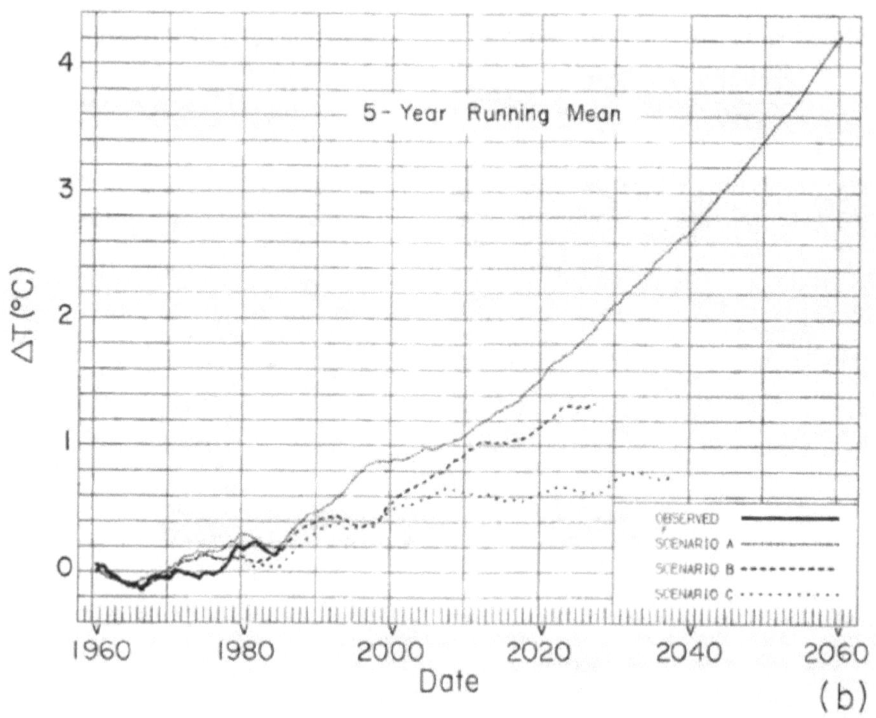

Abbildung 30: Quelle: Global Climate Changes as Forecast by Goddard Institute for Space Studies Thee-Dimensional-Model, J. Hansen et al.

Abbildung 30 zeigt weitere Kurven aus der Veröffentlichung von Hansen et al.. Hier wurde die schlimmste Temperaturentwicklung bis 2060 „prognostiziert". Es ist klar, was eine solche übertriebene Prognose wohl bewirken sollte. Übrigens: 2006 war von Hansen zu hören, wir hätten nur noch 10 Jahre Zeit und 2008 waren es nur noch 4 Jahre. Und jetzt hätten wir laut FFF wieder mal keine Zeit mehr.

Al Gore wäre der erste Karbon-Milliardär geworden und er würde von jedem CO2-Zertifikat über den Emissionsrechtehandel eine Provision erhalten. *„Bei jeder Bewegung, egal ob vor oder zurück, muss auf Umwegen mit dem Nobelpreisträger abgerechnet werden."* Es wird sogar behauptet, dass im Hintergrund die gleichen Personen agieren, die Griechenland in die EU und den Euro gebracht haben.

Sir Nicholas Stern hätte in 2006 noch 5 Billionen Euro Subventionen der Bürger zur Reparatur des Klimas gefordert. Connie Hedegaard, Klimakommissarin der EU, erhöhte dann auf 11 Billionen. Das Geschäft würde funktionieren und am besten in Deutschland.

Zum Glück gibt es auch Wissenschaftler, wie Roy Spencers und John Christy, die auf dem Boden geblieben sind und von denen in 2015 in einer US-Zeitung zu lesen war:

Die Wissenschaftler der University of Alabama in Huntsville sind in der gesamten Umweltgemeinschaft skeptisch, dass der Klimawandel (oder die globale Erwärmung) katastrophale Auswirkungen auf die Erde haben wird. Der springende Punkt ist, dass ihre Forschung, bei der Satellitendaten zur Messung der Temperaturen in der Atmosphäre herangezogen werden, nicht mit den Klimamodellen übereinstimmt, von denen sie sagen, dass sie die Erwärmung der Erde überbewerten.

„Wir sind in der Minderheit, das steht außer Frage", sagte Christy. Ja, sie sind sich einig, dass es einen Klimawandel gibt. Ja, sie sind sich einig, die Menschen spielen eine Rolle in diesem Klimawandel. Nein, sie sind sich einig, es ist kein katastrophales Ereignis.

Jim Hansen hätte in den 1980er Jahren vielleicht den ersten Alarm wegen des Klimawandels ausgelöst, als er im Kongress für Al Gore ausgesagt hat.

Christy sagte zudem: *Die American Meteorological Society hat ihre Umfrage durchgeführt und die Frage konkret gestellt: Ist der Mensch der dominierende Klimaregler in den letzten 50 Jahren?* ***Nur 52 Prozent sagten ja. Da gibt es in der Wissenschaft überhaupt keinen Konsens.***

Weiterhin sagte Christy: ***NASA, NOAA, EPA, DOE, das sind Agenturen. Die Leiter der Agenturen werden von der Regierung und von der derzeitigen Verwaltung ernannt. Sie repräsentieren keine objektiven unabhängigen wissenschaftlichen Organisationen.*** *Sie können das nicht. Sie werden vom Chef ernannt. Sie versuchen Menschen, die in ihren Organisationen unterschiedliche Ansichten vertreten, zu unterdrücken. Diese Agenturen haben eine Agenda, daher wundert es mich nicht,* *wenn sie sich mit so etwas wie dem Klimawandel auseinandersetzen. Sie marschieren zur Trommel der Verwaltung. Das war schon immer so. Diese Verwaltung war jedoch äußerst undurchsichtig. … Es gibt Skeptiker in der NASA und der NOAA, eine große Anzahl. Aber sie sind still.*

Die beiden Wissenschaftler wurden von Zeitungen teils als Klimaleugner hingestellt. Es wurde von mindestens einer Zeitung (im angelsächsischen Bereich) behauptet, Hansen hätte die Entwicklung der Temperatur richtig dargestellt. Die „Leugner" wären „Lügner", heißt es hier.

Im Oktober 2007 ist im Tagesspiegel folgendes zu lesen:
„Oslo. Das norwegische Nobelkomitee hat entschieden, dass der Friedensnobelpreis 2007 in zwei gleichen Teilen zwischen dem UN-Klimarat (IPCC) und Albert Arnold (Al) Gore jr. geteilt wird. Sie erhalten ihn für ihre Bemühungen zum Aufbau und der Verbreitung von mehr Wissen über den von Menschen verursachten Klimawandel und das Legen eines Fundamentes für Maßnahmen, die als Gegengewicht gegen diese Änderungen notwendig sind."

Bundesumweltminister Gabriel fand die „Dokumentation" des Al Gores wohl so toll, dass er 2007 gleich 6000 DVDs kaufte. Auf der Seite des Bundesministeriums für Umwelt, Naturschutz und Nukleares ist zu lesen:

Gabriel: Sponsoring macht Einsatz im Unterricht möglich
Ergänzend finden am 18. März 2007 in 26 deutschen Städten "Bildungsmatineen" statt, bei denen Lehrerinnen und Lehrer den Film kostenlos sehen und umfangreiches Material für den Unterricht erhalten können. Die Aktion wird unterstützt von der Initiative Bildungscent e.V., dem Unternehmen CinemaxX, dem Finanzdienstleister Stephan Goetz, der Umweltstiftung WWF, Paramount Deutschland und Universal Pictures International. „

Und der Spiegel schrieb in 2007:
„Großverdiener Gore
Bundesumweltminister Sigmar Gabriel (SPD) hat nach der Auszeichnung des ehemaligen US-Vizepräsidenten Al Gore mit dem Friedensnobelpreis erneut dessen

Klimafilm "Eine unbequeme Wahrheit" als Unterrichtsmittel unterstützt. Stets hatte Gabriel gelobt, der Film stelle die Gefahren des Klimawandels in verständlicher Weise dar. Der Umweltminister hatte bereits im Frühjahr 6000 DVDs des Dokumentarstreifens an Schulen verteilen lassen. In Großbritannien darf nach einem aktuellen Gerichtsurteil Gores Film Schülern **nur noch mit einem Warnhinweis** gezeigt werden, da er angeblich in neun Punkten Detailfehler enthält."

Wissenschaftler hatten diesen Film kritisiert. Al Gore wollte mit einer Grafik den Einfluss des CO2-Gehalts auf den Temperaturanstieg untermauern, aber die Grafik gibt dies nicht her. Das sehen wir auch an der Abbildung 37 und hierauf kommen wir noch im nächsten Kapitel. Sie waren der Meinung *„Gores Schlussfolgerung, dass eine höhere CO2-Konzentration einen Temperaturanstieg auslöse, sei nicht richtig, so seine Kritiker. **Zumindest bei den letzten globalen Erwärmungen habe es zuerst einen Temperatur- und dann einen CO2-Anstieg gegeben.**"*

Die Bundesregierung sah aber keinen Anlass aufgrund von Fehlern im Detail den Film zu kommentieren und es wäre kein Grund gewesen, den ganzen Film schlecht zu reden. Das Bundesumweltministerium ging zudem davon aus, dass Lehrer die Schüler schon zu einer kritischen Sicht ermuntern würden.

Die NZZ schreibt in 2017 dazu:
„Al Gore doppelt nach und nimmt es mit den Fakten nicht sehr genau. Der neue Film des Klimaschützers krankt am Narzissmus seines Autors. Nicht um das Klima, sondern um den eigenen Nachruhm scheint sich Al Gore hauptsächlich zu sorgen."

*„Wenn er in Gummistiefeln durch überschwemmte Straßen in Miami watet, genügt ihm das als Beweis für den Klimawandel. Und mit seiner Aussage, heute sei «jeder Sturm anders, weil er in einer wärmeren und feuchteren Welt» stattfinde, **liefert er jenen Kreisen Munition, die den Klimaschützern mangelnde Wissenschaftlichkeit vorwerfen.**"*

Es hat aber funktioniert. Al Gore wollte sich wohl ein Denkmal als Held mit diesem Film setzen. Al Gore wäre ständig im Fokus gewesen: *„Gore im Flugzeug, im Auto, in der Pariser Metro, Gore bei der Maskenbildnerin, im Gespräch mit Ministern, als Vortragsredner, als rastloser Held im Kampf gegen die Klimakatastrophe."*

Wenn die Schülerinnen und Schüler bereits 2007 mit Filmen zum Weltuntergang in den Schulen indoktriniert wurden, dann braucht man sich über die heute vorhandene Panik nicht wundern. Wie kann man einen solchen Film mit Selbstdarstellungen und inszenierten Weltuntergangsszenarien in Schulen zeigen?

Vor einem Jahrzehnt hat Al Gore behauptet, dass der Kilimandscharo innerhalb eines Jahrzehnts schneefrei wäre. Das traf aber nicht ein. Genauso machte er Aussagen über Naturkatastrophen, die angeblich immer schlimmer werden. 2008 sagte er, dass in fünf Jahren die gesamte Nordpolkappe eisfrei sein würde.

Unabhängig davon, dass seine Vorhersage nicht eintrat, wäre dies auch kein Weltuntergang, wenn die Polkappen etwas Eis verlieren würden, denn über den größte Teil der Erdgeschichte waren die Polarkappen eisfrei und es haben auch bereits Eisbären wärmere Zeiten überlebt. Die Erdgeschichte ist eine Geschichte des Wandels und der Anpassung der Lebewesen an die Verhältnisse.

Es gibt auch *„keine signifikanten beobachteten Trends in der globalen tropischen Wirbelsturmfrequenz im vergangenen Jahrhundert"* und *„keine robusten Trends der jährlichen Anzahlen von tropischen Stürmen, Hurrikans und großen Hurrikans, die in den letzten 100 Jahren im Nord-Atlantik-Becken beobachtet wurden."*. Regelmäßig werden aber in den Medien Katastrophenmeldungen fabriziert, in denen behauptet wird, einzelne Wetterereignisse seinen singulär und Anzeichen eines drastischen Klimawandels.

Nehmen wir mal das Thema Gletscher. In den USA standen bis vor kurzem Schilder, dass die Gletscher des Glacier National Park bis 2020 verschwunden sein werden. Diese wurden dann aber entfernt, als die Prophezeiung nicht eintraf. In der Erdgeschichte und auch innerhalb der letzten 100.000 Jahre kamen und gingen Gletscher ohne dass der Mensch dies verursachte. Wir können das „Jetzt" und „Heute" eben nicht konservieren!

Die Gletscher sind aber immer wieder ein Schreckensthema der Medien: *„Wissenschaftler haben belegt, dass die Gletscher der Erde bis auf wenige Ausnahmen auf dem Rückzug sind.“*

Der obige Beitrag stammt aus dem Jahr 1910 und stand in einer schottischen Zeitung. Selbst hier wurde vom Gletscherschmelzen gesprochen. Die Gletscher kamen und gingen aber über die gesamte Erdgeschichte, wobei sie größtenteils gar nicht vorhanden waren. Übrigens war die CO_2-Konzentration damals rund 100 ppm geringer. Von diesen Meldungen gab es einige schon vor über 100 Jahren.

Wir finden bei all den Warnungen immer einen Bezug auf den Zeitraum der letzten 150 Jahre. Es wäre seit 150 Jahren noch nie so warm gewesen, wie heute. Was sind schon 150 Jahre? Soll das Ende einer kleinen Eiszeit vor 1850 das optimale Klima darstellen, mit 1,5°C unter den „natürlichen“ globalen 15°C? Hier wird unseriös argumentiert, denn wir können bei den Temperaturen doch gerne mal 2000 Jahre zurück gehen, oder 7000 Jahre, das sind in der Erdgeschichte keine großen Zeitspannen. Warum gehen wir nicht 150.000 Jahre zurück, oder 60 Millionen Jahre, die Erde existiert seit 4.500.000.000 Jahren. Der Mensch hält 100 Jahre für viel, da wir von der eigenen Existenz ausgehen. 100 Jahre oder 1.000 Jahre sind im irdischen Maßstab keine großen Zeitspannen. Vergleichen wir 100 Jahre im Verhältnis zur Erdgeschichte, dann entsprechen diese 100 Jahre etwa 56 Sekunde im Leben eines 80-jährigen Menschen.

17 Zum Film eine unbequeme Wahrheit mit Al Gore

Der Dokumentarfilm mit Al Gore mit dem Titel „**Eine unbequeme Wahrheit** (*An Inconvenient Truth*)", der auch oft als Al Gores Film bezeichnet wird, machte eine Reihe von Vorhersagen und Aussagen, die so nicht richtig waren. Trotzdem wurde er gefeiert und erhielt Preise inklusive Oskars. Zu den kritisierten Aussagen des Films gehören die unten zu sehenden Punkte, welche insbesondere von einem britischen Gericht beanstandet wurden, so dass seit dem der Film in Großbritannien nur mit einem Warnhinweis gezeigt werden darf. Bei Vorführungen in deutschen Schulen fehlte der Warnhinweis, hier setzt man lieber unverantwortlich die Schüler in Greta Manier in Panik. Es folgen Kritikpunkte der übertriebenen und auch unkorrekten Darstellungen im Film:

- In naher Zukunft würden die Meeresspiegel um mehr als sechs Meter steigen.

- Pazifische Atolle würden überschwemmt werden.

- Der Golfstrom würde zum Erliegen kommen.

- Al Gore legte eine Grafik über den Zusammenhang zwischen CO2 und Temperatur vor, die einen perfekten Zusammenhang zeigte.

- Es wurde behauptet, dass die Eiskappen auf dem Kilimandscharo abschmelzen werden.

- Der Hurrikan „Katrina" wäre eine Folge des Klimawandels.

- Der Tschad-See würde durch den Klimawandel austrocknen, was aber mit dem Bevölkerungswachstum, der Landwirtschaft und regionalen Klimaschwankungen zu tun hat.

- Das weltweite Absterben von Korallenriffen wurde im Film mit dem Klimawandel in Verbindung gebracht.

- Der Film berichtet über eine Studie, der zufolge Eisbären auf der Suche nach Packeis ertrunken seien. Die einzige wissenschaftliche Studie, die der Richter finden konnte, habe nur von vier in einem Sturm ertrunkenen Eisbären berichtet.

Im Film wurde auch ein Experiment mit CO2 gezeigt, welches in einem Video auf einer bekannten Webseite nachgebaut und beschrieben wird. Ich habe diverse Versuche dieser Art gesehen – wie einen des (Prof. Dr. em.) Jan-Erik Solheim – und diese konnten die Ergebnisse nicht reproduzieren.

Bei dem Al Gore Experiment wurden zwei Glasgefäße mit einem Thermometer bestückt, in einem befand sich Luft und in dem anderen CO2. Die Gefäße waren geschlossen und wurden von einer Lampe bestrahlt. Im Al Gore Film steigt natürlich die Temperatur im Gefäß mit CO2 nach kurzer Zeit um 1°C höher an, als in dem nur mit Luft gefülltem Gefäß. Bei diversen Rekonstruktionen des Experiments ergab sich aber merkwürdigerweise keine höhere Temperatur in dem nur mit CO2 gefüllten Gefäß. Somit lässt sich der Treibhauseffekt durch CO2 mit dieser Art von Experiment nicht zeigen. Ich gehe mal davon aus, dass Herr Solheim als promovierter und emeritierter Professor einer Universität weiß, wie ein Versuch durchzuführen ist. Was wurde denn dann im Al Gore Film gezeigt? Was die Temperaturen hier ansteigen ließ, bleibt wohl sein Geheimnis.

Machen wir uns nichts vor, hinter der „Propaganda" eines menschgemachten Klimawandels und der Verbreitung von Panik stecken finanzkräftige Personen und Organisationen, was wir auch im Kapitel 25 beleuchten. In 2016 stand in der Washington Times: *Herr Soros [bzw. dessen Open Society Foundation] hat ...,* ***sondern auch die Kampagne von Al Gore finanziert, um alle zu erschrecken und die globale Erwärmung voranzutreiben.*** *Wenn die Schlagzeilen auf etwas Verborgenes hindeuten, muss sich hinter dem Vorhang ein von Soros gesponserter Weltuntergangsjäger befinden. DC Leaks, eine Website, auf der E-Mails von Führungskräften aus aller Welt veröffentlicht werden, die niemand sehen möchte, hat Dokumente veröffentlicht, aus denen hervorgeht, dass Herr Gore über einen Zeitraum von drei Jahren 30 Millionen US-Dollar von der Open Society Foundation eingenommen hat.*

Im Focus stand 2013, dass Al Gore zu seiner aktiven Zeit als Politiker lediglich 1,7 Millionen US-Dollar besaß und *„Allein im vergangenen Januar soll er 100 Millionen Dollar (umgerechnet 75 Millionen Euro) verdient haben.".* Eine Schweizer Zeitung schrieb im selben Jahr einen Artikel zu Al Gore mit dem Titel *„Klimaaktivist, Vielflieger und Multimillionär"*.

In der TAZ stand: *„Sie haben die Wahl. Die Wahl zwischen Gut und Böse, zwischen Himmel und Hölle, zwischen Vernichtung und Leben. Sie treffen die Wahl heute, hier und jetzt. **Wollen Sie wirklich auf der falschen Seite stehen? Wollen Sie schuld sein an Hunderten Millionen von Menschen, die in Fluten ertrinken und in Waldbränden ersticken, an toten Kindern, am Ende der Zivilisation?** Falls nicht, Sie können was dagegen tun: Kämpfen Sie gegen den Klimawandel. **Sonst stehen Sie auf der falschen Seite der Geschichte.** Das ist die Botschaft von Al Gore …"*.

Halleluja! Wer möchte schon auf der falschen Seite stehen? Wenn das keine Absolutheitsansprüche sind, die in Bezug auf eine freie Meinung keine Wahl mehr lassen. Etwas in dieser Richtung hören wir öfter.

In seinem Film zeigte Al Gore dramatische Szenarien, wie ganze Landstriche verschwinden, weil der Meeresspiegel ansteigen würde und zwar drastisch. Der Film stellt für mich die reinste Panikmache dar. Es ist kein Wunder, dass eine derartige Inszenierung zwei Oskars eingespielt hat, nur mit bestem Dokumentarfilm leider in der vollkommen falschen Kategorie.

18 Mitbegründer von Greenpeace stellt sich gegen die Klimathesen

Der ehemalige Mitbegründer von Greenpeace, Patrick Moore, ist der Meinung, dass es sinnlos sei, mit Computermodellen die Zukunft vorauszusagen. **Er wirft Greenpeace sogar Panikmache vor.** Er sagte: *Sie fügen den Berichten des Weltklimarats Wörter wie "Katastrophe" und "Chaos" hinzu und spekulieren dann über Hunger, Seuchen oder das Ende der Zivilisation.* Die einzige Konstante beim Klima sei der Wandel.

Zudem hätte Greenpeace den Frieden verloren, das Grün aber behalten. Es sagt: *Das 0,5-Milliarden-Dollar-Unternehmen hat die Wissenschaft vor vielen Jahren hinter sich gelassen und wird von der politischen Linken regiert. Greenpeace arbeitet heute* **mit Desinformation, Angst und Schuld**.

Es gibt Wetter und Klima überall auf der Welt. Und tatsächlich ist Kohlendioxid der Hauptbaustein allen Lebens. Daher kommt die Kohle in einem auf Kohlenstoff basierenden Leben vor, und das ist jedes Leben zu Lande und zu Wasser. Und es ist nicht nur das: Ein bisschen Erwärmung würde mir selbst als Kanadier gar nicht schaden und die Menschen in Russland hätten gegen ein paar Grad mehr auch nichts einzuwenden.

Moore ist auch gegen den *„Green New Deal"*, ein Plan des Repräsentantenhaus-Abgeordneten Alexandria Ocasio-Cortez, der eine Energiewende wie in Deutschland umsetzen möchte. Der Mitbegründer von Greenpeace und ehemalige Präsident von Greenpeace Kanada lehnt dies ab, da *es im Grunde das Ende der Zivilisation wäre, wenn in den nächsten, sagen wir, zehn Jahren sowohl USA-weit als auch weltweit 85 Prozent der Energie in Form von Kohle, Öl und Erdgas auslaufen würden. Wir haben schließlich nichts, womit wir es ersetzen könnten.*

Die Grünen würden sich auch aus ideologischen Gründen gegen CO2-emissionsfreie Kernreaktoren und Wasserkraftwerke stellen. Am Ende würde das eigene Klientel in den Großstädten verhungern, denn um Nahrung transportieren zu können, werden große Lkws benötigt und es würde *auf absehbare Zeit keine elektrifizierten Zufahrtswege geben, um 40 Tonnen an Nahrungsmitteln in die Supermärkte zu bringen.*

Das mag drastisch klingen, aber die Panikmache in den Medien kann auch schnell zu einer Entwicklung in diese Richtung führen. Hier müssen wir uns nur Forderungen so mancher Gruppierungen ansehen, um erahnen zu können, wie sich die Welt durch einen quasireligiösen Eifer in eine Art Ökodiktatur entwickeln kann. Dabei denkt hier eine Seite, sie hätte die unbedingte und absolute Moral gepachtet, Worte wie Kulturrevolution sind sogar mehrfach schon gefallen.

Beispiele für merkwürdige Forderungen der Aktivisten finden sich genügend, es werden aber auch Vorschläge gemacht, die vollkommen absurd sind. So fand sich beispielsweise auf einer Web-Seite eines Solarenergie-Fördervereins der folgende Vorschlag für ein Gesetz: *„Wer in einer Weise, die geeignet ist, die Abwehr der Klimakatastrophe nach dem Pariser Klima-Abkommen und seinen Folgevereinbarungen zu stören, verächtlich zu machen oder gänzlich zu verhindern, die Klimakatastrophe verharmlost oder leugnet, wird mit einer Geldstrafe von bis zu 300 Tagessätzen bestraft. Im Wiederholungsfall ist die Strafe Haft."*

Moores Vorschlag lautet: *„Die Leute sollten mehr über Chemie lernen."*
Weltweit, so meint Moore, seien gar 90 Prozent der Bevölkerung von fossilen Energieträgern abhängig. Die Verbrennung fossiler Stoffe sei zudem auch gar nicht schädlich. Er sagte, dass 85 % aller erzeugter Energie auf der Welt von fossilen Energieträgern stammt. Durch die Verbrennung würde nur das CO_2 zurück in die Atmosphäre gelangen, von woher es ursprünglich gekommen ist. Pflanzen erzeugen durch Photosynthese Sauerstoff und Glucose aus Wasser und CO_2. Das C des CO_2 aus der Luft landet praktisch in der Pflanze. Erdöl und Gas stammen von Pflanzen und Tieren sowie Kohle von den Pflanzen. Durch die Verbrennung dieser fossilen Stoffe entsteht wieder CO_2 und es gelangt somit zurück in die Atmosphäre, wo es früher schon gewesen ist: *Wir lassen es jetzt frei, zurück in die Atmosphäre, wo es das Leben auf Erden befruchten kann. … Menschen sollten mehr über die Chemie lernen.*

Vieles sei über die Jahre schief gelaufen, denn als er Greenpeace mitbegründete, wäre es nicht nur ausschließlich die Umwelt, sondern hauptsächlich den Menschen gegangen. *„Green" stand für die Umwelt und „Peace" für das Ziel, die Gefahr eines Atomkriegs aus der Welt zu schaffen. Im Lauf der Jahre driftete Greenpeace dann dorthin, wo die Organisation heute und seit Langem steht. Sie charakterisieren heute den Menschen im Grunde als Feind der Erde.* Damit wolle er nichts mehr zu tun haben. Wir hätten eine große Verantwortung untereinander und gegenüber der Umwelt, die wir auch tatsächlich wahrnehmen würden.

Das ist nun auch ein Punkt, denn der Umweltschutz hatte gerade in den 1970ern und 1980ern und auch später noch große Fortschritte verzeichnet. Hier sei nur an die Wasserqualität beispielsweise des Rheins gedacht, die sich enorm verbesserte, oder an den Katalysator, das fehlende Blei im Benzin und die immer strengeren Abgasnormen. Natürlich ist auch noch einiges zu verbessern, denken wir nur an den Plastikmüll in den Weltmeeren. Das ist aber ein ganz anderes Thema als der „Klimaschutz".

Kommen wir zurück zu Patrick Moore. **Die Umweltbewegung sei tatsächlich eine Religion geworden bzw. ein Hybrid zwischen Religion und politischer Ideologie.** Die Menschen verinnerlichten solche Thesen und Greenpeace stelle die Forderungen, wobei der Bezug zur Realität vollkommen abhandengekommen sei.

Die Antriebskraft dieser Religion seien Angst und Schuld. Am besten würde dies beim Thema „Globale Erwärmung" funktionieren. **Das Problem sei global und da jeder Energie verbraucht, müsse sich auch jeder schuldig fühlen.** Das sei der Grund für den extremen Erfolg der Klimabewegung. Die Leute wollten dadurch Geld an die ***Church of Greenpeace*** geben.

Da haben wir wieder die bekannten religiösen Elemente, die Schuld und die Sühne: Die Münze in dem Beutel klingt, die Seele aus dem Feuer springt.

Die Technisierung der Landwirtschaft sei der Schlüssel zur Bekämpfung der Armut. Dies würde zusätzlich die Emanzipation fördern, denn sonst müssten auch die Mädchen und Frauen den ganzen Tag auf dem Feld arbeiten. Das würde dann auch das Bevölkerungswachstum begrenzen [was wohl ein großes reales Problem wird, aber kaum Beachtung findet].

Es würde die „bäuerliche Landwirtschaft" romantisiert werden, die in Wirklichkeit aber nur Plackerei, bittere Armut und ein kurzes Leben bedeute.

Moore sagt weiter: *Die grüne Bewegung erfindet Storys, welche der Öffentlichkeit Furcht einträufeln"* und *„die Medien bekleiden die Papagei-Funktion: sie wiederholen es wieder und wieder und immer wieder, und keiner kann sich dem entziehen.*

Dieses Narrativ würde gestützt durch *grüne Politiker, die Wissenschaftler mit Steuergeldern kaufen, damit diese in ihrem Auftrag* **Angst erzeugen in Gestalt wissenschaftlich aussehenden Materials** und durch *das grüne Geschäftsgebaren, die Geldhaie und Crony Capitalists, welche von den massiven Subventionen profitieren, von riesigen Steuer-Abschreibungen und Aufträgen der Regierung, die deren Technologie requirieren, um damit ein Vermögen zu machen.*

Es gäbe genügend willige - von Steuergeldern bezahlte - Wissenschaftler die die Katastrophen-Theorie vorantreiben würden, wobei damit immer mehr Angst erzeugt werde. Diese Angst kann von der Politik genutzt werden, indem sie durch diese Kontrolle über die Denkweise der Wähler erlangt und dann als Retter vor dem Untergang auftreten kann.

Er bemängelt zudem, dass bei Greenpeace die Wissenschaft in den Hintergrund tritt und immer weniger Naturwissenschaftler das Sagen hätten. Er wies zudem auch darauf hin, dass der CO2-Gehalt in der Geschichte der Erde immer weiter gefallen ist, bis auf das niedrigste Niveau der Erdgeschichte. Dies ist, wie bereits erwähnt, sehr gefährlich, da es unter einem CO2-Gehalt von 150 ppm für viele Pflanzen kritisch wird. Wenn die Pflanzen sterben, dann tritt ein Artensterben eins enormen Ausmaßes ein, das vor uns Menschen nicht Halt macht.

19 Temperaturverläufe über verschiedene Zeitspannen

Hier sehen wir nochmal den Temperaturverlauf der letzten 11.000 Jahre, den wir bereits in den vorangegangenen Kapiteln dargestellt hatten.

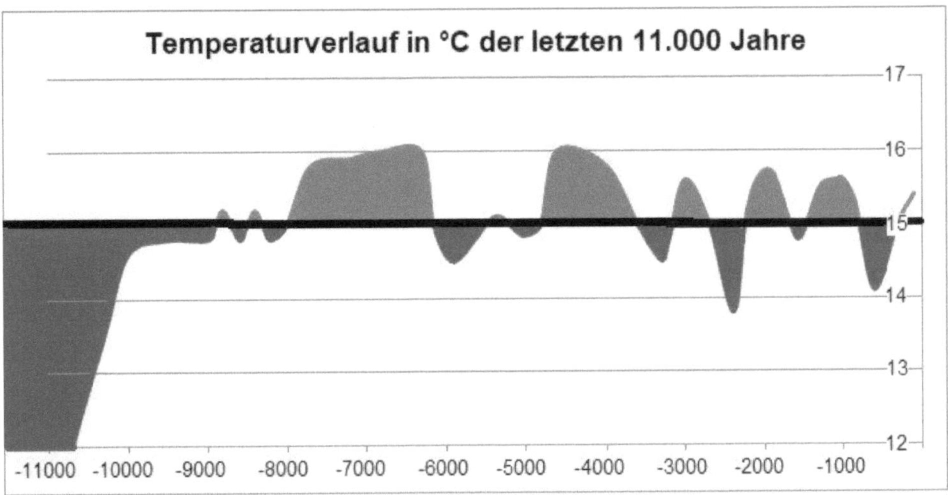

Abbildung 31: Daten-Quelle für diese Skizze war die Grafik: http://lv-twk.oekosys.tu-berlin.de//project/lv-twk/002-holozaene-optima-und-pessima.htm

In den oben dargestellten Warmzeiten (rot), in denen es teils relativ warm war, betrug der CO2 Gehalt nur 180-280 ppm. Ergo müssten wir nach der CO2-Theorie bei heutigen 400 ppm deutlich höhere Temperaturen als früher haben – was aber nicht der Fall ist. Die alleinige Konzentration auf eine bestimmte Größe kann zu Fehlschlüssen führen. Ganz rechts oben ist die mittelalterliche Warmzeit zu sehen. In der obigen Grafik sind die heutigen Temperaturen zu hoch angesetzt, da diese unter 15°C liegen.

In Geo stand in 2019 etwas sehr Interessantes: *„Was vor 11.500 Jahren zu Ende ging, als noch Hunderte Meter dicke Eisschilde große Teile Norddeutschlands bedeckten, war aber – genau genommen – keine "Eiszeit". Sondern eine Kaltzeit innerhalb des aktuellen, seit 2,6 Millionen Jahren andauernden Eiszeitalters."*

Das zeigt auch die folgende Grafik:

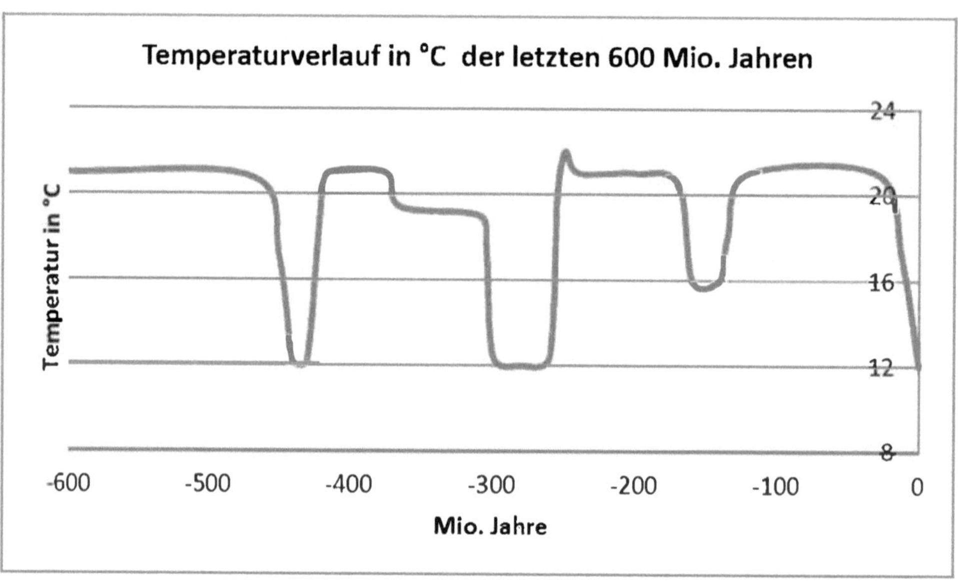

Abbildung 32: Daten-Quelle der Skizze: Global Warming and Climate change causes, impacts and mitigation, 2015 (MacRae, 2008)

Beim Vergleich der Grafiken 32 und 33 sehen wir, dass die Temperatur einen maximalen Wert von etwa 22°C annimmt, auch wenn der CO_2-Anteil auf über 6000 Teilchen pro Millionen Teilchen (ppm) oder 0,6% stieg (heute 0,04%), was zwischen vor 600 bis 500 Mio. Jahren so der Fall war.

Es gab sogar eine Eiszeit bei einer CO_2-Konzentration von ca. 4500 ppm bzw. 0,45%! Der CO_2-Gehalt lag auch schon bei fast 7000 ppm, was einem CO_2-Anteil von 0,7% entspricht. Genauso gab es auch hohe Temperaturen (vor 100 Mio. Jahren), während die CO_2-Konzentration stark abfiel. Das widerspricht einer Korrelation zwischen dem CO_2-Gehalt und der Temperatur in diesen Bereichen, hier gibt es weitere und stärkere Einflüsse.

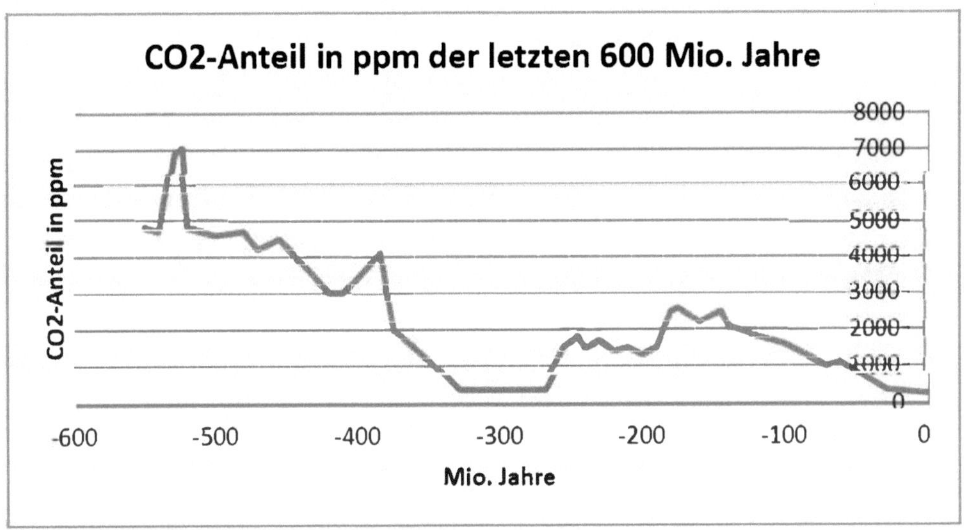

Abbildung 33: Daten-Quelle der Skizze: Global Warming and Climate change causes, impacts and mitigation, 2015 (MacRae, 2008)

Die obige Grafik zeigt eine weitere sehr interessante Tatsache: Vor rund 280 Mio. Jahren betrug der CO2-Gehalt – wie heute - weniger als 500 ppm und stieg dann erst auf über 1500 ppm und dann sogar nochmal auf über 2000 ppm an.

Vor ca. 2,7 Millionen Jahren vereiste die Antarktis. Seit einer Million Jahren lösen sich Kalt- und kürzere Warmzeiten ab, wobei die mittlere globale Temperatur um ca. 5°C zwischen Kalt- und Warmzeit schwankt. Vor 24.500 bis 18.000 Jahren war es relativ kalt gewesen, wobei Nordamerika, Grönland und große Teile Europas und Asien von Eis bedeckt waren. So war Salzburg unter 600 m Eis begraben. Ein Tiefstand der Meeresspiegel lag beispielsweise vor ca. 24.000 Jahren vor, wo er über 100 m tiefer lag als heute.

Als es dann vor rund 11.000 Jahren wärmer wurde, bis vor ca. 5.000 Jahren, grünte die Sahara! *Wir wissen, dass die heutige Sahara vor 6000 Jahren ein regnerischer Ort war*, sagte Robert Korty, Assoziierter Professor am Institut für Atmosphärenwissenschaften der A&M Universität in Texas. Zwischen 300 vor Christus und 400 nach Christus, im römischen Klimaoptimum, erwärmte sich das

Klima wieder. *„Erderwärmung bescherte Römischem Reich fette Jahre"* lautete die Überschrift eines Welt-Artikels in 2015 und hierin stand: *„Glaziologen gehen davon aus, **dass sich die Gletscher zur Römerzeit wohl stärker zurückgezogen hatten als heute** und die Alpen leicht passierbar waren. Mit Sicherheit war dies während der Optima im früheren Holozän der Fall, **als sie womöglich ganz geschmolzen waren.** Zeuge davon ist **Ötzi**, der vor 5000 Jahren beim Gang über die Alpen umkam und dessen Leiche unter einem neuen Gletscher verschwand."*

Schlimm, schlimm ist der Klimawandel, aber wenn er unter anderen Vorzeichen passiert: *„Im dritten Jahrhundert dann der Niedergang: Die Auflösung des Römisches Reiches, auch befördert durch ein fünfhundert Jahre währendes „Klimapessimum". Und zwar in doppelter Hinsicht. **Zum einen blieben nun, in kälteren Zeiten, die guten Ernten in Nordafrika und in der Heimat selbst aus, der Wohlstand war Vergangenheit."*.* Mal sehen, was mit unserem Wohlstand wird, wenn gerade Billionen an Euros gegen den Klimawandel eingesetzt werden und die Wirtschaft mit „gigantischem, historischem Ausmaß transformiert" wird.

Über die mittelalterliche Warmzeit wird folgende Geschichte erzählt: Um 984 n. Chr. wurde der Wikinger Erich der Rote verbannt. Er soll dann nach Grönland übergesiedelt sein und nannte es das „grüne Land". Damals lag die Durchschnittstemperatur der Erde auch relativ hoch.

Vom 15. bis 19. Jahrhundert hatten wir die „kleine Eiszeit". Kältere Zeiten waren immer schlecht für die Menschen, es gab Missernten. Die **Alpengletscher erreichten um 1850 ihre größte Ausdehnung seit rund 6.000 Jahren.** Danach wurde es wieder wärmer.

In einem Welt-Artikel stand zum Klimawandel:
*„Heute gilt der Klimawandel als Ursache globaler Katastrophen. **Für die Menschen der Antike waren Warmzeiten dagegen Garanten für gute Ernten. Kälte bedeutete Hunger, Not und Invasionen.***

Olivenbäume, Weinreben und anderes, was man eher aus wärmeren Regionen kennt, warf vor 2000 Jahren auf britischem Boden Erträge *ab. Tacitus (58-117), der so akkurate römische Historiker, hat es der Nachwelt überliefert.“*

Was außerdem kaum jemand zu berücksichtigen scheint und worauf bereits hingewiesen wurde, ist folgender sehr wichtiger Aspekt:
*„Eine Warmzeit ist in der Klimageschichte und auch in der Geologie neutral ein Zeitraum mit im Durchschnitt höheren Temperaturen zwischen zwei Zeitabschnitten mit durchschnittlich tieferen Temperaturen, sogenannten Kaltzeiten. Wenn eine Warmzeit innerhalb eines Eiszeitalters gemeint ist, so spricht man auch von Interglazial oder Zwischeneiszeit, seltener von Zwischenkaltzeit. Gegenwärtig ist die Erde in einem Eiszeitalter, dem känozoischen Eiszeitalter. Dieses gliedert sich wiederum in kürzere Abschnitte von Kaltzeiten und Warmzeiten. **Das gegenwärtige Holozän, das seit etwa 12.000 Jahren herrscht, ist eine solche Warmzeit innerhalb eines Eiszeitalters.**“* (Wikipedia)

Das heißt, wir befinden uns innerhalb einer Warmzeit in einem Eiszeitalter!!!

Zum größten Teil der Erdgeschichte waren die Pole eisfrei. Eiszeitalter sind Perioden, in denen die Polargebiete der Erde vergletschert sind, wie es aktuell gerade der Fall ist.

Wolf Dieter Blümel, Geograph und emeritierter Professor, schrieb im Artikel *„20.000 Jahre Klimawandel und Kulturgeschichte – von der Eiszeit in die Gegenwart“* im Jahr 2002 folgenden interessanten Satz: *„Eisbohrkerne und Analysen von Meeressedimenten belegen immer deutlicher, dass das gesamte Eiszeitalter (Beginn vor 2,4 Millionen Jahren) **gekennzeichnet war durch häufigen Klimawandel, nicht selten durch rapide ‚Sprünge‘. Zehn Jahrtausende klimatischer Stabilität in einem Interglazial wie der Jetztzeit erscheinen als bemerkenswerte Seltenheit.“**.* In der mittelalterlichen Warmzeit hätten die Temperaturen um 1,5 bis 2°C höher gelegen als heute, wie sie auch in Europa im römischen Klimaoptimum 1 bis 1,5°C höher gewesen wären.

20 Diverse periodische Temperaturschwankungen

Es gibt ganz viele Zyklen, in denen sich das Klima periodisch ändert und die sich überlappen. Da haben wir beispielsweise die Sonnenflecken, die periodisch auftreten, was wir schon in einem vorhergehenden Kapitel erörtert haben.

Nun kommen wir zu periodisch auftretenden Temperatur- und CO2-Gehalts-Veränderungen, die durch periodische Schwankungen – beispielsweise der Erdparameter wie der Erdbahn oder der Erdneigung – verursacht werden. Die folgende Grafik zeigt den CO2- und den Temperaturverlauf der letzten 400.000 Jahre:

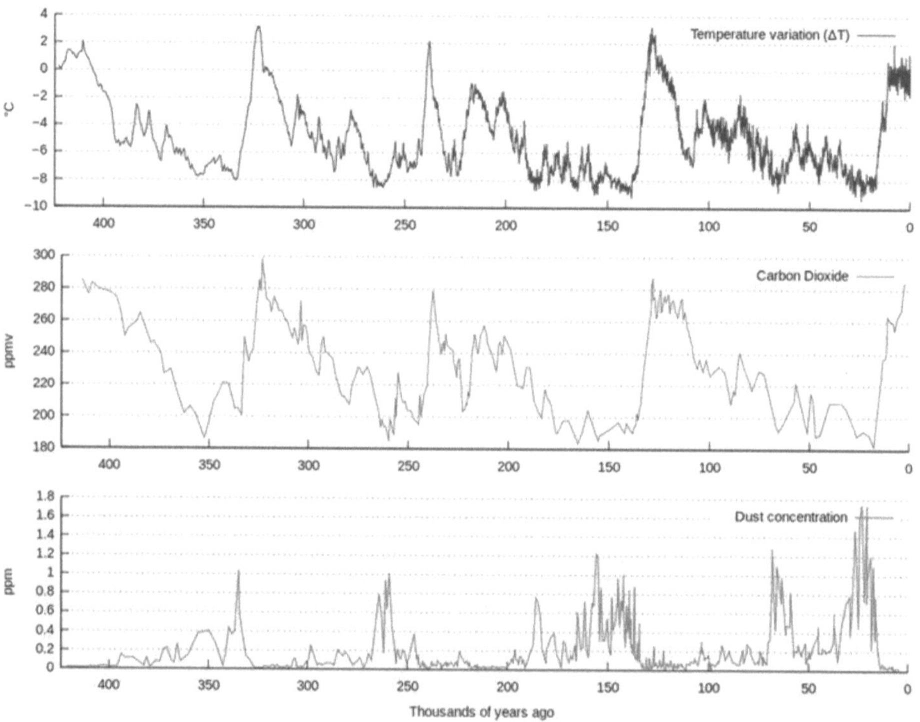

Abbildung 34: Quelle: Wikipedia,
https://upload.wikimedia.org/wikipedia/commons/b/b8/Vostok_Petit_data.svg

Hier sehen wir, wie periodisch immer wieder zunächst die Temperatur und danach erst der CO2-Anteil ansteigt, vorausgesetzt, die Kurven werden richtig dargestellt. Eine Ursache hierfür ist, dass die Meere CO2 gespeichert haben und dass, wie eine Flasche mit Mineralwasser bei steigender Temperatur immer weniger CO2 speichern kann und dieses an die Luft abgibt, auch das in den Meeren gespeicherte CO2 bei steigenden Temperaturen in die Luft bzw. Atmosphäre abgegeben wird. Wir sind zudem gerade wieder in einem CO2-Hoch, welches ca. alle 100.000 Jahre auftritt und dann ca. 20.000 Jahre anhält.

Diese erwähnten periodischen Veränderungen von Erdparametern wurden von Milanković-Zyklen, einem serbischen Mathematiker (1879–1958), untersucht und beschrieben. Hier treten eine Reihe von Veränderungen mit unterschiedlichen Periodenlängen auf, die sich überlagern. Mit einer Periodenlänge von ca. 41.000 Jahren ändert sich die Neigung der Erdachse (Obliquität, Ekliptikschiefe) gegen die Normale zur Erdbahnebene, dabei variiert der Winkel zwischen 22,1° und 24,5°. Das hat natürlich Auswirkungen auf das Klima.

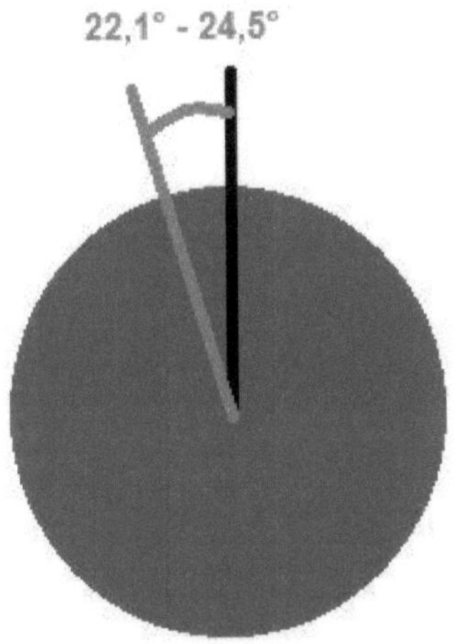

Abbildung 35: Ekliptikschiefe

Je größer der Neigungswinkel ist, umso größer sind die Unterschiede zwischen den Jahreszeiten und bei einem kleinen Winkel sind diese Unterschiede geringer.

Die Umlaufbahn der Erde um die Sonne ändert sich ebenfalls periodisch, es handelt sich hierbei um eine Änderung der Exzentrizität. Mal gleicht die Bahn der Erde um die Sonne eher einem Kreis (geringe Exzentrizität von 0,0006) und einmal eher einer Ellipse (hohe Exzentrizität von 0,058). Hier beträgt die Periodenlänge bzgl. der Hauptkomponente ca. 405.000 Jahre.

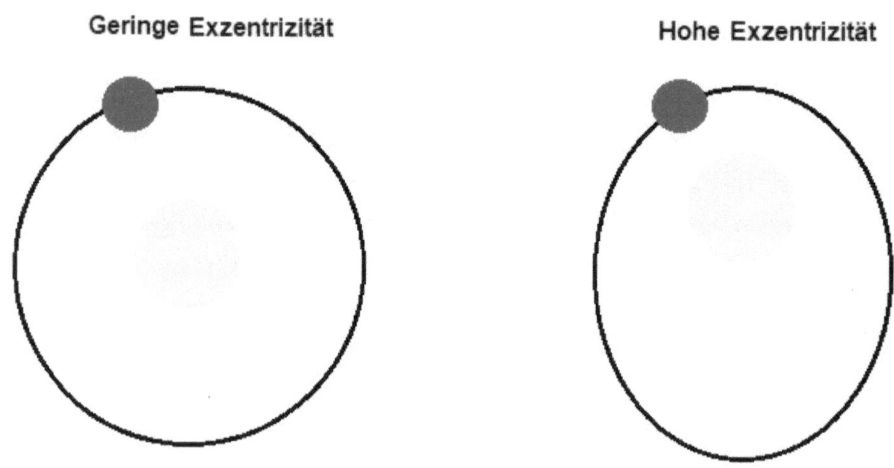

Abbildung 36: Veranschaulichung hohe und geringe Exzentrizität

Es gibt eine weitere periodische Veränderung und auch einen Effekt, was von Milanković in seinen Berechnungen nicht berücksichtigt wurde. Hier kippt die Erdbahnebene periodisch im Vergleich zur Sonne-Jupiter-Ebene, die auch – wie andere Störungen – durch Jupiter und Saturn verursacht werden, welche eine relativ große Masse haben und damit auch gravitativ auf die Erde und selbst auf die Sonne wirken. Die Periode beträgt hier ca. 100.000 Jahre und passt gut zu den Warm – und Kaltzeiten während der letzten 700.000 Jahre, was die Abbildungen 34 und 37 zeigen.

Es folgt eine weitere Darstellung der periodischen Temperaturschwankungen mit den gleichzeitig auftretenden Veränderungen von Gas-Konzentrationen in der Atmosphäre, wie dem CO_2-Gehalt:

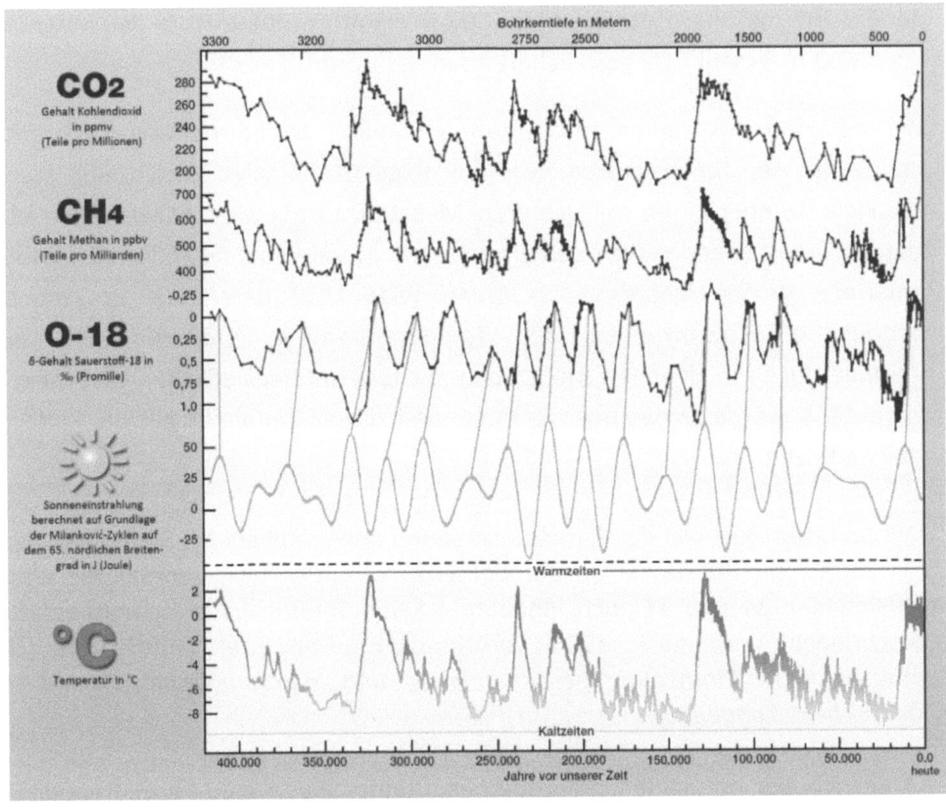

Abbildung 37: Quelle: https://commons.wikimedia.org/wiki/File:Milankovic-Zyklen_2017_(cropped).jpg

Was die Temperaturen der Erde betrifft: Die Erde war größtenteils eisfrei. Vor 115.000 Jahren schwammen Flusspferde im Rhein. Das Klima veränderte sich andauernd. Das ist hochinteressant, wenn wir die obige Grafik betrachten, **dann sehen wir wie alle etwa 100.000 Jahre für rund 20.000 Jahre die Temperatur hoch ist und der CO2-Gehalt damit auch erhöht wird. In einer solchen Phase befinden wir uns seit rund 20.000 Jahren. Wenn sich dieser Zyklus so fortsetzt, werden die Temperaturen wieder um ca. 10°C (!) abfallen und der CO2-Anteil wird verringert. Dann werden kalte Zeiten kommen.** Die beschriebenen periodischen Temperaturschwankungen werden durch die Zyklen ausgelöst und in der Erwärmungsphase gibt das Meer CO2 in die Atmosphäre ab. In den Meeren ist 50- bis 60-mal mehr CO2 gespeichert als in der Atmosphäre.

Wir befinden uns zudem momentan auf einem periodisch wiederkehrenden Hochpunkt der Temperaturen, was die obige Grafik zeigt. Gleichzeitig steigen auch die Temperaturen im kleineren Maßstab an, da wir uns am Ende einer kleinen Eiszeit befinden (Wikipedia: „*Als letzte Markierung der kleinen Eiszeit wird etwa die große Hungersnot in Irland 1845–1852 gesehen*"). Es gibt also periodische Schwankungen der Temperaturen in größeren und auch Veränderungen in kleineren Maßstäben mit teils unterschiedlichen Ursachen. Ab etwa 1850 wurde es weltweit wärmer und dieser Zeitpunkt gilt als Ende der kleinen Eiszeit.

Milutin Milankovic war der Ansicht, die Sonne und vor allem die Stellung der Erde zur Sonne, sei für das Klima auf der Erde verantwortlich, worauf die obigen Abbildungen 34 und 37 auch hindeuten. Seine Theorie hatte er mathematisch beschrieben und diese 1920 veröffentlicht. Der Titel lautete (deutsche Übersetzung): *Mathematische Klimalehre und astronomische Theorie der Klimaschwankungen*

Milankovic hat mit seinen theoretischen Überlegungen eine Formel entwickelt, die die Intensität der Sonneneinstrahlung in Abhängigkeit vom Breitengrad und drei weiteren Größen bestimmen lässt. Dazu zählen die Exzentrizität des Erdorbits um die Sonne, die Präzession und die Ekliptikschiefe (Neigung der Erdachse).

Kommen wir noch zu einer wichtigen Entdeckung, welche diverse Temperaturschwankungen erklären kann: Die Wissenschaftler V.V. Zharkova, S. J. Shepherd, S. I. Zharkov und E. Popova beschrieben in einem Artikel aus 2019 die Periodizität des Erdklimas in Abhängigkeit von der Intensität der Sonneneinstrahlung und der Sonnenaktivität: Es gäbe einen großen Sonnenzyklus der rund 2100 Jahre umfasst und kleinere Zyklen von 350 bis 400 Jahren. In den kleinen Zyklen gäbe es solare Maxima und Minima, die von der Anzahl der Sonnenflecken abhingen, welche ein Maß für die Sonnenaktivität darstellen. Zusätzlich habe auch die Position der Erde im großen Sonnenzyklus einen Einfluss. Der nächste große Sonnenzyklus wäre bis 2600 abgeschlossen und **bis dahin sei**

mit steigenden Temperaturen von bis zu 2,5°C zu rechnen, also mit Nichten durch das CO2! Dies würde sich durch verstärkte Sonneneinstrahlung, die aus der relativen Position von Sonne und Erde resultiert, ergeben. Dazwischen gibt es jedoch von 2020 bis 2055 und von 2370 bis 2416 solare Minima, welche die Temperaturen wieder sinken lassen würden.

Damit könnte das Maunder Minimum von 1645 bis 1715 gut beschrieben werden. Zwischen 2020 und 2055 hätten wir eine kleine Eiszeit zu erwarten. Also hängen die Temperaturen nicht nur von einer Größe, dem CO2-Gehalt, sondern auch von den Erdbahnparametern und den Sonnenaktivitäten ab, was wir gleich noch näher betrachten.

Damit könnte **die Erwärmung der letzten Jahrhunderte vollständig durch den Sonnenzyklus und die relativen Positionen von Erde und Sonne zueinander erklärt werden.**

Es gibt eine Reihe von Sonnen(-Flecken-)Zyklen, wie beispielsweise den Schwabe-Zyklus (ca. 11 Jahre), den Hale-Zyklus (ca. 22 Jahre), den Gleißberg-Zyklus (ca. 80-90 Jahre) und den Seuss-Zyklus (ca. 108 – 208 Jahre).

Die Temperaturen der nördlichen Hemisphäre ließen sich nach einem Artikel der beiden Wissenschaftlern Eigil Friis-Christensen und Henrik Svensmark aus 1997 gut durch die Sonnenaktivität erklären:

Tatsächlich zeigte ein Vergleich mit der Landtemperatur der nördlichen Hemisphäre in den letzten 130 Jahren eine bemerkenswert gute Korrelation mit der geglätteten Kurve der variierenden Sonnenzykluslänge (siehe Abbildung 38a), was darauf hinweist, dass dieser Parameter möglicherweise auch das Klima der Erde beeinflusst. Wir sehen im Folgenden den Zusammenhang zwischen Temperatur und Solar-Zyklen-Länge.

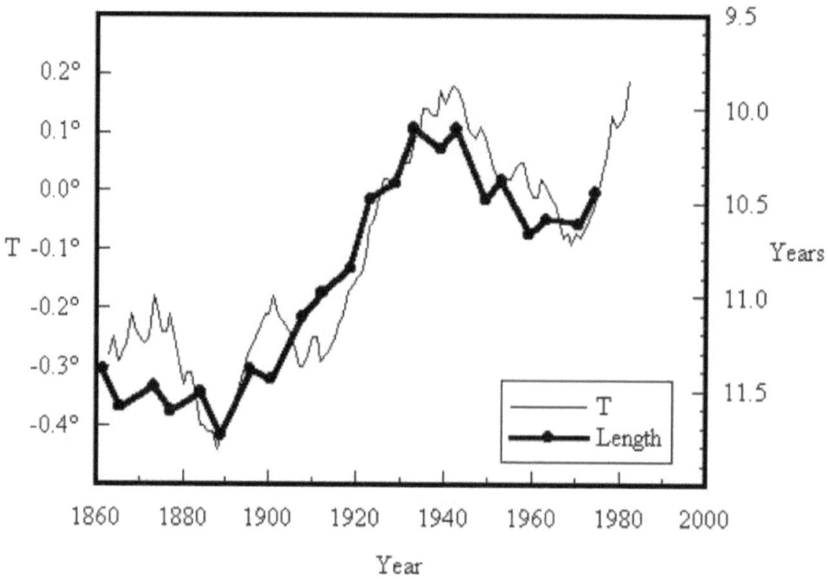

Abbildung 38a: Quelle: Artikel, Advances in Space Research, Volume 20, Issue 4-5, p. 913-921 (1997) „What do we really know about the Sun-climate connection?" von Eigil Friis-Christensen and Henrik Svensmark

Da stellt sich aber ein Professor Lesch in TV-Sendungen des ÖR Rundfunks und auf Veranstaltungen der Grünen hin, zeigt eine Grafik mit dem CO2-Anteil, der Sonnenaktivität und der Temperatur über ein paar Jahre und stellt dies so dar, als zeige seine Grafik ganz eindeutig dass CO2 die treibende Kraft sei. Dabei wies die Grafik mehrfach teils falsche und dann einmal auch keine Jahreszahlen auf. Wenn man aus einer Grafik alleine durch das Draufschauen eindeutige Zusammenhänge erkennt, dann ist das nichts anderes als Kaffeesatzlesen.

Zum Ende des Kapitels betrachten wir noch eine weitere zyklischen Änderung, die sogenannte AMO. Hierbei handelt es sich um die Atlantische Multidekaden-Oszillation (Abkürzung AMO; engl. atlantic multidecadal oscillation), die eine Bezeichnung für eine zyklisch auftretende Zirkulationsschwankung der Ozeanströmungen im Nordatlantik ist. Daraus resultieren Veränderungen der

Meeresoberflächentemperaturen des gesamten nordatlantischen Beckens, was natürlich einen Einfluss auf die Atmosphäre hat.

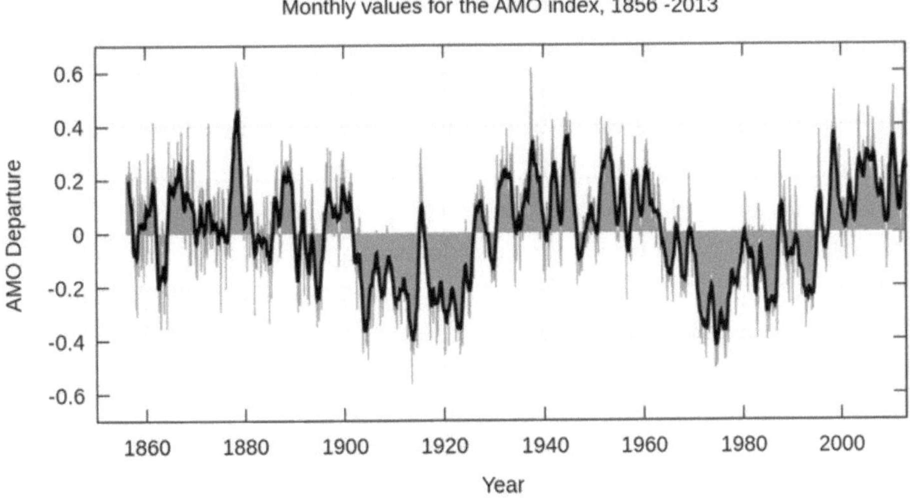

Abbildung 38: Von Rosentod, Marsupilami – Quelle: https://www.esrl.noaa.gov/psd/data/correlation/amon.us.long.data, https://commons.wikimedia.org/w/index.php?curid=4313165

Es gibt eine ganze Reihe von Artikeln, die sich mit dem Einfluss der AMO oder anderen zyklischen Phänomenen auf das Klima befassen, sei es lokal für Europa oder auch global. Neben der AMO gibt es noch die El Niño-Südoszillation (ENSO). Richard A. Muller und Judith Curry et al. haben hier den Einfluss beider Oszillationen auf das globale Klima untersucht und einen Artikel diesbezüglich in 2013 veröffentlicht. Die mittleren globalen Landoberflächentemperaturen wären wohl stärker auf gewissen Zeitskalen vom AMO beeinflusst als vom ENSO, der lokal einen stärkeren Einfluss hätte.

21 Einflüsse von Sonnenaktivitäten auf das Klima

Im Juni 2019 erschien in der Zeitschrift Nature ein Artikel mit dem Namen *„oscillations of the baseline of solar magnetic field and solar irradiance on a millennial timescale"*, indem es darum ging, dass durch Sonnenaktivitäten die Temperaturen steigen und fallen können, was wir bereits auch im vorhergehenden Kapitel sahen. **So kann ein Anstieg der Temperaturen von 0,5°C pro 100 Jahre über die letzten 200 Jahre erklärt werden, ganz ohne CO2.** Mit diesen Aktivitäten der Sonne lassen sich auch wärmere und kältere Perioden beispielsweise der letzten Jahrtausende erklären: Es gab Sonnenminima, wie beispielsweise das Maunder Minimum (1645 bis 1715), das Wolf Minimum (1200), das Oort Minimum (1010 bis 1050), das Homer Minimum (900 bis 800 v. Chr.) Ebenso gab es große Sonnenmaxima, durch die die mittelalterliche Warmzeit (900 bis 1200), wie auch die römische Warmzeit erklärt werden kann.

Die Sonnenaktivitäten seien als einer der wichtigsten Faktoren für die Temperatur auf der Erde und auf anderen Planeten bekannt. Aus diesem Grund wurde es wohl auch auf anderen Planeten unseres Sonnensystems wärmer. Relevant für diese Sonnenaktivitäten ist das solare Magnetfeld. In den letzten 3000 Jahren gab es neun große Sonnenzyklen von 350 bis 400 Jahren Dauer, die von Magnetwellen verursacht wurden. Diese stehen auch im Zusammenhang mit den Sonnenflecken. Das letzte Minimum eines sogenannten Super-Grand-Zyklus trat zu Beginn des Maunder-Minimums auf. Sie schrieben: *Gegenwärtig nimmt das Grundlinienmagnetfeld (und die Sonneneinstrahlung) zu und erreicht sein Maximum bei 2600, wonach das Grundlinienmagnetfeld für weitere 1000 Jahre abnimmt. … Darüber hinaus wird erwartet, dass die erheblichen Temperatursenkungen während der beiden großen Minima in den Jahren 2020–2055 und 2370–2415 auftreten werden, deren Größen noch nicht vorhergesagt werden können und weitere Untersuchungen erfordern.*

Die Wissenschaftler gehen davon aus, dass neben den Minima die Temperaturen bis 2600 um 2,5 bis 3°C ansteigen werden. Die Ursache für diese

Sonnenaktivitäten ist höchst wahrscheinlich die Schwerkraft der großen Planeten Jupiter und Saturn, die dafür sorgt, dass die Sonne auch eine elliptische Bewegung – um das Baryzentrum, den gemeinsamen Schwerpunkt der Planeten und der Sonne – ausführt.

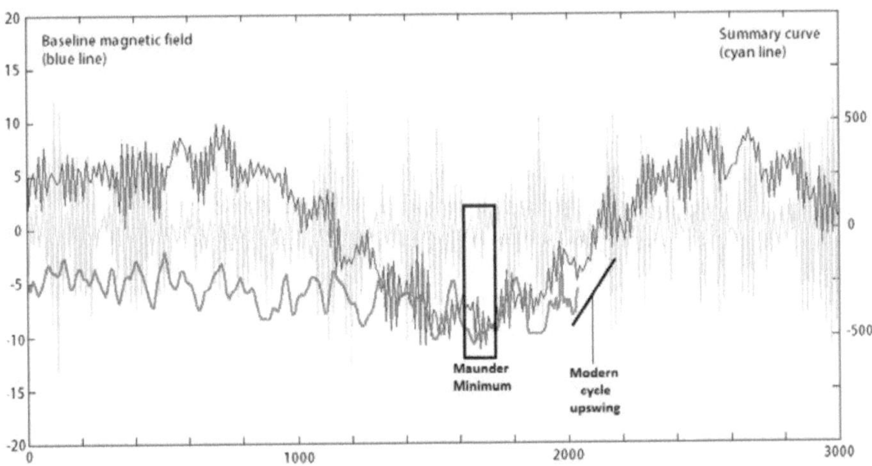

Abbildung 39b: Quelle: Oscillations of the baseline of solar magnetic field and solar irradiance on a millennial timescale, V. V. Zharkova et al., 2019

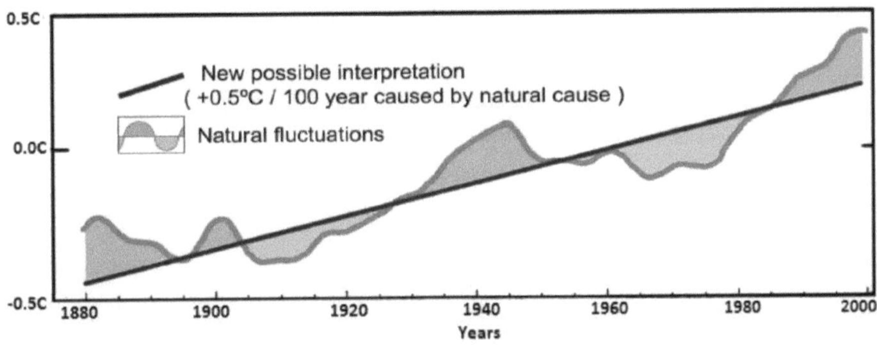

Abbildung 40: Quelle: Oscillations of the baseline of solar magnetic field and solar irradiance on a millennial timescale, V. V. Zharkova et al., 2019

Die Wissenschaftler sagen somit ein solares Minimum von 2020 bis 2055 voraus, wodurch, wenn nicht andere Effekte diesen Einfluss auf das Klima überlagern, es zu Verhältnissen wie im Maunder Minimum, der letzten „kleinen Eiszeit", kommen könnte. Hier traten sehr kalte Winter zumindest in Europa, Nordamerika und China auf.

22 Zur Kreativität der Achsengestaltung bei Grafiken

Wenn es um die Darstellung der globalen Erwärmung geht, dann fällt auf, dass Grafiken oft mit dem Jahr 1850 auf der waagrechten Achse beginnen, gerade da, wo nicht lange zuvor die kleine Eiszeit endete. In vielen Texten wird hier von der optimalen Durchschnittstemperatur gesprochen, auf der horizontalen Achse der Grafiken fehlen dann aber oft die absoluten Temperaturwerte.

Das hat auch einen Grund, da die angeblich optimale Durchschnittstemperatur von 15°C bisher gar nicht erreicht wurde und gerade ältere Grafiken eine Temperatur von deutlich unter 15°C aufweisen sollten, was diese aber oft nicht tun, wie beispielweise bei Hensen 1988 und aber auch bei vielen anderen. Hier ist aber durch das Fehlen der absoluten Temperaturen nur ein Anstieg zu sehen, es fehlt aber der absolute Bezug. Dies war auch so schon in Schulbüchern der Fall. Bei der im Folgenden zu sehenden Grafik sind die Absolut-Temperatur rechts zu sehen und links die relative.

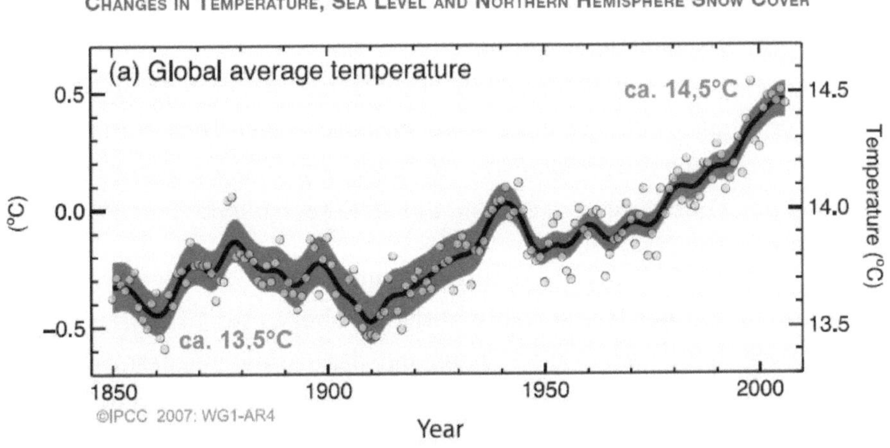

Abbildung 41: Quelle: IPCC-Report 2007 AR4-WG1

Wenn an einer Stelle eine fiktive Null erscheint, dann haben wir bei einer ansteigenden Kurve das Gefühl, die Temperaturen seien zu hoch geworden, weil die richtige bzw. absolute Temperatur unbekannt ist. Wir sehen nur eine Zunahme, deren absolute Höhe auch fragwürdig ist. Hier kam es dann zu einem weiterverbreiteten Fehler, teils in deutschen Qualitätsblättern, die vor Jahren schon zu hohe Durchschnittstemperaturen angaben, die über 15°C lagen. So geschehen 1988 in einer Grafik, bei der eine globale Durchschnittstemperatur von 15,4°C in einer bekannten deutschen Zeitschrift zu sehen war. Schauen wir auf die Abbildung 41, dann sehen wir, **dass die Temperaturen um 1860 bei rund 13,5°C lagen**. Im Jahr 2000 wird die Temperatur mit etwas unter 14,5°C angegeben. Bei einer Google-Suche sah ich bei den oberen Seiten nur Grafiken, bei denen keine Absolut-Temperaturen zu sehen waren.

Als natürlich wird eine globale Durchschnittstemperatur von 15°C angesehen. Dazu lesen wir im Bericht der ENQUETE-KOMMISSION aus 1990:

„Der natürliche Treibhauseffekt, der von den Gasen Wasserdampf (H20), Kohlendioxid (CO2), Ozon (O3), Stickstoffoxid (N20) und Methan (CH4), ihrer Bedeutung nach gereiht, hervorgerufen wird, bewirkt, daß die heutige Durchschnittstemperatur auf der Erde in Bodennähe rund 15 °C beträgt."

Oder auf dem Wiki.Bildungsserver.de:
„Der auf diese Weise hervorgerufene Wärmestau in der unteren Atmosphäre bewirkt - gegenüber dem Fall ohne Treibhausgase - einen Temperaturunterschied von +33 °C bzw. eine Erwärmung von -18 °C auf eine mittlere globale Temperatur von +15 °C und ermöglicht damit überhaupt erst Leben auf der Erde."

Somit wurden 15°C als natürlich angesehen und alle (richtigen) Temperaturkurven der letzten Jahre verliefen aber unter 15°C. Diese 15°C sind natürlich auch wiederum nur eine Festlegung, denn in der jüngeren Erdgeschichte der letzten 600 Mio. Jahre waren es oft höhere Temperaturen, die über Millionen von Jahren vorherrschten, die ebenfalls natürlichen Ursprungs waren. Gehen wir aber mal von 15°C aus und beachten, dass die Durchschnittstemperatur 1860 bei nur ca. 13,5°C lag, **dann war es doch um 1850 deutlich zu kalt!**

Auch auf dem wiki.Bildungsserver.de finden wir die untere Grafik und hier sehen wir keine Absolut-Temperaturen, wie auf diversen anderen Grafiken dieser Art. Dies soll wohl suggerieren, dass die Temperaturen zu hoch geworden sind, dabei lagen diese in den letzten 150 Jahren deutlich unter 15°C.

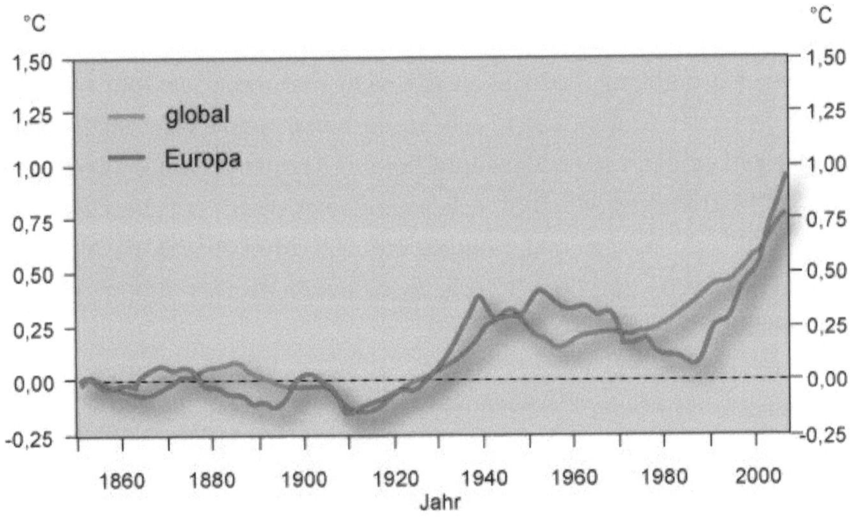

Abbildung 41a: Quelle: wiki.bildungsserver.de/klimawandel/upload/Temp_eu_global.jpg

Wir sehen übrigens diverse Darstellungen von Temperaturverläufen ab 1850 und in dieser Grafik oben liegen um die 1940er die Temperaturen ziemlich tief. Die rote Kurve zeigt die Temperaturen in Europa, also auf der Nordhalbkugel, wo es um 1940 relativ warm war. Die verschiedenen Verläufe können sich natürlich auch durch eine Aussage eines deutschen Klimawissenschaftlers erklären, die aber auch allgemein bekannt ist: Selbst die meisten mittleren Temperaturen des 20. Jahrhunderts weisen eine Unsicherheit von ±0,5°C auf. Das lässt natürlich Spielraum für Kreativität, wie bereits berichtet.

Um die 1940ern lagen selbst in der russischen Arktis die Temperaturen relativ hoch und auch global fielen relativ hohe Temperaturen um 1940 auf, was nicht zuletzt wohl Gegenstand von Diskussionen der „Klimawissenschaftler" des sogenannten Klimagates war. Hier war u.a. von 1940 die Rede.

Die nächste Grafik soll zeigen, dass für 10000 Jahre der CO2-Gehalt nie so hoch wie heute war und benutzt ein klassisches Mittel der Suggestion in der Darstellung, indem die senkrechte Achse bei knapp unter 250 ppm beginnt und nicht bei 0 ppm. Möchte ich einen Anstieg besonders groß erscheinen lassen, beginne ich in etwa mit dem Tiefsten Wert auf der senkrechten Achse. Wir könnten aber auch 60 Mio. Jahre zurückgehen oder 600 Mio. Jahre, dann würden wir den heutigen CO2-Gehalt gar nicht mehr ablesen können, da er auf der linken Seite der Grafik über 17-mal so hoch war, ohne dass die Erde gekocht hätte. Hier gab es dann sogar Eiszeiten! Bei den Temperaturdaten wird oft gerne die Zeit ab 1850 dargestellt. Dieser Zeitraum folgt direkt auf die kleinen Eiszeit und beim CO2 geht es maximal mehrere 100.000 Jahre zurück, da hier der CO2-Gehalt nur rund 180 - 280 ppm betrug, davor waren es aber 1000 ppm und auch weitaus mehr.

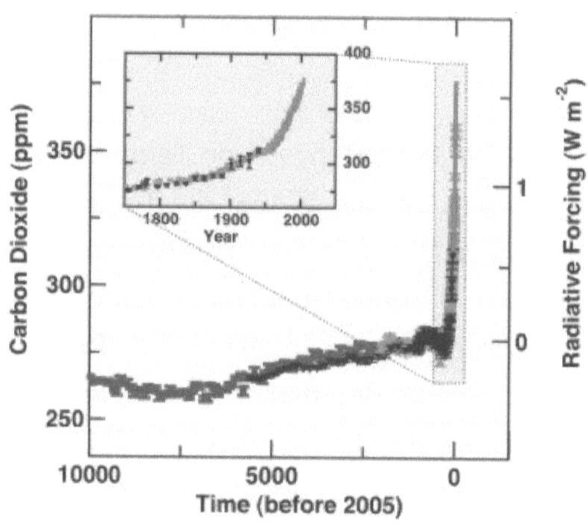

Abbildung 42: Quelle: IPCC-Report 2007 AR4-WG

Übrigens: Im Jahr 2004 gab es einen absoluten Kälterekord in der Ostantarktis – mitten in einer Polarnacht auf der Südhalbkugel, als die Sonne zum Teil für Monate nicht aufging. Die Temperatur fiel am 23. Juli 2004 auf -98,6 Grad Celsius. Dies war nicht der einzige Kälterekord nach dem Jahr 2000!

23 Wenn ein Forscher andere Einflüsse beschreibt

Nir Shaviv ist Professor am Racah-Institut für Physik der Hebräischen Universität Jerusalem. Wikipedia beschreibt ihn wie folgt: *„Shaviv bestreitet den menschengemachten Klimawandel, ist in verschiedenen Klimaleugner-organisationen aktiv und gilt als einer der „Stars" der internationalen Klimaleugnerszene"*. Wann hat es je eine solche Diffamierung eines Wissenschaftlers gegeben? Der Mann ist Professor an einer Universität!

Von Shaviv sind u. a. folgende Zitate bekannt:

„Klimawandel hat es immer schon gegeben, und daran wird sich nichts ändern" oder *„der CO2-Ausstoß spielt dabei nicht die größte Rolle, sondern die periodische solare Aktivität".*

Er kam aufgrund seiner Forschungen zu der Erkenntnis, dass es sich beim Klimawandel um ein viel komplizierteres Phänomen handle, als Politiker oder Medien behaupten. Er könne beweisen, dass ein Großteil der globalen Erwärmung nicht das Resultat der Zivilisation sei.

Im Gegensatz zu vielen anderen Wissenschaftlern ist Shaviv überzeugt, dass es *„keinen direkten Beweis dafür gibt, wonach CO2-Schwankungen zu großen Temperaturschwankungen führen."* Das von Menschen produzierte CO2 spiele beim Klimawandel bloß eine untergeordnete Rolle. Zwischen 50 Prozent und zwei Dritteln der globalen Erwärmung sei auf die Aktivitäten der Sonne zurückzuführen, sagt er.

Dass sich das Klima verändere, streitet er nicht ab. Doch das sei kein Grund zur Panik. Der Strahlungsantrieb der Sonne sei etwa zehnmal größer als es das IPCC zugestehe. Dieses lasse außer Betracht, dass es einen Verstärkungsmechanismus zwischen der Sonnenaktivität und dem Klima gebe.

Auf der Seite des Bundestages, wo er als geladener Sachverständiger an einem Ausschuss Ende 2018 teilnahm, steht: *„Anders als alle anderen Wissenschaftler* *riet Prof. Dr. Nir Shaviv von der Hebräischen Universität Jerusalem dazu, innezuhalten, bevor Ressourcen „verschwendet" würden: Es gebe keinen Beleg für eine menschengemachte Erderwärmung. Der Weltklimarat gebe nicht zu, dass es stattdessen Beweise dafür gebe, dass die Sonneneffekte entscheidend für das Klima seien. Sie sei zu mehr als 50 Prozent der Erderwärmung verantwortlich."*

Stafan Rahmstorf vom PIK, der immer wieder gerne den Konsens verteidigt, auch mit Argumenten wie *„Richtig! Weg mit dem Konsens über die Existenz der Schwerkraft!"* und unter scilogs.spektrum.de einige Artikel veröffentlichte, wie einen mit der Überschrift *„Nir Shaviv erklärt den Klimawandel für die AfD im Bundestag"*. Das muss man sich mal vorstellen, eine absolute Frechheit!

Hier schreibt Rahmstorf u.a. *„Als zweites brachte Shaviv einen der ältesten Glaubenssätze der Klimaleugner: die Hockeyschlägerkurve sei „dubiose Wissenschaft"! Wieso dieses zwanzig Jahre alte Forschungsergebnis eines jungen Postdoc (Mike Mann) heute noch wichtig ist, verriet er allerdings nicht."*

Warum soll diese Kurve denn so wichtig sein, wo sie doch genau zeigt, wie mit Übertreibung Panik geschürt wird und mit welchen „wissenschaftlichen" Methoden hier gearbeitet wurde?! Wenn hier ein zentraler Beweis des IPCC für den vermeintlich extremen Temperaturverlauf womöglich – worauf alles hindeutet – manipuliert wurde, dann ist das auf jeden Fall relevant für die Einordnung weiterer Aussagen aus dieser Richtung. Zumindest war diese Grafik nach Ansicht namhafter Wissenschaftler fehlerhaft und vor Gericht konnte Michael Mann zum Nachweis der Richtigkeit seiner Temperaturkurve weder Beweise noch Rohdaten vorlegen.

24 Jetzt Klimabotschafter*in werden und Kinder beeinflussen

In Internet finden wir diverse Seiten, die dafür werben, dass sich Kinder bzw. Jugendliche zu sogenannten Klimabotschaftern ausbilden lassen können. Hier sind dann Texte wie diese zu lesen *„Jugendliche zwischen 14 und 20 Jahren haben im Juni erneut die Chance, sich zu Multiplikator*innen für Gleichaltrige im Bereich Klimaschutz und Nachhaltigkeit ausbilden zu lassen."*.

Es sollen also Schülerinnen und Schüler zu Klimabotschaftern ausgebildet werden, die dann wiederum deutschlandweit Klima-Workshops an Schulen anbieten: *„In der **6-tägigen Ausbildung** lernen sie, wie man die Ursachen und Folgen von Klimawandel für Gleichaltrige verständlich darstellt, Workshops spannend gestaltet und Gruppen souverän moderiert sowie andere in Lernprozessen und Projektmanagement unterstützt. Die ausgebildeten Klima-Botschafter*innen werden Teil eines Schüler*innen-Netzwerks und geben in Teams deutschlandweit Klima-Workshops an Schulen."*

Auf derselben Seite wird dann auf **schule-klima-wandel.de** hingewiesen, die ein Peer-Learning (peer für gleichaltrige) propagiert, wobei Netzwerktreffen und Fortbildungen veranstaltet werden, um „gemeinsam für eine nachhaltige Veränderung einzutreten". Hier wird einiges geboten: *„Wir – die Klima-Botschafter*innen – geben Workshops für andere Schüler*innen und setzen uns gemeinsam mit Ursachen und Folgen von Klimawandel auseinander."* Außerdem lesen wir: *„Der jetzige Klimawandel ist also von Menschen verursacht."*. Natürlich dürfen Themen wie „Klimaflucht" mit *„seit 2008 schon 26 Mio. Menschen"* und *„Frauen* sind gegenüber Männern benachteiligt (Sexismus)"* nicht fehlen, also alles Themen einer linken Agenda.

Es gibt auch eine Seite **Klimabotschafter.de**, die von der First Climate AG unterstützt wird. Hier bekommen wir Überschriften wie *„Grün aus Überzeugung"* und biete *„Lösungen für Klimaschutz und Grüne Energie"* präsentiert und sie wirbt mit *„Aktiv gegen Treibhausgasemissionen"*.

Auf anderen Webseiten treten auch ältere Personen als Klimabotschafter auf und diese sind mit einem Hinweis auf Förderung durch das Bundesumweltministerium versehen.

Zusätzlich gibt es eine Reihe von lokalen Seiten und auf einer weiteren Seite lesen wir: *„Seit Beginn der Industrialisierung haben menschliche Aktivitäten, wie die Verbrennung fossiler Brennstoffe und die Zerstörung der tropischen Regenwälder[1], zu einem starken Anstieg der Treibhausgaskonzentrationen in der Erdatmosphäre geführt. Als Folge steigt der Meeresspiegel, häufen sich extreme Wetterverhältnisse[2] und gehen Artenvielfalt und Nahrungsmittelproduktion[3] zurück. Klimaexperten fordern deshalb eine drastische Reduzierung der Treibhausgase."*

(1) Das Abbrennen oder Zerstören von Teilen des Regenwalds ist natürlich ein absolutes Tabu. Hier wird aber auch etwas dramatisiert. Der Spiegel schrieb hierzu: *„CO_2 fördert das Wachstum der tropischen Wälder, sie müssten demnach auch größere Mengen des Klimagases binden. Doch diese einfache Rechnung stimmt nicht, wie eine neue Studie zeigt."*

(2) Jedes Wetterphänomen wird heute gerne dem angeblich zu hohen CO_2-Gehalt angelastet. Mal regnet es zu viel, mal zu wenig, mal scheint die Sonne zu häufig oder bläst der Wind zu stark, immer ist der CO_2-Gehalt schuld bzw. der Mensch. Hat eine minimale Erhöhung des CO_2-Anteils von 0,036% auf 0,040% plötzlich heiße Sommer gebracht – da doch gerade die letzten Sommer als zu heiß beschrieben wurden, oder liegen hier nicht weitere und auch bedeutendere Einflüsse zu Grunde?!

Wir treffen immer wieder auf Menschen, die sagen, heute sei es so warm, das sei doch nicht normal. Das sei der menschgemachte Klimawandel. Dieser „Klimawandel" beginnt komischerweise direkt mit dem Ende einer kleinen Eiszeit und wir haben schon beliebig viele Ursachen gesehen, da sich das Klima schon immer gewandelt hat. Es kann nicht sein, dass dieser Wandel alleine durch die menschgemachten 0,012 Prozentpunkte mehr an CO2 entsteht, dieser

„Klimawandel" hat in den letzten Jahrzehnten eine Veränderung von 0,01 bis 0,02°C pro Jahr ausgemacht. Hier wurde es nicht von heute auf morgen 2°C wärmer! Es wäre aber schon laut einem bekannten deutschen Professor, der heute ganz anders spricht, plötzlich innerhalb weniger Jahre um etliche Grad wärmer geworden, lange bevor der Mensch existierte und damit ganz ohne menschgemachtes CO2.

Dieser Klimawandel stellte zudem zunächst in den letzten 150 Jahren wieder „normale Temperaturverhältnisse" her, da es 1850 im Mittel mit ca. 13,5°C im Vergleich zum natürlichen globalen Temperaturmittelwert von 15°C doch viel zu kalt war.

Unabhängig davon kann ein Schluss per Analogie in die Irre führen, gerade wenn immer gesagt wird, es wäre noch nie so schnell so warm geworden. Wie wollen wir das sagen, wenn die Daten der Vergangenheit nicht genau vorliegen und es selbst in der Vergangenheit genügend Temperaturveränderungen gab, ohne menschlichen bzw. anthropogenen Einfluss. Wir können nicht genau bestimmen, wie die Temperatur vor 1000 Jahren war, wir können höchsten beispielsweise sagen: vor x Jahren lag die Temperatur mit einer Wahrscheinlichkeit von 95% zwischen 14,3 und 15,5°C. Damit können wir – wegen der Unsicherheit – auch keine genauen Aussagen darüber treffen, wie schnell es vor x Jahren wärmer wurde. Das können wir erst recht nicht für die letzten hunderte von Millionen Jahre sagen – bis auf den Professor Lesch, der uns immer gerne im ÖR Fernsehen seine Sicht der Welt mitteilt.

Direkt nach einem heißen Sommer in Deutschland gab es im Jahr danach, in 2004, einen Kälterekord von -98,6°C, der per Satellit im ostantarktischen Polarplateaus gemessen werden konnte. Dieser wurde aber erst später entdeckt, denn der vorhergehende Kälterekord lag in 2013 bei -93,2°C.

(3) CO2 fördert das Pflanzenwachstum, ist also Dünger für die Pflanzen, worauf hier schon mehrfach eingegangen wurde. Ohne CO2 gäbe es überhaupt keine Nahrung und schon bei unter 150 ppm CO2 kann es kritisch werden! CO2 ist

praktisch Nahrung für die Pflanzen und so wie wir O2 (Sauerstoff) benötigen, benötigen die Pflanzen CO2. Ein mehr an CO2 ist besser für die Pflanzen, das CO2 war mit 180 ppm bereits schon mal so niedrig, das es gefährlich hätte werden können. Die Erde ergrünte dereinst üppig durch ein vielfaches Mehr an CO2. Wir hatten damals gigantische Pflanzenesser auf der Erde, beispielsweise den Brontosaurus vor rund 150 Mio. Jahren, der 30 Tonnen schwer war und der bei über 2000 ppm CO2-Anteil pflanzliche Nahrung im Überfluss fand.

Kommen wir zurück zu der Webseite und was hier alles organisiert wurde:
„In einem Essener Pilotprojekt wurden deshalb ehrenamtliche Klimabotschafter ausgebildet, die in Kindertagesstätten kleine Klimaprojekte durchführen, die den Kindern Spaß machen und ein klimaschonendes Verhalten unterstützen."

Hier werden „Klimabotschafter" gesucht, die wiederum ausgebildet werden um an Schulen und Kitas (!) Klima-Workshops zu geben oder Projekte zum Thema Klima durchzuführen. Die Ausbildung dauert 6 Tage, das muss reichen:

„Im Projekt Schule·Klima·Wandel werden Jugendliche zu Klima-Botschafterinnen und Klima-Botschaftern ausgebildet und geben bundesweit an Schulen Klima-Workshops für Gleichaltrige. Für die 6-tägige Ausbildung im Juni gibt es noch freie Plätze!"

An dieser Stelle können wir sehen, dass bereits im Vorschulalter auf Kinder eingewirkt wird: *„Kinder interessieren sich sehr für ihre Umwelt.* ***Verhaltensweisen, die im Vorschulalter entstehen, werden meist zur lebenslangen Routine.*** *In einem Essener Pilotprojekt wurden deshalb ehrenamtliche Klimabotschafter ausgebildet, die in* ***Kindertagesstätten kleine Klimaprojekte durchführen,*** *die den Kindern Spaß machen und ein* ***klimaschonendes Verhalten unterstützen.***" – damit diese wiederum die Oma zur **Umweltsau** ernennen können, wie im bekannten Song des WDR-Kinderchors.

Das **Bundesumweltministerium fördert das Projekt** im Rahmen der Nationalen Klimaschutzinitiative (NKI).

Das Thema Klima muss einen sehr großen Stellenwert haben, bedenken wir den Aktionismus enormen Ausmaßes. Wir wollen es nicht Agitation nennen, obwohl es schon in diese Richtung zeigt. Klimabotschafter, FFF, diverse Formen von Webseiten, die ganzen Organisationen hinter diesen Aktivitäten, ich kann mich nicht erinnern, dass ich bereits schon einmal etwas Derartiges vernommen habe. Und es gibt weitere interessante Aspekte, wie den WDR mit seinem „Kinderlied" oder den folgenden Punkt:

Das Magazin der Bundesregierung feuert den Generationskonflikt mit an und berichtet im Aprilheft 2019 über „die 16-jährige Paula": *„Schon als kleines Kind war Paula Klimaschutz sehr wichtig. ‚Mit vier habe ich meine Oma angemotzt, dass sie das Licht ausmachen soll, weil sonst die Eisbären sterben', erinnert sich das Mädchen mit der braunen Kurzhaarfrisur und lächelt verschmitzt."*

Alexander Wendt schreibt hierzu: *„Heute ist Paula als **Klimabotschafterin** für eine **NGO** unterwegs, die selbstredend das Wort Instrumentalisierung noch nicht einmal buchstabieren kann, und tischt anderen Kindern ähnlichen Quatsch mit Soße auf wie der Omi, die vor der enkelseitigen Abmahnung mit ihrer Tischlampe den Eisbären so zusetzte, dass sich **deren Population seit 1950 nur verfünffachen** konnte.*
Heute behauptet die verschmitzte Paula auf ihren Instruktionsreisen durch Schulen, „Plastikkonsum" sei eine Ursache des Klimawandels, damit andere Kinder diese Naseweisheit wiederum ihren Eltern beim Abendbrot vorhalten können. Und das Magazin der Bundesregierung erzählt davon."

Es werden übrigens auch „Botschafter für Klimagerechtigkeit" gesucht. Hier vernehmen wir ein ganzes Gestrüpp an Wortschöpfungen, was nach meinem Empfinden erschreckend ist und ganz offensichtlich eine fortschreitende Ideologisierung der Sprache charakterisiert.

Nicht wenige Medien haben das Narrativ vollkommen verinnerlicht: *„Was tun, wenn Papa an Weihnachten den Klimawandel leugnet?"* fragte in 2019 eine Tageszeitung in Deutschland.

Ich sehe dies äußerst problematisch, weil Kinder eben sehr leicht zu beeinflussen sind, was der Gesetzgeber beispielsweise auch dadurch berücksichtigt, indem Kinder (unter 18 Jahren) auch nicht unbeschränkt geschäftsfähig sind. Dass hier Kinder geschult werden und diese dann wiederum andere Kinder instruieren sollen, um ihnen bestimmte Verhaltensweisen anzutrainieren, ist ungeheuerlich.

Was wir momentan beobachten können, ist, dass Menschen, die die Moral alleine auf ihrer Seite sehen, dazu geneigt sind, anderen Menschen Vorschriften zu machen, wie diese zu leben hätten. Es findet eine Umverteilung von Billionen an Euro statt und dies hat in 2019 erst richtig begonnen. Wohin kann das führen? Wir sehen schon, zu welchen Reaktionen eine quasireligiöse Hysterie führen kann. Es werden ohne große Empörung Fahrzeuge beschädigt oder abgefackelt. Da wird schon mal eine Nachricht im Netz aus der Richtung FFF veröffentlicht, die ausdrückt, auf welcher moralischen Stufe sie sich tatsächlich bewegen: *„Warum reden uns die Großeltern eigentlich immer noch jedes Jahr rein? Die sind doch eh bald nicht mehr dabei. #weihnachtenundklimakrise.“* Bei einem WDR-Kinderchor singen Kinder von der Oma als **„Umweltsau“**, was dann ganz schnell alles in Satire umgedeutet wird. Hier scheint jedes Maß verloren gegangen zu sein. Zu dem Chor, der die Oma diffamiert, konnten wir beim WDR lesen:

*„Gleichzeitig werden die Sängerinnen und Sänger als **Botschafter für Klimagerechtigkeit** von anderen Kindern ausgebildet. Das Thema Klimawandel ist ja gerade in aller Munde und mit „Fridays for Future“ auch zum Thema der jungen Generation geworden. Neben den Aktionen von Greta Thunberg gibt es aber auch viele andere, sehr spannende und sinnvolle Projekte zum Thema Klima, wie z.B. die Organisation „**plant for the planet“. Sie bildet Kinder in einer Tagesakademie zu „Klimaschützern“ aus** und pflanzt in Zusammenarbeit mit einem Förster Bäume mit den Kindern. Auf diesem Weg sind schon viele hunderttausend Bäume gepflanzt worden.“*

Kinder werden zu Klimaschützern ausgebildet, was soll man sich darunter vorstellen?! Klimaschützer, das sind dann wohl Kinder oder Erwachse, die das Klima schützen, so wie die Klimaleugner das Klima leugnen. Klimagerechtigkeit ist Gerechtigkeit für das Klima und wir wissen anscheinend, was das Klima für gerecht erachtet, praktisch wie bei der Gendergerechtigkeit. Wir erkennen natürlich die Intention hinter diesen künstlich über eine Art Phrasendreschmaschine erzeugten Begriffen.

Diverse Äußerungen der Umweltaktivistinnen zeigen uns zudem, dass – und so würde ich es ganz klar interpretieren – mangelndes Demokratieverständnis vorliegt: *„Ich glaube, viele demokratische Wege, die wir gehen, sind zu langsam."* Das Klima soll uns praktisch die Handelsweisen diktieren bzw. die Organisationen, die vorgeben, das Klima schützen zu wollen.

Hier wird unter Schülerinnen und Schülern gezielt Panik verbreitet, so dass nicht wenige denken, in 12 oder 20 Jahren geht die Welt unter, wenn wir jetzt nicht handeln würden. Betrachten wir die FFF-Bewegung, dann haben wir es mit Aktivistinnen – und hier benutze ich wohlwissend nur die weibliche Form, da die medienpräsenten Hauptpersonen dieser Bewegung meist weiblich sind – zu tun, die in den ÖR Medien oft kritiklos wie kommentarlos einfach so ihre persönlichen „Wahrheiten" verbreiten können und NGOs, die mit großen Mitteln ausgestattet Einfluss auf die öffentliche Meinung ausüben. Wenn wir uns umschauen, wer hinter diversen Webseiten steht, die den Klimawandel als rein menschgemacht darstellen und die vorgeben, die Fakten zu kennen, dann findet sich oft ein ganzes Netzwerk an NGOs, Stiftungen und sogar Hedgefonds. Diese sind auch teils mit den No-Border Organisationen verstrickt.

Wodurch sind diese Gruppen und Aktivistinnen legitimiert, wer hat sie gewählt?! Es gibt hier eine enorme Einflussnahme auf die Politik, es werden systemverändernde Forderungen gestellt und alles vorbei an demokratischen Prozessen. Eine in 2019 sechzehnjährige Greta Thunberg, die kaum die Schule besucht hat und sich offensichtlich komplett auf ein von ihr als Problem empfundenes Thema stürzt, macht vor einem Millionenpublikum die komplette politische Nomenklatura rund und die Presse zieht schlagzeilenkräftig mit. *„Wir werden nicht zulassen, dass ihr damit durchkommt",* so die Botschaft. Bei Kritik – selbst in Form von Kabarett – erfolgt ein Shitstorm.

Die Grüne-Fraktionschefin aus Bayern regt sich über alte weiße Männer auf, die alles kaputtmachten und dann jettet frau ganz schnell mal nach LA um ein Bild von ihrem Eisbecher in ein soziales Medium zu posten, dessen Inhalt sie auch noch mit einem Plastiklöffel genießt. Reflektionen über das eigene Verhalten scheinen hier nicht vorhanden zu sein. Hieran sieht man, wie weit Anspruch und Realität auseinanderliegen. Die Gesellschaft ist hypersensibel was Kritik an Frauen anbelangt, doch den Männern kann und darf alles in die Schuhe geschoben werden. Plötzlich steht das Geschlecht im Vordergrund, was hat das denn damit zu tun? Das ist Kindergartenniveau und damit schafft man es heute in Deutschland in hohe politische Positionen!

So hält die deutsche Klimaaktivistin Luisa Neubauer ein *„Verbot innerdeutscher Flüge für denkbar"*. Das ist aber die gleiche Frau, die eine gigantische Anzahl von Flugreisen u.a. nach Indonesien, Namibia, Tansania und China absolvierte. Die Flugreisen möchte sie nun dadurch kompensieren, dass sie kein Fleisch mehr isst. Einfach unglaublich!

Ein Beispiel: Für einen Transatlantikflug – nur einfach (!) – können zum Vergleich pro Fluggast über 1500 Liter Benzin mit dem Auto verfahren werden. Hier scheint die Klimaexpertin keine Ahnung von Zusammenhängen zu haben, wie wir es auch sonst von den Protagonisten ihrer Partei gewohnt sind.

Zu diesem Thema passt auch die folgende Schlagzeile: *„Schüler eines Frankfurter Gymnasiums machen ihre Studienfahrt auf einem Kreuzfahrtschiff. Einige der Schüler sind bei „Fridays for Future" aktiv."* Von den Aktivistinnen stammen nicht wenige aus wohlhabenden Verhältnissen, so dass es ganz einfach ist, Verteuerungen zu fordern, die einem selbst nichts ausmachen.

Wir sollen kein Billigfleisch mehr essen. Eventuell ist dies das einzige Fleisch, welches sich Menschen bei 800 Euro Rente oder weniger – was übrigens die Hälfte aller Rentnerrinnen und Rentner betrifft – gerade noch leisten können. Wir haben es hier mit einer vollkommen abgehobenen Klasse zu tun. Das alles ist nicht euer Problem, das kennt ihr nicht.

Es scheint kaum jemand zu verwundern, dass hier Kinder – die leicht beeinflussbar sind – politische Forderungen stellen bzw. für diese auf die Straße geschickt werden. Es wurden Zehnjährige auf einer Demo interviewt, die etwas zum Klima sagen, natürlich konsenskonform. Kitagruppen sind auch dabei gewesen.

Da wurde Gerta in der Schule derart Angst gemacht – laut Darstellungen wohl in der achten Klasse, dass sie die Welt oder wen auch immer anklagt, ihr wäre die Kindheit gestohlen worden und das Publikum klatscht begeistert. Ist man ein Klimaleugner, wenn man dies merkwürdig findet? Grenzt dies nicht an eine Art psychischer Körperverletzung, wenn dies derartige Folgen hatte, wie es von ihr beschrieben wurde, mit Depressionen und Essstörungen? Man müsste schon mal fragen, wer ihr denn wirklich die Kindheit gestohlen hat, wenn sie sich schon relativ früh derart auf ein Thema versteift hat. Was sollen außerdem erst die Kindern der zweiten und dritten Welt sagen, von denen nicht wenige an Hunger leiden, verhungern oder den ganzen Tag arbeiten müssen?

Wenn wir in einer deutschen Tageszeitung lesen *„Der Klimawandel ist eine deutlich größere Gefahr als die Entwicklung Deutschlands hin zu einer Diktatur á la Nordkorea."*, dann erkennen wir, wie gefährlich diese Klimahysterie ist.

2012 stand sogar in der FAZ: *„Nicht wenige Klimawissenschaftler neigen zu autoritären Träumen von einem globalen CO2-Regime."*
Dies passt zu dem, was wir beobachten.

Hier wurden in der Vergangenheit Grafiken manipuliert, es gab schon mehrfach falsche Vorhersagen und die Modelle können zudem sowieso nur unter gewissen Annahmen gewisse Temperaturbereiche als mögliche Szenarien generieren. Außerdem bildet ein Modell im Allgemeinen nur das ab, was im Rahmen der zugrundeliegenden Theorie berücksichtigt wurde. Wenn jemand aufgrund nichtlinearer, stochastischer, chaotischer und partieller Differentialgleichungen genau Vorhersagen treffen möchte, wie die Temperaturen in 30 Jahren sein sollen - die zudem durch viele (!) Faktoren beeinflusst werden, dann ist das für meine Begriffe schon sehr gewagt, wenn nicht gar unseriös.

Der israelischer Forscher Shaviv sagt dazu: *Trotz riesiger Summen keine neuen Erkenntnisse. Der Weltklimarat versuche mit Tricks, seine vorgefassten Thesen über den Hauptschuldigen CO2 zu belegen. Aber er verwende veraltete Modelle. …. Die Modelle basieren zudem auf verschiedenen vereinfachten Annahmen.*

Wir lesen auch auf heide.de: *„Das Klimasystem ist ein typisches Exemplar für ein nicht lineares, chaotisches System. Es verändert sich über die Zeit unter dem Einfluss seiner eigenen inneren Dynamik und durch äußere Antriebe wie Vulkanausbrüche, solare Schwankungen und anthropogene Einflüsse, wie z.B. die Änderung der chemischen Zusammensetzung der Atmosphäre und Änderungen der Landnutzung. Zwar besteht zwischen den vielfältigen klimarelevanten Bestandteilen und Faktoren ein eindeutig bestimmbares festes Wirkungsverhältnis (deterministisch), die Entwicklungen unterliegen also im Grundsatz nicht dem puren Zufall. Aber selbst allerkleinste Veränderungen eines Parameters können auf längere Perspektive zu völlig anders gelagerten Ergebnissen führen als beim unveränderten Parameter.*

Aus dieser chaotischen (nicht deterministischen) Eigenschaft des Klimasystems und seiner zugleich hochkomplexen Struktur ist verständlich, dass über das Klima in 30 oder 80 Jahren keine Prognosen abgegeben werden können.“

Das ist auch der Punkt, der bereits beschrieben wurde, nämlich, dass die Modelle keine Prognosen liefern, sondern lediglich Projektionen.

25 Zu den Unterstützern der Klimabewegung

25.1 Hinter der Klimabewegung stehen ganze Netzwerke von NGOs

Wir betrachten mal eine dieser benannten Seiten im Netz näher: Klimafakten.de taucht bei ganz vielen Google-Suchanfragen ganz weit oben auf und stellt Argumente von Kritikern des menschgemachten Klimawandels als falsch dar, wie auch diverse durchaus berechtigte Kritikpunkte. Es besteht seit 2011 – so heißt es auf einer Webseite von Klimafakten.de – und es sei ein von der **Stiftung Mercator** und der **European Climate Foundation** initiiertes und finanziertes Projekt.

Zur European **Climate Foundation** steht bei Wikipedia:

„Ihr Ziel ist die „Förderung einer Klima- und Energiepolitik, die die europäischen Treibhausgasemissionen deutlich senkt.

Die Arbeit wird von sechs Hauptförderern getragen, bei denen es sich ihrerseits meist um Stiftungen handelt:

Children's Investment Fund Foundation (CIFF), finanziert vom
The Children's
Investment Fund
KR Foundation
McCall MacBain Foundation
Nationale Postcode Loterij, Amsterdam (Niederländische Wohltätigkeitslotterie)
Oak Foundation
Good energies Foundation"

The Children's Investment Fund (TCI) ist ein **britischer Hedgefonds** aus London.

Auf der Webseite von KR Foundation steht: *„Keep fossil fuels in the ground"*

Wir sollen also die fossilen Treibstoffe in der Erde lassen. Weiterhin steht dort übersetzt: *"Das Verbrennen fossiler Brennstoffe und nicht nachhaltige Konsummuster sind zwei miteinander verbundene Ursachen, die die aktuelle Klimakrise befeuern."*

Damit ist wohl alles klar. Wir sehen zudem auf der Seite das Bild eines Mädchens mit Mundschutz (noch vor Corona).

McCall MacBain Foundation, hier lesen wir (Wikipidia.org): *John H. McCall MacBain, OC ist ein kanadischer Geschäftsmann und Philanthrop, der die McCall MacBain Foundation und Pamoja Capital SA, deren Investmentarm, gründete. Vor der Gründung der McCall MacBain Foundation gründete er Trader Classified Media.*

Auf der Seite der McCall MacBain Foundation steht: *Bis heute hat die Stiftung über 400 Millionen US-Dollar für Initiativen in den Bereichen Bildung, Klimawandel und Gesundheit bereitgestellt.*

Auf der Seite der Good energies Foundation ist folgendes zu lesen:
Wir bei der Good Energies Foundation glauben, dass die Umkehrung des Klimawandels und die Linderung der Armut Hand in Hand gehen. Unser Ziel ist es, dazu beizutragen, den Klimawandel zu verhindern und seine Schäden zu mildern, insbesondere für Menschen, die in Armut leben. Wir konzentrieren uns auf zwei Hebel, die den Klimawandel umkehren: saubere Energie und Waldschutz. Mit Unterstützung einer Unternehmerfamilie investiert die Good Energies Foundation in frühzeitige Marktlösungen und finanziert Anstrengungen, um erfolgreiche Ansätze auf die Waage zu bringen.

Google blendet mit auf der Suche nach der Nationale Postcode Loterij folgenden Wikipedia-Eintrag ein: *Die Nationale Postleitzahl Loterij ist die größte Wohltätigkeitslotterie in den Niederlanden.*

Wie neutral ist dann wohl klimakten.de, wenn hier diverse Interessengruppen dahinter stehen incl. einem Hedgefond?! Die Seite wurde doch nicht aus reiner

Wahrheitsliebe initiiert, was natürlich auch deren Darstellung zeigt. Hier wird doch mit Hilfe von Millionen schweren NGOs, Stiftungen und einem Hedgfond versucht, massiv Meinungen zu manipulieren, indem alleine die eigenen Ansichten als Fakten verkauft werden.

Die Seite schreibt u.a., das IPCC würde konservative Prognosen erstellen. Dass ich nicht lache. Weiterhin finden wir hier folgende Aussage: *„Fakt ist: Der IPCC hat die Mittelalterliche Warmzeit nicht "weggetrickst" - seine Berichte gaben und geben jeweils den aktuellen Forschungsstand wieder.* Einfach unglaublich!

Abbildung 20 bis 23 und 25 in Kapitel 13 sagen eindeutig etwas anderes aus, wie auch diverse Wissenschaftler, was bereits beschrieben wurde. Wenn Michael Mann nicht einmal seine Methoden vor Gericht in der Verhandlung gegen Tim Ball offenlegen konnte und zum Schluss die Kosten tragen musste, wodurch seine eigen angestrebte Verleumdungsklage gegen Ball eingestellt wurde, dann spricht dies nicht sehr für seine Hockeystick-Kurve, die zudem bereits mehrfach zerlegt wurde.

Die Faktenprofis stellen es natürlich so dar, als wenn das IPCC immer alles richtig machte: Es wurde beispielsweise "prognosen ipcc" bei Google eingegeben und ganz oben (!) erschien die Seite der „Faktenfinder".

Auf der Seite von klimafakten.de steht dann:
„Behauptung: „Der IPCC betreibt Panikmache"

Behauptung: „Der sogenannte Weltklimarat wurde mit dem Ziel gegründet, Beweise für die Theorie von der menschengemachten Erderwärmung zu finden. Damit waren alternative Forschungsansätze von vornherein ausgeschlossen. So ist es auch kein Wunder, dass der IPCC den Klimawandel ständig übertreibt." "

Die Faktenfinder mit ihren **millionenschweren Fakten** stellen dies natürlich klar:
*„Fakt ist: Ziel des IPCC ist eine neutrale Zusammenfassung des Forschungsstands, und **mehrfach wurde dabei der Klimawandel unterschätzt"***

So nehmen es die Faktenprofis mit den Fakten.

Weiterhin steht hier: *„Die IPCC-Hauptautoren sind hunderte ausgewiesene Experten ihres Fachs und haben die Weisung, einen unbedingt verlässlichen Überblick über die aktuelle Fachliteratur zu bieten. Entsprechend sind die Schlussfolgerungen der IPCC-Berichte eher konservativ verfasst."*

Das ist einfach lächerlich, was wir u.a. an den Abbildungen 15 und 16, wie auch an Prognosen des IPCCs, gesehen haben.

25.2 Vom Professor zum Klimaaktivist

In Deutschland gibt es Professoren, die mit diversen Artikeln und Auftritten die Klimabewegung stark unterstützen. Der durch die Klimaszene bekannte Professor Stefan Rahmstorf des PIK (das bereits öfter erwähnte Potsdam-Institut für Klimafolgenforschung) veröffentlichte bereits diverse Artikel, in denen er vor dem Klimawandel warnte. Er trat beispielsweise mit dem ebenfalls sehr bekannten Astronomie-Professor Harald Lesch in einer ZDF-Sendung auf und stellte mit ihm zusammen diverse Thesen der AfD zum Klimawandel als falsch dar. Wenn natürlich an einer These absolut nichts zu finden war, wie die mit dem 0,04% CO2-Gehalt in der Atmosphäre, wurde dieser geringe Anteil an CO2 mit einer geringen Menge Zyankali verglichen. Eine hochgiftige Substanz mit einer für das Leben und die Pflanzen lebensnotwendigen Substanz zu vergleichen, darauf muss man erst einmal kommen.

Der Professor vom PIK berät übrigens Greta Thunberg und diese hat auch zusammen mit Luisa Neubauer sein Institut in 2019 besucht. Professor Hans Joachim Schellnhuber gründete das PIK im Jahr 1992. Er ist zudem langjähriges Mitglied des IPCC und hat den ehemaligen Präsidenten der EU-Kommission beraten. Er wurde im Jahr 2007 von Bundeskanzlerin Angela Merkel zum wissenschaftlichen Chefberater der Bundesregierung in Fragen des Klimawandels und der internationalen Klimapolitik ernannt.

An dieser Stelle kommen wir zunächst kurz zum oben und öfter schon erwähnten Astronomie-Professor Harald Lesch. Dieser tritt mit Leidenschaft auf Veranstaltungen – insbesondere der Grünen – praktisch als Weltretter gegen „Klimaleugner" auf und präsentierte dabei auch äußerst fragwürdige Grafiken, gerade was die Achsenbeschriftung anbelangt. Zudem trat dieser Astronomie-Professor in 2019 auf einer Veranstaltung auf, die auf einer Webseite der Grünen mit seinem Bild beworben wurde und den Titel *„Harald Lesch zu Mythen und Methoden der Klimaleugner"* trug. Hier wurde dann auch für Spenden zugunsten der FFF-Bewegung geworben. Der vielfach preisgekrönte Astronomie-Professor Lesch sprach aber vor einigen Jahren in seinen TV-Sendungen noch ganz anders.

Es hätte schon Temperatursprünge um 14°C (sic!) innerhalb von 10 Jahren vor langer Zeit gegeben, alles ganz natürlich. Wie sollte dies bei den gegebenen Unsicherheiten bestimmt worden sein? Heute ist er aber der Meinung, es würde aktuell eine gefährliche Entwicklung eintreten, bei einer – verglichen mit den früheren extremen Sprüngen um 14°C – minimalen Temperaturveränderung. Vor mehreren Jahren sah er dagegen einen Wandel als etwas ganz Normales an, jetzt sei er aber eindeutig vom Mensch verursacht und besonders schlimm.

Wir betrachten einen Artikel des Professors Rahmstorf, der in einem bekannten populärwissenschaftlichen Magazin erschien. Dieser Artikel hatte den Anspruch, die „Fakten" zu prüfen, also eine Art „Faktencheck". Solche „Faktenchecks" sehen wir in den letzten Jahren immer häufiger. Das „Wahrheitsministerium" lässt grüßen und wir sehen, wie Ideologie und Wissenschaft Hand in Hand gehen. Bei den sogenannten Klimaleugnerfakten kommt dann immer heraus, sie seien irgendwie falsch. Da es sich hier aber um Aussagen eines Youtubers und „Klimawarners" bzw. eines wir-haben-keine-Zeit-mehr-Protagonisten handelte, dessen Aussagen geprüft werden sollten, ergab sich natürlich, dass dieser im Großen und Ganzen Recht hätte. Der Starprofessor ist natürlich, wie soll es anders sein in Deutschland, auch ein Apologet dieser Richtung. Es folgen einige Aussagen des Youtubers, der als Rezo bekannt ist und zum Influencer-Netzwerk Tube One gehört, welches von Ströer Digital vermarktet wird und der praktisch über Nacht vom Spaß-Youtuber zum Klimaexperten wurde. Sein Video wurde bis zum November 2019 über 16 Mio. Mal abgerufen. Danach folgt jeweils ausschnittsweise ein Kommentar des Professors vom PIK:

Der Youtuber sagte: *„**Der Mensch ist zu hundert Prozent an der Erderwärmung schuld.**"*
Einschätzung des Professors: *„**Stimmt!** Auch das ist Stand der Wissenschaft, denn natürliche Einflüsse sind erstens schwach und tendieren zweitens zur Abkühlung. ..."*

Also, der Mensch, der für rund 3% des in der Atmosphäre mit einem Volumen von 0,04% vorkommenden CO2s verantwortlich ist, sei zu 100% Schuld am

Klimawandel. **Dass der Mensch mehr als 50% Schuld am aktuellen Klimawandel habe behaupteten gerade mal rund 0,5% der Wissenschaftler der Cook-Studie!**

Der Professor fügt an einer Stelle an, dass wir die Luft bereits jetzt mit so viel CO_2 angereichert hätten, dass dadurch wohl die in 50.000 Jahren fällige nächste Eiszeit schon verhindert worden wäre. Die nächste Eiszeit ist übrigens bei Berücksichtigung der Periodizität, welche in Abbildung 34 und 37 und in Kapitel 19 beschrieben wurde, viel früher an der Reihe.

Also, die 120 ppm (0,012%, von 0,028% auf 0,040%) mehr an CO_2 seit Beginn der Industrialisierung würden eine Eiszeit in 50.000 Jahren verhindern, wo es schon Eiszeiten bei weit über 4000 ppm CO_2-Anteil gab (siehe Abbildung 32 und 33)?! Zudem baut die Natur CO_2 ab, erst recht wenn es durch andere Einflüsse wie bei einer Eiszeit oder auch Kaltzeit kälter wird (siehe Abbildung 37) und der Herr Professor spricht nicht einmal vom CO_2, welches noch hinzukommt. Die Weltmeere haben bereits beachtliche Mengen des vom Menschen produzierten CO_2 aufgenommen und es gibt vermehrtes Pflanzenwachstum. Zudem hat auch in der Vergangenheit die Natur das CO_2 mit einem Anteil von mehreren Tausend ppm beachtlich reduziert, wobei CO_2 nicht per se schlecht ist.

Man hat außerdem bei diesem Hinweis auf eine womöglich ausbleibende Eiszeit das Gefühl, dass es schade wäre, wenn durch den „Klimawandel" eine Eiszeit ausgesetzt werden würde. Eine Eiszeit wäre eine ganz andere Kategorie eines Problemfalls, wenn große Teile Europas unter einer hunderte von Metern hohen Eisschicht verschwinden würden, dann hätten wir wirklich ein echtes Problem.

Zum Konsens behauptet der Youtuber: *„Es gibt keinen einzigen seriösen Wissenschaftler, der das Gegenteil behauptet. [...] Es gibt vielleicht so ein paar Dullis, die bezahlt wurden von der Ölindustrie, aber eigentlich macht da kein seriöser Wissenschaftler mit."* Der Professor ist hier der Meinung, dass dies eine gute Beschreibung der Lage wäre. Aber nach meinem Empfinden wird hier eine Verunglimpfung von Wissenschaftlern, die nicht dem Konsens beipflichten, einfach so ohne weitere Kommentare stehen gelassen. **Also die Wissenschaftler,**

die dem Konsens oder sollen wir sagen Meinungsdiktum nicht zustimmen, sind „Dullis", die bestochen wurden. Da nimmt sich wohl ein „**Oberdulli**" heraus, namenhafte Wissenschaftler, die nicht dem Konsens beipflichten, als käuflich hinzustellen. Der Professor und absolute Faktenkanone scheint dies gut zu finden.

Konsens heißt hier zudem wohl, wie oben von Rezo dargestellt: Die Menschheit hätte 100% Schuld am Klimawandel. Wir brauchen uns nur die Cook-Studie anzusehen, um zu merken, wie hier schon einmal ein Konsens konstruiert wurde. Zudem hat ein Konsens überhaupt kein Gewicht, wenn es um Wissenschaft geht, denn ein Wissenschaftler kann doch nicht die Richtigkeit seiner Thesen dadurch untermauern, dass es viele andere Wissenschaftler gibt, die es auch so sehen. Wissenschaftliche Thesen werden nicht durch Abstimmungen geprüft!

Es ging in dem Rezo-Video auch um die These, ob die Sonne an der Erderwärmung schuld haben kann, was im Artikel als klassische *„Klimaskeptiker"*-Thesen beschrieben wird, *„wie sie die AfD verbreitet"* und hier hätte der Youtuber zurecht festgestellt, dass *„man schon mit wenigen Minuten Googeln feststellen kann, dass dies sorgfältig untersucht wurde und einfach falsch ist"*. Also Google, das sich übrigens von Al Gore beraten lässt, erzählt uns blitzschnell, was richtig und was falsch ist, wo die Klimawarner-Thesen von beliebig vielen NGOs – hier existieren ganze Netzwerke davon – befördert werden und wo staatliche Mittel genau in diese Richtung fließen. Wo selbst Wikipedia von *„Akteuren der organisierten Klimaleugnernszene"* spricht, wenn es um Wissenschaftler geht, die Gegenpositionen zum Konsens einnehmen. Personen, welche an der These zweifelt, dass der Mensch 100% Schuld am Klimawandel hat, wird hiermit ein schlechtes Gewissen gemacht. Nur sie würden das alleine dafür verantwortlich gemachte CO2 in die Atmosphäre setzen, nur ihr CO2 sei das einzig schlimme und außerdem vertrete sie eine AfD-Position. Wird hier nicht genau deshalb ein Standpunkt bewusst mit der AfD verknüpft, damit die Menschen Angst davor haben, dafür einzustehen?

Kritiker werden zu Außenseitern und Leugnern gemacht. Es findet praktisch eine Ächtung derer statt, die hier als Leugner diffamiert werden und dies wurde gesellschaftsfähig gemacht. Man befindet sich sozusagen in bester Gesellschaft, wenn man andere Betrachtungsweisen mit negativen Begriffen diskreditiert. Das ist dann aber nicht die Hetze, von der immer gesprochen wird. Was Hetze zu sein hat, wird von den Faktenfindern definiert, von den Guten. Die anderen sind die, die die AfD-Thesen vertreten.

Rezo: *„… die letzten 4 Jahre waren die wärmsten seit Beginn der Messungen.“* Rahmstorf: *„**Stimmt!**“*

Man müsse *„wahrscheinlich sogar rund 120.000 Jahre weit zurückschauen, bis in die Eem-Warmzeit, um eine höhere globale Mitteltemperatur zu finden als jetzt“*. Zunächst ist hierzu folgendes zu sagen: In diesem Fall muss man eher auf eine frisierte Grafik der Temperaturen der letzten Jahrtausende schauen, um zu meinen, dass wir die höchsten Temperaturen seit 120.000 Jahren hätten, denn wie sah es denn vor 7000 Jahren aus, als die Temperaturen auch relativ hoch waren – ganz ohne CO_2?! Die Temperaturen werden rekonstruiert, direkte globale Messungen gibt es erst seit rund 150 Jahren, wobei es selbst in dieser neueren Zeitspanne Unsicherheiten von bis zu $\pm$ 0,5°C gibt. Zumindest war es hier auch deutlich wärmer als 1850, am Ende einer kleinen Eiszeit. Es meint wohl jemand, wie auch viele Angehörige der Nomenklatur in Deutschland, er würde genau die richtige Temperatur kennen, als ob die Erde ein Thermostat hätte, wo wir genau eine in Potsdam vom PIK festgelegte und richtige Temperatur für die nächsten Millionen Jahre einstellen können. Das wird nicht funktionieren, die nächste Eiszeit wird uns auslachen, wie auch die darauf folgenden Warmzeiten.

Dann kommen wir zu einem weiteren Aspekt der obigen Aussage: Der Youtuber Rezo meint weiter, die Temperaturen, seit denen es Messungen gibt, seien das non plus ultra. Die Erde existiert seit etwa 4,6 Mrd. Jahren, vor ca. 3,6 Mrd. Jahren entstand wahrscheinlich das erste Leben, bei 30% CO_2-Gehalt! Nehmen wir einmal nur die letzte Milliarde an Jahren. Das sind 1.000.000.000 Jahre, wo es Klima und Wetter gab (siehe die 600.000.000 Jahre in Abbildung 32). Wenn wir über den Zeitraum der Wetteraufzeichnungen sprechen, dann geht es um rund 150 Jahre. Gehen wir mal von 150 Jahren aus, seit der es eine halbwegs verlässliche direkte globale Aufzeichnung der Temperaturen gibt. Hier wird also ein Zeitraum über 150 Jahre als ultimativer Maßstab für das Klima genommen, im Vergleich zu 1.000.000.000 Jahren Weltklima. Auch 100.000 Jahre sind hiergegen nicht viel, gerade einmal 0,01% von 1 Mrd. Jahren.

Es wird immer so getan, als würde das CO_2, welches die Menschen in die Atmosphäre setzen, besonders schlimm sein und als würde dies nie wieder „abgebaut" werden. Wo sind denn die 7000 ppm CO_2 hin, die die Erde selbst auf 280 ppm reduziert hatte und teils sogar auf 180 ppm?! Alles an CO_2, welches durch die Verbrennung fossiler Stoffe wieder freisetzen wird, war doch bereits einmal in der Atmosphäre. Die Natur hat praktisch auf eigenen Wegen CO_2 abgebaut. CO_2 wird von unzähligen Meerestieren für deren Kalkpanzer benötigt. Kalk ($CaCO_3$) besteht aus Kalzium, Kohlenstoff und Sauerstoff. Den Kohlenstoff ziehen diverse Meerestiere aus dem CO_2. Der Wissenschaftler Klaus D. Döhler (Biologe und Professor) ist sogar der Meinung *„Wenn Korallenriffe sterben, dann nicht, weil zu viel CO_2 im Wasser gelöst ist, sondern weil es zu wenig ist."*.

Es gab Phasen in der Erdgeschichte, das stieg der CO_2-Gehalt an oder war sehr hoch und die Temperaturen fielen ab und es gab Phasen, da war der CO_2-Gehalt niedrig und die Temperaturen waren hoch, wie vor rund 7000 Jahren, oder vor über 110.000 Jahren. Das konnte oft in der Erdgeschichte beobachtet werden, auch vor Millionen von Jahren und hier gab es in vielen Phasen keine Korrelation zwischen der Temperatur und dem CO_2-Gehalt. Es gibt nämlich weitere Einflussgrößen, zumal sogar nachweislich feststeht, dass ab einer bestimmten Menge CO_2 die CO_2-Konzentration kaum noch die Temperatur verändern kann. Vor 7000 Jahren betrug der CO_2-Gehalt ca. 280 ppm, aber die Temperaturen waren höher als heute. Weshalb haben wir heute, bei einem CO_2-Gehalt von 400 ppm, nicht noch höhere Temperaturen, wenn CO_2, wie oft dargestellt, die dominierende Größe beim Klimawandel sein soll?!

Zum größten Teil der letzten 550 Millionen Jahre lag der CO_2-Gehalt der Atmosphäre weit über 10-mal höher als heute. Die Natur gedieh hier erst recht, CO_2 ermöglichte den Pflanzen die Photosynthese, ohne die es kein Leben gäbe.

Ohne CO2 gäbe es keine Pflanzen und bei sehr niedrigem CO2-Gehalt gibt es hier ein arges Problem. Ein großes Artensterben, wie es die FFF-Protagonisten an die Wand malen, gab es damals nicht und es gab auch keine Überhitzung. Jedes Modell, welches einen linearen Zusammenhang zwischen CO2-Gehalt und Temperatur in beliebigen CO2-Kozentrationsbereichen prognostiziert, kann deshalb nur falsch sein. Hierzu braucht man sich nur die CO2-Werte und die Temperaturen der Erdgeschichte anzusehen. Bei Korrelationen, die empirisch bestimmt wurden, ist es allgemein so eine Sache. Auch wenn es in einem gewissen Bereich eine Korrelation gibt (siehe Kapitel 29), muss hier nicht notwendigerweise ein kausaler Zusammenhang bestehen, es kann auch eine Scheinkorrelation vorhanden sein, wenn es eine nicht berücksichtige Einflussgröße gibt. Oder es kann auch eine Korrelation nur in einem gewissen Bereich bestehen, eventuell sogar zufällig.

Die Ozeane können praktisch sehr viel CO2 aufnehmen, sie haben sogar von 1994 bis 2007 rund 30 Prozent des in dieser Zeitperiode vom Menschen emittierten CO2 aufgenommen. Kaltes Wasser kann dabei mehr CO2 aufnehmen als warmes Wasser, d.h. bei steigenden Temperaturen geben die Meere CO2 ab. Deshalb führen Temperaturerhöhung zu mehr CO2 in der Atmosphäre. In den Meeren ist viel CO2 gelöst, welches dort auch Meerespflanzen und Lebewesen, wie beschrieben, zu ihrer Existenz benötigen.

Klima beschreibt den Zustand der Atmosphäre über lange Zeiträume von Jahren bis zu Jahrmillionen. Klima ist nicht Wetter. Wenn es morgen sehr heiß ist, dann ist das kein Beweis für einen drastischen Klimawandel. Die größte Zeit ihrer Geschichte war die Erde eisfrei. Das Klima war also meist deutlich wärmer als heute, wo wir aktuell in einem Eiszeitalter leben mit sich abwechselnden Kalt- und Warmzeiten.

Derselbe Professor, der den Herrn Rezo praktisch adelte und der das Klimapaket im September 2019 für Pillepalle hielt (er twitterte: *„#Klimapaket: vollmundig #NoMorePillepalle versprochen, Pillepalle abgeliefert. #nichtmeinklimapaket"*), wird auch beim Fokus zitiert, denn er wird gerne herangezogen, wenn die

„Klimaleugner" kleine Zahlen präsentieren, wie die 0,04% CO2 in der Atmosphäre oder hier speziell wegen den 3% CO2, die vom Mensch stammen. Natürlich wären diese ganz besonders schlimm, denn *„die vom Menschen verursachten Emissionen machen zwar tatsächlich etwa die oben genannten drei Prozent aus – dabei handelt es sich aber um Milliarden Tonnen Kohlendioxid, die dem eigentlich stabilen Kohlenstoffkreislauf netto hinzugefügt werden."*. Hier werden bildhaft Milliarden Tonnen erwähnt, es soll sich alles möglichst schlimm anhören, als ob die Erde diese nicht verdauen könnte. Wieso lesen wir dann, dass das CO2 Momenten um ca. 1,7 ppm pro Jahr zunimmt, eine Studie geht aber von bis zu 15 ppm aus, die der Mensch jeweils hinzufügt. Wo ist denn die Differenz gelandet? Auch bei den 80,4 ppm an CO2, die seit der Industrialisierung bis zum Jahr 2000 hinzukamen, wird angenommen, dass nur rund 11 ppm vom Mensch stammen. Dann gibt es noch eine Studie, die besagt, dass von 1994 bis 2007 **alleine die Meere rund 30 Prozent des in dieser Zeitperiode vom Menschen emittierten CO2 aufgenommen haben**. Die Erde hat es schon einmal geschafft, einen sehr hohen CO2-Anteil (7000 ppm) teils sogar auf nur 180 ppm, vor rund 20.000 Jahren, zu reduzieren. Dabei können wir froh sein, dass der CO2-Gehalt in den letzten Millionen Jahren nicht noch mehr abgefallen war, **sonst hätte es nicht einmal Menschen gegeben**! Wenn nun die Erde, wie in den letzten Millionen Jahren, weiteres CO2 „verarbeitet" und wir keines hinzufügen, dann könnte eines Tages nicht mehr genug davon in der Atmosphäre vorhanden sein. Für die Pflanzen wird eine optimale CO2-Konzentration zwischen 600 bis 1600 ppm CO2 angegeben. CO2 ist Dünger und praktisch Atemluft für die Pflanzen. So wie Menschen und Tiere O2, also Sauerstoff, benötigen. Vor 300 bis 150 Mio. Jahren hätten zudem – durch die höhere CO2-Konzentration – säugetierfreundlichere Bedingungen geherrscht. Interessant ist auch folgendes: Vor rund 280 Mio. Jahren betrug der CO2-Gehalt auch weniger als 500 ppm und stieg dann ohne uns Menschen zunächst auf über 1500 ppm und danach sogar nochmal auf über 2000 ppm an (siehe Abbildung 33).

Das Video des Youtubers Rezo wurde unglaublich von den Medien gepuscht. Das Nachrichtenportal von T-Online tat sich auch ganz besonders dabei hervor und tweetete und retweetete im Mai 2019, was das Zeug hielt „**Mehr als drei Millionen Aufrufe, viele Diskussionen: Das Kritik-Video des YouTubers Rezo beschäftigt die politische Öffentlichkeit. …**“ Oder: *„YouTube-Stars fordern: „wählt nicht Union, SPD, AfD““*. Kein Zufall ist wohl, dass das Newsportale des Onlineunternehmen zur gleichen Gruppe (Ströer SE & Co. KGaA) gehört, wie die Produktionsfirma des Youtubers: „TUBE ONE, *wurde 2013 in Hamburg gegründet, um Kampagnen in diversen Social Media Kanälen mit Meinungsmachern umzusetzen“*, heißt es auf der Webseite des Unternehmens. Natürlich wurde das Video dann rasant verbreitet, gerade wenn Profis für den Einfluss („Influencer Marketing“) im World Wide Web dahinter stehen. Der Youtuber wird bei Wikipedia als *„deutscher Musiker, Unterhaltungskünstler, Kolumnist und Webvideoproduzent“* betitelt. Im Netz, wie auch auf einer WDR-Seite, wird er als jemand beschrieben, der *„sonst eher bekannt für Spaßvideos“* sei. Urplötzlich taucht ein Spaßvideoproduzent auf und präsentiert ein umfangreiches Video zum Klimawandel mit vielen Verweisen darauf, was die Wissenschaft so sagt und was wir meinen dürften. Rezo: *„Es geht hier nicht um verschiedene legitime politische Meinungen. Sondern es gibt nur eine legitime Einstellung.“* Aber aufgepasst: Wer das merkwürdig findet, der macht sich verdächtig! Mich hat sofort verwundert, wie positiv die Medien dem Youtuber gegenüber gestimmt waren, was aber im Nachhinein klar ist, denn Grüne Thesen liegen bei den meinungsbildenden Medien unendlich hoch im Kurs. So kommt es auch immer wieder vor, dass eine große Begeisterung für einen künftigen grünen Bundeskanzler geäußert wird.

Zuletzt möchte ich an dieser Stelle noch die vielen „Klimabotschafter“ bzw. Influencer ansprechen, die sich plötzlich in allen möglichen Bereichen zeigen. Ich kann in Deutschland nicht einmal mehr eine Astronomie-Sendung im TV ansehen, ohne dass mir plötzlich der zum Klimawissenschaftler transformierte Astronom das Menetekel einer Katastrophe durch CO2 an die Wand malt. Schuster, bleib bei deinen Leisten, möchte ich hier am liebsten sagen!

Wir können an dem massiven öffentlichen Einsatz einiger Professoren für die Klimabewegung erkennen, wie Wissenschaftler zu politischen Aktivisten mutierten. Genau hier stellt sich die Frage, in wie weit noch eine Objektivität, die bei Wissenschaftlern eigentlich im Vordergrund zu stehen hat, gewährleitet ist.

Hierzu möchte ich gerne Friedrich Nietzsche sprechen lassen:
„Man lasse sich nicht irreführen: große Geister sind Skeptiker. Die Stärke, die Freiheit aus der Kraft und Überkraft des Geistes beweist sich durch Skepsis.

Menschen der Überzeugung kommen für alles Grundsätzliche von Wert und Unwert gar nicht in Betracht. Überzeugungen sind Gefängnisse. … Ein Geist, der Großes will, der auch die Mittel dazu will, ist mit Notwendigkeit Skeptiker.“

Recht hat er!

26 Zur Diffamierung von anderen Meinungen und Wissenschaftlern

In 2019 war zu lesen: *„Man könne seine Meinung zu bestimmten Themen nicht oder nur mit Vorsicht frei äußern.“*

Dies befanden rund 78 Prozent der Personen bei einer Umfrage in Deutschland, was nicht verwunderlich, wenn wir alleine schon feststellen, wie exzessive die deutschen Medien das Wort „Klimaleugner“ verwenden. Natürlich betrifft dies auch noch weitere Bereiche.

Der Begriff Klimaleuger wird übrigens - wie verwandte Begriffe - von der bekannten großen Enzyklopädie im Netz immer wieder gerne gebraucht. Diese hat sogar verschiedene Kategorien auf einer ihrer Seiten definiert. Hier werden Wissenschaftler als *„Akteur der organisierten Klimaleugnerszene“* dargestellt, oder auch eine ganze Organisation: *„Bei EIKE [Europäische Institut für Klima & Energie e. V.] handelt es sich um eine Organisation von Klimaleugnern.“*.

An dieser Stelle möchte ich in einem Beispiel aufzeigen, mit welchen Problemen diese Organisation konfrontiert wird: Eike organisiert u.a. Konferenzen, auf denen Wissenschaftler Vorträge zum Klimawandel halten, was aber gar nicht so einfach ist, wie wir gleich sehen werden. Die Süddeutsche schrieb *„Hotel kündigt Klimawandel-Leugnern - aus Sicherheitsgründen“*. Im Tagesspiegel stand in einem Artikel mit der Überschrift *„Pseudo-Wissenschaft für die Massen“*: *„Auf die Frage des Tagesspiegels, ob die Positionen des Vereins bekannt sind, wollte sich die Geschäftsführung des NH München Ost Congress Center nicht äußern. Eine Sprecherin des Unternehmens teilte mit, man distanziere sich ausdrücklich von der politischen Botschaft. „Ein Leugnen des menschengemachten Klimawandels ist mit den Wertevorstellungen der NH Hotelgruppe nicht vereinbar.“* Zuvor hat es Drohschreiben an das Hotel gegeben, in welchem dem Hotel „angeraten“ wurde, für EIKE keine Räumlichkeiten zur Verfügung zu stellen. Das Hotel stornierte die Buchung aus *„Sicherheitsgründen“*. EIKE hatte versucht, die Kündigung gerichtlich abzuwenden und scheitere. Rund 200 Wissenschaftler wurden erwartet. Die Konferenz fand dann aber trotzdem an einem geheim gehalten Ort statt.

Auf der Seite von Prof. Dr. Horst-Joachim Lüdecke war zur Konferenz zu lesen: *„Die 13. Internationale Klima- und Energiekonferenz (IKEK-13) konnte trotz der versuchten Verhinderung und kurzfristigen Kündigung durch das NH-Hotel doch noch stattfinden, wenn auch unter Polizeischutz und an einem bis kurz vor Beginn aus Sicherheitsgründen geheim gehaltenen Ort. … **"Diese Konferenz wird in die Geschichte eingehen als der erste wissenschaftliche Kongress seit der Nazi-Zeit, der hier in Deutschland verhindert werden sollte"**, sagte Dr. Benny Peiser, Direktor der Global Warming Policy Foundation, in der Einleitung zu seinem Vortrag. Unter den bekanntesten Referenten waren: Prof. Dr. Peter Ridd aus Australien (zum Thema Barrier Reef), Prof. Dr. Nicola Scafetta aus Italien, Dr. Susan Crockford aus Kanada (zum Thema Eisbären), Lord Christopher Monckton aus Grossbritannien, Prof. em. Dr. Christian Schlüchter aus der Schweiz (Glaziologe), Prof. Dr. Hendrik Svensmark aus Dänemark, Prof. Dr. Nir Shaviv aus Israel."*

Sind das wieder die „Dullis", die von der Ölindustrie bezahlt werden und die keine seriösen Wissenschaftler sein sollen, wie es der „Klimaexperte" Rezo verbreitete und noch praktisch Unterstützung von professoraler Seite bekam?

Wir betrachten an dieser Stelle die Definitionen der verschiedenen Kategorien von Klimaleugung, die wir bei der bekannten Enzyklopädie im Netz finden und falls Sie es noch nicht bemerkt haben, hier ist – wie zuvor auch immer – jeweils Wikipedia gemeint:

„Die Leugnung der menschengemachten globalen Erwärmung (teils auch als Klimaleugnung, Klimawandelleugnung oder Klimawissenschaftsleugnung bezeichnet) ist das Ablehnen, Nicht-wahrhaben-Wollen, Bestreiten oder Bekämpfen des wissenschaftlichen Konsenses der Klimaforschung zur gegenwärtig stattfindenden globalen Erwärmung. Hierzu zählen insbesondere die Trendleugnung, also das Abstreiten, dass sich die Erde zurzeit erwärmt, die

Ursachenleugnung, also das Abstreiten, dass der Effekt menschengemacht ist und die Folgenleugnung, also das Abstreiten, dass die Erwärmung große gesellschaftliche und ökologische Probleme zur Folge hat. Neben diesen drei Grundkategorien wird häufig auch die Konsensleugung hinzugezählt, also das Bestreiten, dass die Kernaussagen in der Forschung seit langem unstrittig sind."

Das ist schon unglaublich: Wer Bedenken hat und es praktisch nicht war-haben-möchte, dass der Mensch der alleinige Schuldige sei, wenn es wärmer wird, der ist ein Ursachenleugner. Wer darüber nachdenkt, dass es auch Wissenschaftler außerhalb des Konsenses gibt, der wird womöglich bald zum Konsensleugner. Dieses Buch scheint, was mir gerade beim Schreiben auffällt, ein Werk der Leugnung in zahlrechen Varianten zu sein. *„Es existiert ein fließender Übergang zwischen aufrichtiger Klima(wandel)skepsis und echter Leugnung"* schreibt Wikipedia.

Jetzt wird es aber spooky:
„Die hinter diesem Vorgehen stehende „organisierte Klimaleugnerszene" setzt sich unter anderem aus konservativen Think Tanks, verschiedenen politischen Frontgruppierungen sowie einer Vielzahl von Laienbloggern zusammen, hinzu kommen sich selbst als Experten ausgebende Laien, einige Wissenschaftler, PR-Unternehmen, Astroturfing-Gruppierungen, konservative Medien und Politiker.""

Die Beschreibung der *organisierten Klimaleugnerszene* scheint mir genau auf die FFF-Bewegung zu passen, nur mit anderem Vorzeichen. Think Thanks; Laienblogger; Experten die Laien sind; diverse „Faktenfinder"; eine Vielfliegerluisa, die sagt: **"2020 ist das letzte Jahr, das uns bleibt, um eine Erderwärmung von mehr als 1,5 Grad Celsius zu verhindern.** *Es muss dieses Jahr passieren. ... laut IPCC."* (einmal widersprach hierbei sogar Greta, als dies Frau Neubauer äußerte); PR-Unternehmen; ... . Das alles kenne ich doch von der Klima-Bewegung her. Es hört sich zudem sehr nach Verschwörungstheorie an, was im obigen Abschnitt aus Wikihausen steht. Wenn es nicht so ernst wäre, könnte man darüber lachen: Die *„organisierte Klimaleugnerszene"*, eine Nummer kleiner geht wohl nicht.

Wir sollten also genau darauf aufpassen, was wir sagen und dass wir die genaue Definition des Konsenses kennen, sonst verkommen wir ganz schnell zu Leugnern, wo es übrigens, wie bei allen negativ besetzten Begriffen, alleine die männliche Form gibt!

Wenn die Befürworter des zu hundert Prozent menschgemachten Klimawandels Klimaleugner genannt worden wären, dann wäre sehr wahrscheinlich Klimaleugner das Unwort des Jahres geworden. Mit dem Unwort des Jahres soll nach meinem Empfinden auch wieder vorgegeben werden, was gesagt werden darf und was nicht! Dass das nichtssagende Wort Klimaleugner so exzessive verwendet wird, zeigt, wie es um Deutschland steht. Klimaleugner, also jemand, der das Klima leugnet. Diese Wortschöpfung zeugt doch von einem geistigen Tiefststand. Hier vom Leugnen zu sprechen, zeigt außerdem, dass man die andere Seite maximal verunglimpfen möchte bei gleichzeitiger Überhöhung der eigenen Ansicht, die als die einzig wahre dargestellt wird.

Zum Ende des Kapitels kommen wir noch einmal kurz zu Wikipedia und der teils tendenziellen Berichterstattung gerade zum Thema Klima.

Im Netz ist zu Wikipedia folgende Aussage zu finden: **„ClimateGate: Tausende Wikipedia-Artikel wurden auf "pro Erwärmung" verändert"**

Ein Autor Namens C. hätte die Rolle eines Wikipedia-Administrator bekommen und wäre dadurch in der Lage gewesen, *„selbstherrlich wie ein "Klimagott" insgesamt"* 5428 Artikel zu ändern oder neu zu schreiben. Wenn C. der Inhalt eines Artikels nicht ins Konzept gepasst hätte, **dann habe er ihn einfach geändert oder verschwinden lassen, was insgesamt 500 Artikel betraf.**

Auf wikihausen.de wird ein weiterer Fall im deutschen Wikipedia erwähnt: *„Benutzer namens „A." dominiert zum Teil zu über 96% den Themenkomplex Klimawandel und angrenzende Stichworte. Da wundert man sich schon gar nicht mehr über einen „97%-Konsens der Wissenschaft" beim Thema „anthropogener Klimawandel". Und A. hat nachweislich seines Schreibstils eben nicht die nötige Distanz zum Thema um hier mit Sachlichkeit die Daten dem Leser zu präsentieren."*

A. ist zudem ein „*Sichter*" bei Wikipedia, der Artikel prüft, bevor diese freigegeben werden. Er beschreibt sich wie folgt: „*Hallo, ich bin A. und treibe mich vor allem in den Bereichen Energieversorgung allgemein, Erneuerbare Energien und speziell Windenergie herum, zudem bin ich in den Bereichen Globale Erwärmung und Klimaskeptizismus tätig.*"

Es ist zu vermuten, dass es hier mehrere Autoren bzw. auch „Sichter" bei Wikipedia gibt, die tendenziell berichten bzw. Artikel tendenziell prüfen, was mir gerade bei den Beiträgen auffiel, welche ich bei Wikipedia zum Thema Klima las. Das betrifft aber auch andere Themenbereiche.

Ein weiteres Thema sind Youtube-Videos, die sich mit dem Klimawandel beschäftigen, aber nicht dem angeblichen Konsens beipflichten. Hier findet sich teils folgende Verlinkung, die wohl unter den Videos eingefügt wird:

Youtube wurde in 2006 von Google gekauft und ist seitdem eine Tochtergesellschaft von Google. Al Gore ist laut Wikipedia „*hochrangiger Berater von Google*". Damit dürfte es nicht verwunderlich sein, wenn unter Videos, die nicht dem „Konsens" beipflichten, ein Hinweis eingeblendet wird, dass der Klimawandel von den Menschen verursacht wurde. Dadurch soll jemand, der sich ein solches Video ansieht, durch Wikipedia wieder auf den rechten Weg gebracht werden, bevor er womöglich zum Klimaleugner wird. Al Gore lässt sich bestimmt nicht sein Geschäft von Klimaleugnern kaputtreden, wo wir ebenfalls bei Wikipedia über Al Gore folgendes erfahren können: „*Seine **PR-Aufwendungen für eine Energiewende** wurden allein für das Jahr 2009 auf 300 Millionen Dollar geschätzt.*"

Da es hier immer um riesige Beträge geht, scheint es sich beim Klimathema um einen Katalysator für eine gigantische Umverteilungsmaschinerie zu handeln. Das ist dann wohl auch die Erklärung dafür, weshalb hier so energisch und zugleich mit allen psychologischen Tricks – wie dem Schüren von Ängsten bei Schulkindern – vorgegangen wird. Geld ist ein großer Motivator und zugleich wird man beim

Geldscheffeln auch noch zum Helden der Moral, was gerade auch in Deutschland, dem Land der Moralweltweister, sehr gut ankommt.

Leider verhält es sich wie folgt: *"**Die Menschen sind grob in drei Kategorien zu unterteilen: Die Wenigen, die dafür sorgen, daß etwas geschieht, die Vielen, die zuschauen, wie etwas geschieht, und die überwältigende Mehrheit, die keine Ahnung hat, was überhaupt geschieht.**"* (Karl Weinhofer)

27 Der Deutsche liebt Untergangsszenarien

Tschernobyl war nirgendwo so furchtbar wie in Deutschland. Genauso wir das Waldsterben und dann erst der saure Regen. Lehrerinnen und Lehrer erzählten in den Schulen, dass es bald Schwefelsäure regnen wird oder zumindest schweflige Säure. Der deutsche Wald ist schon mehrere Tode gestorben. Danach kam der Ozonalarm (nicht zu verwechseln mit dem Schwund der Ozonschicht!), ... Rinderwahn, BSE, die Schweinegrippe und die Hühnerpest. Wie konnten wir nur die letzten Jahrzehnte überleben. Ein echtes Wunder.

Die Brent Spar, eine Ölplattform, wurde deutschlandweit bekannt. Ein riesen Ding in 1995. Viele Deutsche begannen – nach einer Greenpeace-Kampagne – mit dem Boykott von Shell Tankstellen. Die Umsätze dieser Tankstellen sanken um bis zu 50%. Deutschland wurde hysterisch (da ist es wieder, das Unwort). Shell wollte die Brent Spar ursprünglich versenken, fügte sich dann aber den weltweiten Protesten gegen die Versenkung. Was kam danach aber heraus? Die Versenkung wäre nicht nur besser für die Umwelt und für Mikroorganismen auf dem Meeresboden gewesen, für letztere wäre sie sogar vorteilhaft gewesen. **Es folgt die Moral von der Geschichte: Traue der deutschen Hysterie nicht!**

Der Spiegel schrieb 2010 hierzu: *„Doch nach dem Rausch kommt auch bei den Siegern die Ernüchterung. **Greenpeace muss bald zugeben, am Ende der Kampagne mit völlig falschen Zahlen agiert zu haben**: 5500 Tonnen statt der von Shell angegebenen 130 Tonnen Ölschlamm befänden sich noch in der Brent Spar, hatte die Organisation behauptet. Dies hätten eigene Messungen ergeben. Eine unabhängige Behörde bestätigt aber später, dass Shells Angaben richtig waren."*

Ein weiteres Thema war der Elektrosmog. Ich erinnere mich noch, wie Mitte der 1990er aufgeschreckte Familien alle ihre Elektrogeräte aus den Kinderzimmern und auch aus großen Bereichen der Wohnung entfernten, wegen des schlimmen Elektrosmogs.

In den 1990ern kam dann der nächste Wahnsinn hinzu, der „Ozonalarm" in Hessen: Banner hingen an Brücken, Geschwindigkeitsbegrenzung auf Straßen und Autobahnen, Mütter waren besorgt. *„Die rot-grüne Landesregierung rief am 26. Juli 1994, heute vor ca. 25 Jahren, Ozonalarm aus – den ersten in ganz Deutschland."* stand 2019 in der FAZ. Und: *„Große Teile der Bevölkerung erfuhren noch am Abend in den Verkehrsnachrichten vom Ozonalarm und den Tempolimits. Auf den Autobahnbrücken wurden Spannbänder angebracht, Polizeibeamte rückten aus, um Autofahrer zu kontrollieren. … Eltern jedoch waren in Sorge um ihre Kinder. Viele von ihnen riefen das vom Umweltministerium eingerichtete Bürgertelefon an, um zu fragen, ob sie ihre Kleinen noch guten Gewissens draußen spielen lassen könnten. Als Antwort bekamen sie zu hören, dass Kinder vormittags besser zu Hause bleiben sollten. Schulen sollten ihren Sportunterricht in Hallen verlegen."*

Ozon ist nun kein Problem mehr, obwohl es genauso häufig Überschreitungen der Grenzwerte gibt. Es wurde ein gigantisches Ersatzthema erfunden.

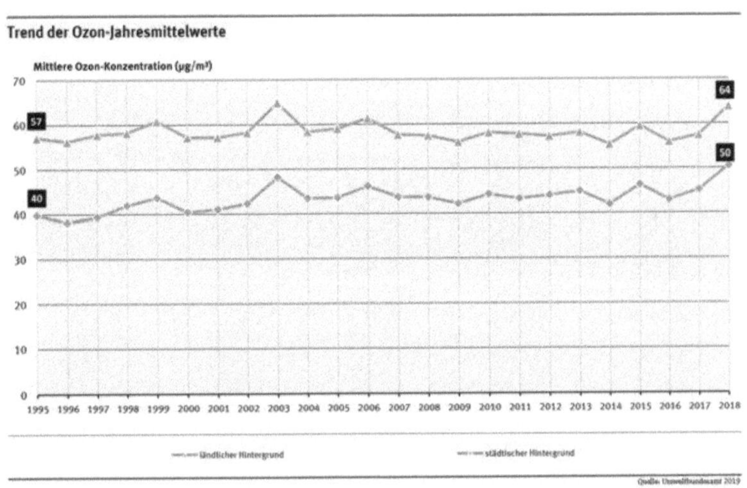

Abbildung 43: Quelle Umweltbundesamt, https://www.umweltbundesamt.de/bild/trend-der-ozon-jahresmittelwerte

Auch beim Waldsterben wurde immer wieder extrem übertrieben. Natürlich dürfen keine gefährliche oder umweltschädigende Stoffe in der Umwelt freigesetzt werden, aber die Hysterie, die damals in die Schulen getragen wurde und auch heute wieder noch extremer getragen wird, die war und ist nicht angemessen. Gerade das Schüren von Ängsten, was in anderen Bereichen – mit Recht – geächtet wird, wird von denen, die sonst sensibel darauf achten, hier mit Genuss zelebriert. Die Grünen machen und machten hier genau das, was sie einer anderen Partei vorwerfen. Nämlich mit Ängsten auf Wählerfang gehen, was an sich eine Form von Populismus ist, wie auch die ganze FFF-Bewegung. Über dieselbe Partei, die doch immer den anderen Menschen gerne vorschreiben möchte, wie sie zu leben haben, lasen wir im Fokus in 2019: *„Die Grünen sind die Partei der Vielflieger."* Das betrifft auch deren Anhänger, wie der Tagesspiegel berichtete: *„Grünen-Anhänger fliegen am meisten – und haben das schlechteste Gewissen".*

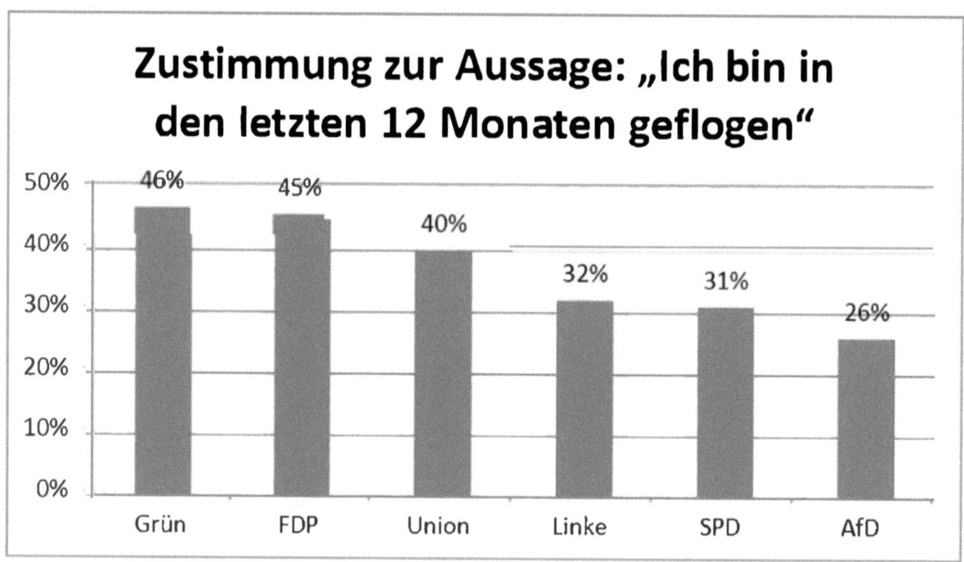

Abbildung 44: Daten: Forschungsgruppe Wahlen (Juni 2019) / Tagesspiegel

Da *legst di nieder*, sagen die Bayern, das sage ich auch bei der Betrachtung der obigen Grafik. Die AfD, also gerade die Partei, die immer als Klimaleugnerpartei dargestellt wird, deren Anhänger fliegen am seltensten.

Zu den Grünen lesen wir noch dazu in der Welt in 2020: *„Wenn es nach den Grünen geht, dann sollten Billiglebensmittel verboten werden."*

Das muss man sich mal vorstellen, also Lebensmittel, das, was die Menschen unbedingt zum Leben benötigen, soll teurere werden. Was sagen denn die rund 50% Rentnerinnen und Rentner in Deutschland mit maximal 800 Euro Rente im Monat dazu? Oder die Menschen, die sehr wenig verdienen oder Grundsicherung erhalten? Dies dokumentiert wieder recht gut, wie abgehoben ein großer Teil der politischen Klasse in Deutschland ist.

28 Verlauf des Meeresspiegel in der Vergangenheit

In den letzten Jahrtausenden ist der Meeresspiegel bereits öfter gestiegen oder gefallen. Einen Tiefststand gab es beispielsweise vor rund 20.000 Jahren, **wo der** Meeresspiegel um die 140 m tiefer gelegen haben muss als heute. Vor 120.000 Jahren lag der Meeresspiegel ca. 8 m über dem heutigen **Wert**. Auch der Meeresspiegel war also nie konstant gleich hoch gewesen.

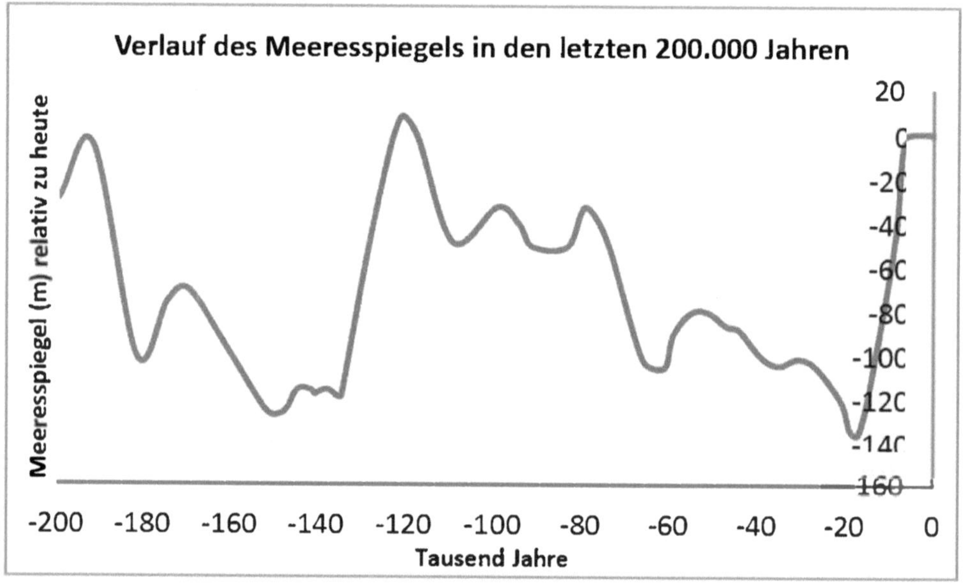

Abbildung 45: Meeresspiegel-Verlauf von vor 200.000 Jahren bis heute, Daten-Quelle für Skizze: www.eeescience.utoledo.edu/Faculty/Krantz/Va_Coast_figures/Fig09.sea_level.200_ka.jpg

Die nächste Grafik zeigt einen kleineren Ausschnitt von 30.000 Jahren und stammt aus der Veröffentlichung *„Sea level and global ice volumes from the Last GlacialMaximum to the Holocene"* von Kurt Lambeck et al. aus 2014. Hier sehen wir, dass es in den letzten ca. 6500 Jahren keine großen Schwankungen beim Meeresspiegel gab. Zuvor gab es von vor ca. 20.000 bis vor ca. 6500 Jahren einen starken Anstieg des Meeresspiegels, der im Durchschnitt ca. 1 cm pro Jahr betrug. Dieser Anstieg des Meeresspiegels steht nicht im Zusammenhang mit dem

Menschen, es war ein natürlicher Vorgang. Die Forscher konnten keinen Hinweis darauf finden, dass regionale Klimaschwankungen, wie die kleine Eiszeit, globale Schwankungen verursachen. Vor ca. 6000 Jahren gab es auch Schmelzprozesse in der Arktis.

Wenn wir Millionen von Jahren zurückgehen, finden wir auch Meeresspiegel, die um über 100 m höher lagen als heute. Die Meeresspiegel steigen und fielen ohne menschlichen Einfluss. Al Gore sah 2006 den Meeresspiegel in naher Zukunft um über 6 m ansteigen. Diese Prognose war vollkommen unrealistisch. Zwischen 1870 und 2009 wäre der Meeresspiegel laut Wikipedia rund 25 cm gestiegen. Wie es hier weiter geht, das kann nur mit einer großen Unsicherheit gesagt werden.

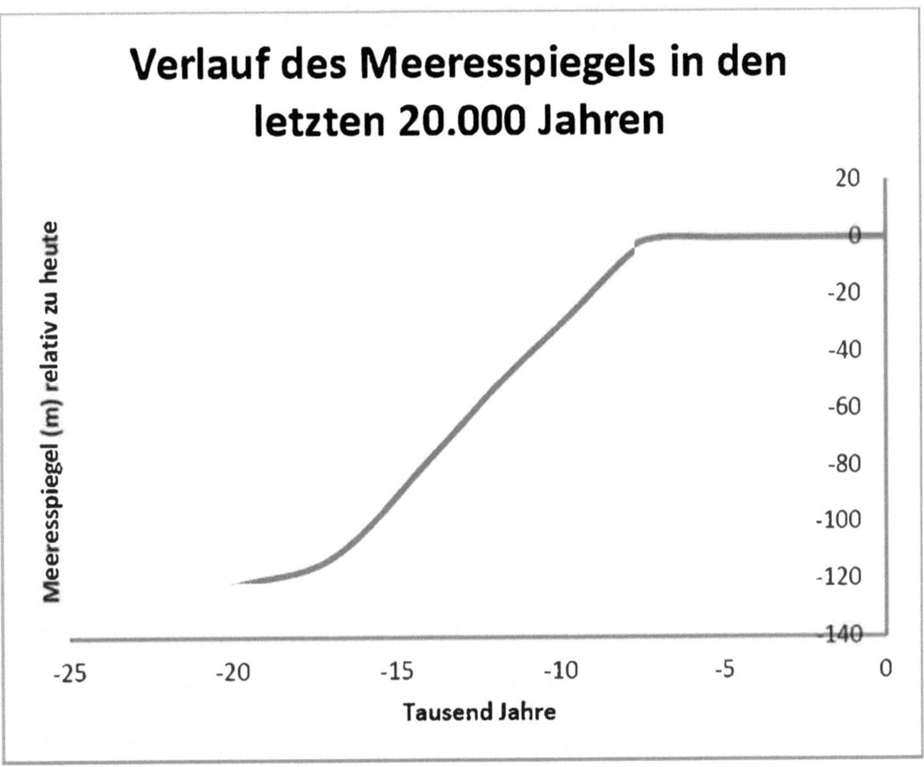

Abbildung 46: Daten-Quelle für die Skizze des mittleren Meeresspiegels: „Sea level and global ice volumes from the Last GlacialMaximum to the Holocene" von Kurt Lambeck et al.

29 Vorsicht bei Prognosen

Hier wird es kurz etwas theoretisch, ich versuche es aber möglichst verständlich zu beschreiben. Durch Geraden in Temperaturkurven wird oft angedeutet, dass ein linearer Zusammenhang (die Messpunkte liegen dann in etwa auf einer Geraden) zwischen dem CO2-Gehalt und der Temperatur besteht. Hier soll der Eindruck entstehen, dass wenn der CO2-Anstieg nicht gebremst wird, die Temperaturen ins Unermessliche steigen würden. Dies ist nicht korrekt, auf jeden Fall nicht für größere CO2-Bereiche. Ab einer gewissen CO2-Konzentration ist der Anstieg nicht mehr linear, was dazu führt, dass in diesem Bereich eine Änderung der CO2-Konzentration kaum mehr eine Temperaturveränderung bewirkt. Auf einer Web-Seite („wikiversity") fand ich Daten und eine Grafik der folgenden Form:

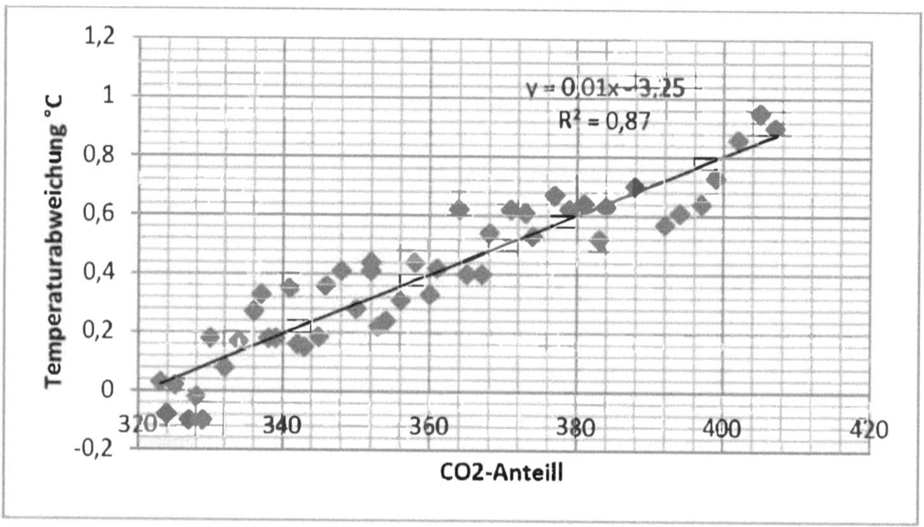

Abbildung 47: CO2 vs. Temperatur in °C

Die Datenpunkte schwanken in dem gezeigten Bereich um eine Gerade. Die eingezeichnete Gerade ist die sogenannte Regressionsgerade.

Auf der Webseite steht: *„Ein Ungleichgewicht entsteht, das die Erde **immer stärker** erwärmt. **(anthropogener Treibhauseffekt)"** und Fragen wie:*

Inwiefern lassen sich die Auswirkungen von CO2 (mathematisch) erklären? Welche Vorhersagen lassen sich über die zukünftige CO2-Emission treffen? Wie wird sich die globale Erderwärmung in den nächsten Jahren entwickeln?"

Es wird also behauptet, dass sich die Erde nicht nur immer weiter erwärmt, sondern die Erwärmung solle noch dazu immer stärker werden, also eine Beschleunigung der Erwärmung, alles verursacht durch die Menschen. Das wäre doch dann aber nicht einmal mehr ein linearer Zusammenhang, hier wäre der Zusammenhang quadratisch oder eventuell exponentiell, was so nicht sein kann.

Kommen wir zurück zur beschriebenen Geraden. Es wird hier so getan, als könnte über eine einfache lineare Regressionsfunktion (also die Geradengleichung der Geraden, die „nahe" bei den Punkten liegt) mit dem CO2-Gehalt als einzige Einflussgröße die Temperatur vorhergesagt werden. Es ist von einer sehr hohen Korrelation (Maß für den linearen Zusammenhang) von 0,94 die Rede. Bei einem Wert von 1 würde sogar ein exakter linearer Zusammenhang vorliegen, alle Punkte würden auf einer Geraden liegen. Damit ist 0,94 recht „gut". Auf der waagrechten Achse sehen wir den CO2-Anteil (400 ppm bedeutet wieder ein Anteil von 0,04%). Die Regressionsgerade hat eine Steigung von rund 0,0104. Dies bedeutet, wenn diese Gleichung allgemeine Gültigkeit hat, dass pro 100 Teilchen mehr an CO2 in der Luft, also pro 0,01 Prozentpunkte Anstieg des CO2-Anteils, die Temperatur um 1,04°C ansteigen würde bzw. pro einem ppm um 0,0104°C. Dieser Zusammenhang kann so nicht bestehen und es handelt sich hier entweder um eine Scheinkorrelation, so dass parallel zum Anstieg der Temperatur kausal eine andere Ursache für die Erwärmung verantwortlich ist, oder die Korrelation besteht nur für einen kleinen CO2-Bereich und danach ist der Zusammenhang gegeben (Lambert-Beer Gesetz, CO2-Sättigung).

Ein klassisches Beispiel für eine Scheinkorrelation ist der Zusammenhang zwischen der Anzahl an Klapperstörchen und der Geburten, der sich bei einer Untersuchung ergab. Hierbei wurde festgestellt, dass mit einem höheren Anteil an Klapperstörchen auch mehr Geburten zu verzeichnen sind. Ein hoher Korrelationkoeffizient beweist aber noch lange keine Kausalität, denn ursächlich für die höhere Anzahl an Geburten war, dass diese mehr in ländlichen Gegenden stattfanden. Da es in ländlichen Gegenden mehr Klapperstörche gab, war dies eine klassische Scheinkorrelation. Der Faktor Region beeinflusste also die Geburtenanzahl. **Cum hoc ergo propter hoc** bezeichnet den Fehlschluss durch eine Scheinkorrelation.

Ein weiterer Aspekt ist der folgende: Wenn wir die Körpertemperatur eines Menschen beobachten, wird sich diese immer mal wieder anheben und danach senken. Hier muss gar kein Fieber vorhanden sein. Nehmen wir einmal an, dass wir diese sekündlich aufzeichnen und dann über den Zeitraum von beispielsweise 20 Minuten eine lineare Regressionsgleichung als Beziehung zwischen Körpertemperatur und Zeit berechnen. Wenn in dieser Phase die Temperatur kurz ansteigt, dann könnte sich auch in einer Prognose ergeben, dass die Temperatur in 5 Stunden 50°C beträgt. Die Regressionsgerade könnte für diesen Zeitraum auch sehr gut passen. Würden in diesem Zeitraum die Haare minimal wachsen, dann gäbe es auch womöglich eine hohe Korrelation zwischen dem Haarwachstum und Körpertemperatur und wir könnten analog schließen, dass mit länger werdendem Haar ganz klar die Körpertemperatur steigt. Ein ähnliches Beispiel werden wir gleich noch betrachten.

Kommen wir zurück zum suggerierten linearen Zusammenhang zwischen CO_2 und Temperatur. Wenn durch einen Anstieg des CO_2-Gehalts von 0,04% auf 0,05% sich ein Anstieg der Temperatur um ca. 1°C ergeben würde, dann hätten wir mit einem Temperaturanstieg von 4°C bei einer Erhöhung des CO_2-Anteils auf 0,08% zu rechnen, was sich auch zufällig aus einem Worst-Case-Szenario des IPCC ergab, das aber deutlich komplexere Modelle verwendet.

Das kann aber nicht extrapoliert bzw. auf einen größeren Bereich ausgedehnt werden, denn: Als der CO_2 Anteil – was in erdzeitlichen Maßstäben vor nicht allzu langer Zeit der Fall war – das 15-Fache betrug, dann würde sich bei einer Prognose über diese Regressionsgerade eine durchschnittliche Temperatur der Erde ergeben, die um 15*4°C = 60°C höher gelegen hätte als heute. Hier wäre kein Leben, wie wir es kennen, möglich gewesen! Es gab auch schon noch größere CO_2-Anteile und bei einem CO_2-Gehalt von beispielswiese 15% hätte die Durchschnittstemperatur nach dieser Regressionsgleichung rund 1500°C höher gelegen haben müssen, als heute. Hieran sehen wir auch sehr deutlich, dass diese 4 bis 5°C Zuwachs-Prognosen für ein Jahrhundert vollkommen daneben liegen, wenn es nicht ganz besondere Umstände gäbe, die dann aber nicht viel mit CO_2 zu tun hätten. Bei ganz hohen CO_2-Konzentrationen in den letzten 600 Mio. Jahren mit einem CO_2-Anstieg auf über 7000 ppm stieg die Temperatur nicht über rund 22°C (siehe Abbildung 32 und 33 zum Vergleich der Temperatur mit dem CO_2-Gehalt).

Auf der Wikiversity-Seite finden sich neben der Grafik im obigen Stiel noch Formeln zur Regression. Hier scheint man mit Formeln, die fast jeder kennt, der einmal eine elementare Statistikvorlesung gehört hat, Eindruck schinden zu wollen.

Zudem steht unter einer Prognose: *„Der Korrelationskoeffizient ergab einen Wert von 0,93652947. Das bedeutet, dass eine hohe positive Korrelation vorliegt. Somit lassen sich **sehr gut durch x-Werte Vorhersagen über die y-Werte treffen.**"*

Ein vollkommener Trugschluss! Immerhin wird unten auf der Seite erwähnt, dass es auch so was wie Scheinkorrelation gibt. Trotzdem wird es so dargestellt, als wenn die Gleichungen sehr gute Vorhersagen liefern und es scheint auch als Bereitstellung von Material für den Schulunterricht angedacht sein, denn es wird ein Hinweis zur Sekundarstufe 1 oder 2 gegeben. Bei einer Google-Suche wird Wikiversity wie folgt in einer Einblendung beschrieben: *„Die Wikiversity ist eine Online-Plattform in Form eines Wikis zum gemeinschaftlichen Lernen, Lehren und Forschen. Sie ist ein Projekt der Wikimedia Foundation und startete am 15. August 2006. Auf Wikiversity werden freie Lernmaterialien erstellt und gesammelt."*

Betrachten wir zur Veranschaulichung noch zwei Beispiele, wie in einem lokalen Bereich eine sehr gut passende Regressionsgerade bestimmt werden kann, die sich aber absolut nicht für Prognosen eignet.

Beispiel 1: Nehmen wir an, wir würden die Körpergröße einer Person in den ersten drei Lebensjahren verwenden und mit dieser eine Regressionsgerade berechnen. Würden wir aufgrund dieser Gerade eine Prognose für die Körpergröße dieser Person mit 18 Jahren erstellen, so käme dabei eine Körpergröße von viereinhalb Metern heraus:

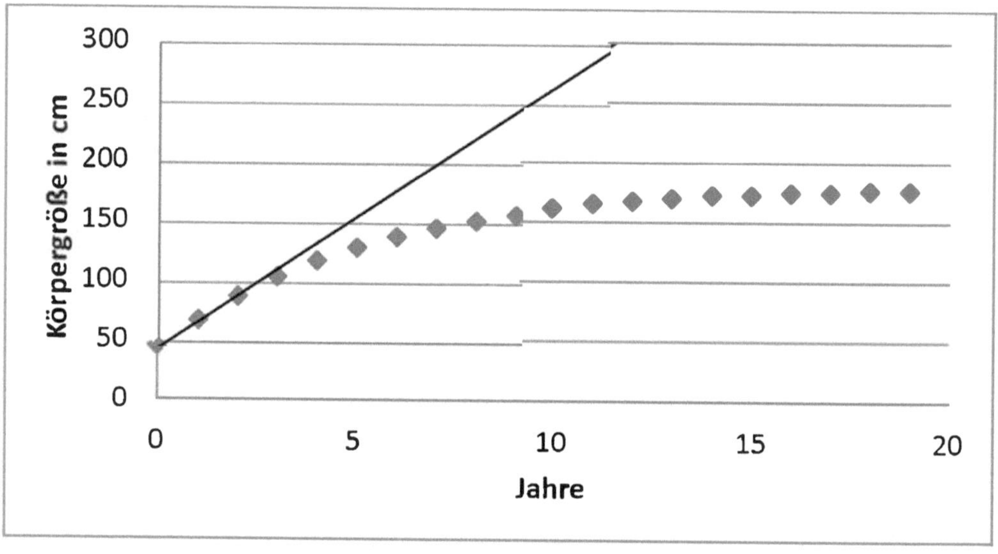

Abbildung 48a: Trugschluss bei Prognosen über Regressionsgeraden, Beispiel Entwicklung der Körpergröße

Hier würde sich auch ergeben, dass die Gerade die ersten Datenpunkte perfekt beschreibt (mit einem Korrelationskoeffizienten von 0,9986), womit sich erkennen lässt, wie schnell es zu Fehlschlüssen oder falschen Prognosen kommen kann, wenn einfach gedacht wird, dass von kurzen Zeiträumen auf die Zukunft geschlossen werden kann.

Beispiel 2: Wir brauchen nur auf die letzten 3200 Jahre zu schauen, um mehrere Temperaturschwankungen zu erkennen, bei denen es immer wieder hoch und runter mit den Temperaturen ging. Würden wir hier beispielsweise 200 nach Christus eine Prognose über eine Regressionsgerade erststellen – wie es heute oft gerne getan wird, so würden wir eine Eiszeit innerhalb der darauf folgenden Jahrhunderte erwarten (siehe Gerade ganz links). Analog hätten wir in 800 nach Christus wohl eine Hitzekatastrophe kommen sehen, wenn wir so wie heute schließen würden. Solche Geraden werden immer wieder gerne – auch von den bereits erwähnten Professoren – in Temperaturkurven eingezeichnet.

Schematische Darstellung der Temperatur (Mittelwerte) über 3200 Jahre

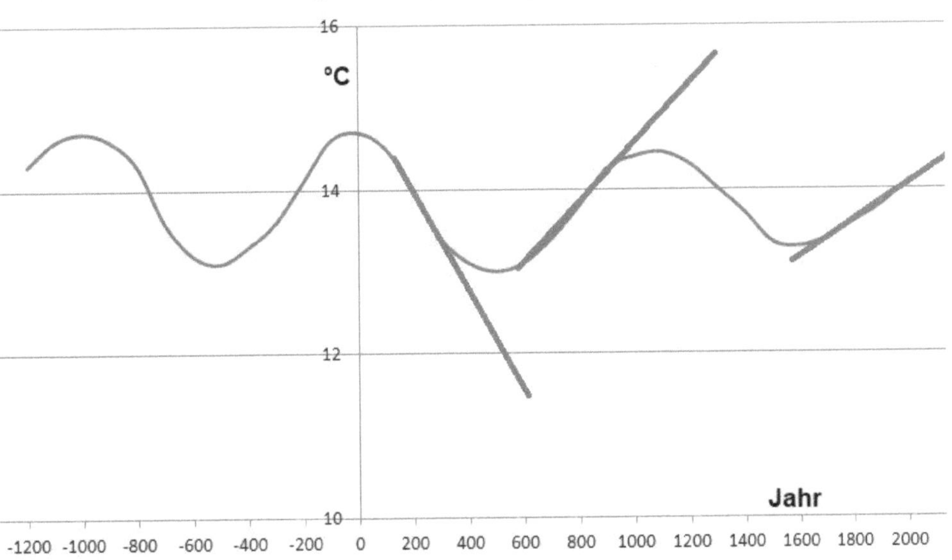

Abbildung 49a: Trugschluss bei Prognosen über Regressionsgeraden, Beispiel Temperaturen

Zum Ende des Kapitels sehen wir noch eine Grafik, die die Entwicklung der Bevölkerung der Erde darstellt und hier ist etwas zu erkennen, was real zu einem Problem für die Umwelt und die Menschheit werden wird, was aber kaum noch Beachtung findet:

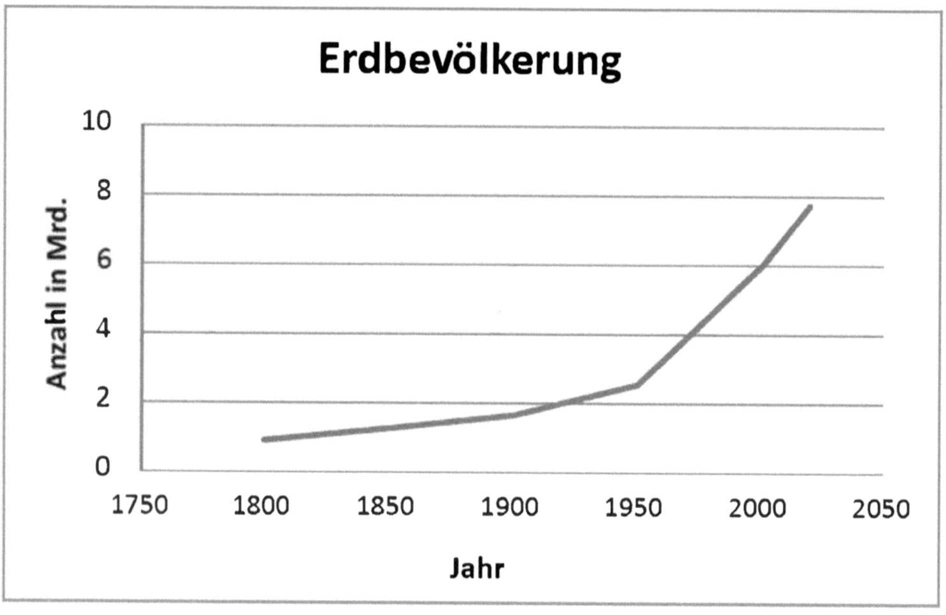

Abbildung 50: The Real Hockeystick

30 Geschmacklose Inszenierung der Weltretter

Am Freitag, den 20. September 2019, war nachmittags bei einer FFW-Demo in der Ludwigstraße in München Höhe Universitätskirche ein Rollenspiel zu bestaunen, in welchem zwei junge Männer und eine junge Frau flankierten. Mit auf den Rücken gefesselten Händen, Stricken samt fachgerecht geflochtenen Henkersknoten um den Hals, standen sie auf schmelzenden Eisblöcken unter einem eigens dafür gezimmerten Galgen.

Abbildung 51: Galgenszene am Rande einer FFF-Demonstration, Ludwigstraße in München

Eine hochkriminelle Aufforderung , alle "Klimaleugner" kurzer Hand aufzuhängen! Dies bedeutet nichts anderes als Lynchjustiz und stellt sich aufmüpfig in aller Öffentlichkeit gegen unseren Rechtsstaat. Oder deutet es auf Tod, Klimawandel und die dahinschmelzenden Gletscher wie Polkappen hin? Dann ist es äußerst einfältig und geschmacklos.

Bis dato fehlt jegliche Reaktion staatlicher Behörden oder Institutionen ob dieses verwerflichen Schauspiels. Als im höchsten Maße Besorgnis erregend erscheint, dass im Verlauf der Demo eine ganze Reihe von Polizisten und Personal des städtischen Ordnungsamtes achtlos daran vorbei patrouillierten. Hass und Hetze kennen nur noch eine Richtung. Ohne Notiz von dieser hanebüchenen Straftat zu nehmen, geschweige sie als solche zu erkennen und zu unterbinden, wurde sie einfach ignoriert. So flanierte auch unsere Pressefreiheit - wie gewohnt auf dem linken Auge chronisch blind - daran vorbei.

Wenn schon ein, damals in Dresden auf ein DIN A 4 Blatt aufgemaltes Strichmännchen, einen weltweiten Shitstorm um Hass und Hetze auslöste, wie schamlos ist denn dann hier dieses Wegschauen? Als erschwerend ist der Umstand zu werten, dass diese allem Gesetzeswillen widerstrebende und staatsfeindliche Henkerszene als Hetzkampagne gegen Andersdenkende Bestandteil einer öffentlichen Kundgebung war und vor tausenden von minderjährigen Kindern und Jugendlichen, schlussendlich vor an die zwanzig Tausend Demonstrationsteilnehmern, uraufgeführt wurde. Wo war denn hier der sonst jeden Verdachtsfall unter Beobachtung stellende Verfassungsschutz? Dass hier aber Tatsachen – nicht ein bloßer Verdacht – in punkto Staatsfeindlichkeit vorgelegen haben, hat dieses Gefahrenabwehrkommando nicht geschnallt.

Nicht auszudenken, wenn dieses Szenario auf einer der Demonstrationen zum Besten gegeben worden wäre, welche in den Medien deutlich schlechter wegkommen. Bundesanwaltschaft, Staatsschutz, wie sämtliche zur Verfügung stehenden Abfangjäger wären aufgestiegen; vom Shitstorm durch Presse, Funk und Fernsehen ganz zu schweigen.

31 Schlusswort

Wir haben gesehen, dass das Klima schon immer im Wandel war. In größeren Zeitabschnitten von 600 Mio. Jahren mit über 7000 ppm CO2-Anteil oder auch etwas kleineren Abschnitten, wie den letzten 500.000 Jahren, wo das Klima von den Milanković-Zyklen beeinflusst wurde. Auch in den letzten 11.700 Jahren, dem sogenannten Holozän, gab es größere Temperaturschwankungen bei relativ niedrigem CO2-Gehalt.

In großen Zeitabschnitten sahen wir, dass die Temperatur ab einer bestimmten CO2-Konzentration nicht mehr mit dem CO2-Gehalt anstieg, hier tritt eine Sättigung ein. Zudem gab es sogar Eiszeiten bei sehr hohen CO2-Anteilen und in ganzen Zeitabschnitten war kein Zusammenhang zwischen der CO2-Konzentration und der Temperatur ersichtlich, da es andere und stärkere Einflussfaktoren gibt. Nun befinden wir uns seit 2,6 Mio. Jahren in einem Eiszeitalter! Die Pole waren größtenteils in der Erdgeschichte eisfrei und damit ist das, was als Horrorszenarium dargestellt wird, eigentlich der Normalzustand gewesen. Jetzt muss es nicht unbedingt so warm werden und die Pole sind noch längst nicht abgeschmolzen, wir müssen aber auch größere Zeiträume betrachten, wenn wir beurteilen wollen, was „normal" ist. Wir können bei den Temperaturen nicht nur 150 Jahre zurückschauen und so tun, als wäre dies die Klimageschichte. 150 Jahre sind in Bezug auf 4.500.000.000 Jahre Erdgeschichte nichts, weshalb wir über eine so kleine Zeitspanne nicht ableiten dürfen, wie das Klima auszusehen hat. Einen richtigen Klimawandel, wie es ihn in der Erdgeschichte immer wieder gegeben hat, werden wir sowieso nicht stoppen können.

In der Zeit bis 1850 soll nach einigen tonangebenden „Wissenschaftlern" das perfekte Klima geherrscht haben, welches heute mit immer höheren Steuern, dem Umbau der gesamten Lebensweise unter Billionen von Euros an Kosten und mit **ungewissen Folgen** in Bezug auf diese Geldverschwendung und die wirtschaftlichen Umstellungen wieder hergestellt werden soll. Es war aber um 1850 herum alleine schon für neuzeitliche Verhältnisse ca. 1,5°C zu kalt. Hier lag der Temperaturdurchschnitt teils bei 13,5°C und damit deutlich unter den als

„natürlich" angesehenen 15°C. Das alleine zeigt schon den Witz an der ganzen Sache, wenn es denn zum Lachen wäre, was es aber leider durch die geplanten inflationären Ausgaben in Billionenhöhe und Veränderungen unserer Lebensbedingungen nicht ist.

Ein echtes Problem, wie das, dass eine sehr kalte Periode folgen könnte, wenn man die Abbildung 37 betrachtet, wird gar nicht erkannt, erst recht nicht von den Klimajüngerinnen. Wenn eine richtige Eiszeit kommt, mit welcher nach der in Abbildung 37 dargestellten Periodizität zu rechnen ist, dann haben wir ein echtes Problem. Es war die letzten rund 700.000 Jahre regelmäßig für etwa 100.000 Jahre relativ kalt und dann jeweils für rund 20.000 Jahre (am Ende dieser Phase befinden wir uns gerade) relativ warm, mit einem Unterschied von gut 10°C. Was ist, wenn sich dieser Zyklus fortsetzt und wir in 100, 1000 oder 2000 Jahren wieder einen Temperatursturz haben?!

Eine richtige Eiszeit oder selbst eine etwas kältere Phase in einem Eiszeitalter heißt nicht, dass wir nur etwas kältere Winter haben, so wie wir gerade leicht wärmere Sommer hatten. Hier wird es im Durchschnitt locker 10 bis 12°C kälter. Damit wären weite Teile Europas für heutige Verhältnisse wirklich unbewohnbar oder zumindest nur auf einer mehreren hundert Meter dicken Eisschicht „bewohnbar", wobei mit Sicherheit nur wenige Menschen in diesen Regionen überleben würden.

Das nächste Problem stellt die Konzentration des als Schadstoff ausgemalten CO_2s dar. CO_2 ist praktisch Nahrung für die Pflanzen. Der CO_2-Gehalt fiel ebenfalls über ca. 550 Mio. Jahre von 7000 ppm auf rund 150 ppm vor ca. 20.000 Jahren ab, was gefährlich nahe am Pflanzentod war! Was ist, wenn der CO_2-Gehalt, der doch in den Träumen einiger „Wissenschaftler" bei perfekten 280 ppm liegen soll mal eben um 200 ppm abstürzt? Dann setzt das große Pflanzen und Artensterben ein ohne dass schnell genug gegengesteuert werden könnte. Die Erde hat über die Jahrmillionen tausende an ppm CO_2 abgebaut, von 280 ppm zu 100 oder 0 ppm ist es nicht weit.

Hinter dem Klimahype stecken vielfältige und auch finanzkräftige Interessen mit denen massiv Einfluss auf die Menschen bzw. zunächst geschickt auf die Kinder ausgeübt wurde und wird. Dass urplötzlich Kinder meinen, die Welt würde in 10 oder wieviel auch immer an Jahren untergehen, ist für die Medien und die Politik kein Problem. Ganz im Gegenteil, dies wird sogar noch zelebriert, denn die Politik nahm das Geschenk der demonstrierenden Kinder gerne an, um immer neuere Haushaltslöcher durch eine neue Steuerform stopfen zu können. Etwas Besseres kann einer Regierung – die das Geld verteilt, als gäbe es kein Morgen – nicht passieren, wenn Kinder für höhere Steuern demonstrieren und die, die dies kritisieren, zu Klimaleugner gemacht werden.

Wir haben es hier mit einer gigantischen Propagandamaschinerie zu tun, die Andersdenkende verunglimpft und zudem meint festlegen zu können, was Wissenschaft ist. Man sehe sich nur mal die ganzen übertriebenen Prognosen und Horrorszenarien der letzten Jahrzehnte an, mit all ihren offensichtlichen Manipulationsversuchen. Das ist Politik und keine Wissenschaft. Diese Wissenschaft ist ein Gaul, der von der Politik geritten wird und Professoren predigen das Wort zum Sonntag auf Veranstaltungen der Grünen, während sie Andersdenkende verunglimpfen. Wir sehen hier, wie Wissenschaft zur Religion wurde, mit vielen darin enthaltenen Elementen: Die Prophetin Greta, deren Jüngerinnen und geläuterten Vielfliegerinnen, dem Schuldkult und den Regeln für das Leben. Es gibt sogar einen Ablasshandel, wie zu Zeiten Martin Luthers (mit CO_2-Zertifikaten und Webseiten, auf denen man als Wiedergutmachung für eine CO_2-Verursachung – wie das Fliegen – Geld spenden kann).

Die ersten Sechs Gebote können wir auch schon formulieren:

Erstes Gebot: Ich bin die Göttin, die Greta, du sollst keine anderen Göttinnen, Götter oder Wissenschaftler neben mir haben.

Zweites Gebot: Du sollst weder billiges Fleisch kaufen noch essen und am besten gleich vegan leben.

Drittes Gebot: Verachte die Alten, insbesondere die Omas und die alten weißen Männer – so wie alle SUV-Fahrer.

Fünftes Gebot: Du musst immer mit dem Fahrrad und wenn es nicht anders geht mit dem Zug fahren.

Sechstes Gebot: Wenn Du nicht anerkennst, dass in 10 Jahren die Welt untergeht, falls wir nicht sofort CO2-frei werden, bist du ein böser Leugner des Klimas.

In Deutschland wurden Kinder schon seit Jahrzehnten durch eine Vielzahl an technikfeindlichen Pädagoginnen und Pädagogen (natürlich nicht alle) in der Schule auf Grün getrimmt. Das Resultat können wir nun in Form der FFF-Jungend beobachten. Da traten eine sechzehnjährige Greta und eine dreiundzwanzigjährige Luisa, neben weiteren „Aktivistinnen", mit einem derartigen Selbstbewusstsein auf, als hätten sie die ganze Welt verstanden. Hierzu empfehle ich mal nach dem „Dunning-Kruger-Effekt" zu googlen.

Nach einer verkorksten Energiewende mit extrem hohen Strompreisen folgt nun der nächste große Coupe. Wenn Deutschland bis 2050 praktisch CO2-Neutral sein soll, dann kommen Veränderungen auf uns zu, die sich die meisten wohl überhaupt noch nicht vorstellen können, sonst hätte es wohl eine viel deutlichere Kritik gegeben, wenn es überhaupt eine wahrnehmbare Kritik gab. Der Deutsche in seiner Obrigkeitshörigkeit, der schon seit Jahren vom Staatsfunk und den grünen Medien weichgekocht wurde, wird auch dies hinnehmen. Sollten doch welche auf die Idee kommen und eine Demonstration anmelden, wird dies von der Politik und fast allen Medien als „rechts" geframed und der Schwarze Block bzw. die Antifa steht bereit, um einzuschüchtern und die Demonstrierenden niederzuschreien.

Wie ist es denn um eine Hauptstadt bestellt, die es nicht einmal schafft, einen Flughafen in einer halbwegs vernünftigen Zeit fertigzustellen und die sogar das BPI in Deutschland nach unten zieht, im Gegensatz zu vielen anderen europäischen Hauptstädten? Oder wie sieht es denn mit dem Netz-Ausbau in Deutschland (Funknetz oder Internet, wir sprechen hier nicht einmal vom

Glasfasernetz) aus, der im internationalen Vergleich zu anderen Industrienationen geradezu lächerlich daherkommt?

Mal sehen, wie die CO2-Ambitionen enden werden. Es ist mit einer Mehrbelastung von bis zu 560 Euro Netto im Jahr alleine durch die CO2-Bepreisung zu rechnen. Da sind wir aber noch lange nicht bei allen Kosten, die noch bis 2050 anfallen und dem Aufwand und den Folgen dieser gigantischen Umstellung. Hinzu kommen noch Strompreissteigerungen beim vollkommenen Ausstieg aus zwei zuverlässigen Stromerzeugungs-Methoden. Schon jetzt besteht der Großteil des Strompreises aus Abgaben und Umlagen. Überproduzierter Strom durch regenerative Energien wird an die Nachbarländer teils verschenkt oder es wird sogar noch für dessen Abnahme bezahlt, während wir Strom in der Größenordnung der Jahresproduktion mehrerer Kernkraftwerke importieren müssen. Zudem haben wir auf die Sicherheit der Kernkraftwerke in den Nachbarländern keinen direkten Einfluss.

Wir wollen hier noch nicht von einer Kakistokratie („kákistos" ist griechisch und heißt „am schlechtesten") sprechen, aber zumindest scheint es hier allgemein wenig Voraussicht oder tatsächliche Planung zu geben. Quid quid agis, prudenter agas et respice finem! Oder sinngemäß: Bei allem, was Du tust, handle weise und bedenke die Folgen!

Zum Ende des Buches wird auf folgendes hingewiesen:
Zitate wurden in kursiv und in der Regel in Anführungszeichen gesetzt. Wenn ein Zitat aus dem Englischen übersetzt wurde, wurden in der Regel keine Anführungszeichen verwendet. Wird auf eine Zeitung oder Zeitschrift verwiesen, handelte es sich in der Regel um die Online-Version. Wird bei einer Grafik von einer Skizze gesprochen, so wurde diese aus einer Grafik über die angegebene Quelle rekonstruiert.